广东省高等学校"精品教材"建设项目

XINGZHENGFA YU XINGZHENGSUSONGFA
ANLI JIAOCHENG

行政法与行政诉讼法案例教程

高　轩◎著

暨南大学出版社
JINAN UNIVERSITY PRESS

中国·广州

图书在版编目（CIP）数据

行政法与行政诉讼法案例教程/高轩著．—广州：暨南大学出版社，2019.9
（2023.8 重印）
ISBN 978 - 7 - 5668 - 2700 - 5

Ⅰ．①行…　Ⅱ．①高…　Ⅲ．①行政法—案例—中国—教材②行政诉讼法—案例—中国—教材　Ⅳ．①D922.105②D925.305

中国版本图书馆 CIP 数据核字（2019）第 172675 号

行政法与行政诉讼法案例教程
XINGZHENGFA YU XINGZHENGSUSONGFA ANLI JIAOCHENG
著　者：高　轩

出 版 人：张晋升
策划编辑：李　战
责任编辑：亢东昌
责任校对：刘宇韬　孙劭贤
责任印制：周一丹　郑玉婷

出版发行：暨南大学出版社（511443）
电　　话：总编室（8620）37332601
　　　　　营销部（8620）37332680　37332681　37332682　37332683
传　　真：（8620）37332660（办公室）　37332684（营销部）
网　　址：http：//www.jnupress.com
排　　版：广州市新晨文化发展有限公司
印　　刷：佛山市浩文彩色印刷有限公司
开　　本：787mm×1092mm　1/16
印　　张：15
字　　数：365 千
版　　次：2019 年 9 月第 1 版
印　　次：2023 年 8 月第 2 次
定　　价：48.00 元

（暨大版图书如有印装质量问题，请与出版社总编室联系调换）

前　言

《国家中长期教育改革和发展规划纲要》（2010—2020 年）中提到："适应国家和区域经济社会发展需要……重点扩大应用型、复合型、技能型人才培养规模……"应用型本科院校在地方经济社会发展中逐步起到应用型人才培养、人力资源储备的作用。根据社会调研情况，目前我国法学本科生就业后的最大工作障碍是法律应用能力差，究其原因，主要是法学专业学生在校期间缺少有效地运用法学知识解决实际问题的学习与锻炼，归根到底又在于法学教学中没能针对性地进行应用型法学本科专业人才培养模式的改革。

应用型人才培养强调对实践能力、创新能力和工作能力的培养，要求学生在工作中能将所学到的理论知识具体应用在解决实际问题之中。案例教学是应用型法学人才培养过程中的重要组成部分之一，案例教学更具有直观性、综合性、实践性，在强化学生的素质教育和培养实践能力方面有着举足轻重的作用。因此，探索有利于应用型法学人才培养的案例教学模式改革是高等院校法学人才培养的重要途径。

法学案例教学是指在法学的教学过程中将法学案例作为教学基本单位或辅助单位的教学方法，以期适应拔尖法律应用人才培养的需要。法学案例教学是法学教学方法的一种，它本身并不是法学教学内容和法学教学的立足点，这一点必须明确。因为，无论是法学的讨论教学法、法规教学法，还是其他教学法，其教学的内容和立足点都是法律这种社会现象及其应用后产生的其他社会现象。法学教学由一系列单位构成，如法律理念、法律规范、法律制度等，法学案例只是与上列单位并列或平行的单位。如果把法学案例错误地定性为法学教学的内容，就必然会改变各部门法学的地位，甚至会改变一国的法律传统；法学案例教学的过程中，法学案例扮演着非常重要的角色，它贯穿于案例教学的基本环节中，整个教学过程是以案例为基本点，或者是对案例的解决，或者是通过案例阐释某一法律或法学基本问题。但是，法学案例不是法学案例教学的归宿，其归属和法学的一般教学并无不同，此点也是需要引起注意的。从这个意义上讲，法学案例教学是对法学课堂教学格局的改变。法学案例教学在我国乃至于全世界似乎都是一个不可逆转的趋势，即人们在法学教学中越来越重视、越来越普遍运用案例教学这一新的教学方法。

法学案例教学必须依托法学案例教材来展开，因此，法学案例教材的编写就显得尤为重要。法学案例教材应遵循法学案例教学规律来组织编写。《行政法与行政诉讼法案例教程》正是从理论和实践两方面研究法学案例教学的规律后，以期适应拔尖法律应用人才培养的需要而编写完成的。《行政法与行政诉讼法案例教程》以案例为导向，融入理论与制度，注重实体法与程序法的融和，使学生在分析案例的过程中理解行政法与行政诉讼法基本理论，掌握理论支撑下的具体制度；在了解行政实体法的同时，知道如何运用行政复议法与行政诉讼法来分析并解决行政争议。

　　《行政法与行政诉讼法案例教程》还存在着一些不足与错漏，将结合以后的教学实践进行完善。

著　者

2019 年 7 月 19 日

目　录

第三编　行政救济法

第一编　行政法基础理论

第一章　行政法概述

【课前引例】

王某要求省教育委员会撤销学校行政科给予的"行政处罚"

王某是某省一所高校外语系二年级的本科生。某天傍晚，他在学校宿舍里私自用电炉煮饭时不慎失火，造成部分公私财物损毁，本人也被轻微烧伤。因其行为严重违反了学校关于禁止在学生宿舍使用燃煤、燃油炉具和各种用于煮饭、烧水的电热器的规定，故王某受到记大过的处分，同时学校总务处行政科依据学校有关规定给予其罚款100元的"行政处罚"。王某认为学校行政科不是国家行政机关，无权对他实施行政处罚，要求退还100元罚款，但校方不予退还。于是王某将此争执情况反映到省教育委员会，要求撤销学校作出的"行政处罚"，并退还该项罚款。

【法律问题】

上述案例中，学校对王某作出的罚款处理究竟是不是《中华人民共和国行政处罚法》（以下简称《行政处罚法》）中所规定的"行政处罚"？对这一问题的解答，涉及如何理解行政法之"行政"，也就是本章首先要讲述的基本概念之一。

【参考结论】

行政法中，在动态上将"行政"一词定义为关于国家事务和公共事务的执行性决策、组织、调控和处理等的公共管理活动或过程，这也是最常用的含义；在静态上将"行政"一词定义为执行国家意志的、承担执行性国家事务和公共事务的公共管理组织，即人们通常所说的除国家立法机关、司法机关以外的国家行政机关。"行政处罚"则是指行政机关或其他行政主体依照法定职权和程序对违反行政法规范、尚未构成犯罪的行政相对人给予行政制裁的行政行为。行政处罚具有以下特征：①实施行政处罚的主体是作为行政主体的行政机关和法律法规授权的组织；②行政处罚的对象是实施了违反行政法律规范行为的公民、法人或其他组织；③行政处罚的性质是一种以惩戒违法为目的、具有制裁性的行政行为，其制裁性具体表现在对违法的行政相对人的权益进行限制、剥夺，或对其科以新的义务。可见，本案中的某省高校行政科的罚款行为不属于行政处罚行为。

【探讨】

如何理解行政法中"行政"的内涵？行政法有哪些特征？什么是行政法的渊源？行政法有哪些渊源？

第一节 行 政

一、行政的概念

行政法，简单地说是有关行政的法。因此，要阐述和研究行政法，首先要把握行政的含义、特征和内容，也即必须首先回答什么是行政。

行政的概念是行政法学研究的逻辑起点，它决定行政法的特性、内容和范围。行政法学界对行政概念研究的目的，并不在于揭示行政的实质，而在于通过对行政概念的分类，找到一个通向行政法研究的切入点。从历史发展看，行政经历了早期社会行政、国家行政、公共行政、社会行政四个发展阶段，行政的发展演变给行政法带来了变革的活力。[①]学者们对行政大致按两种方法进行分类：一种分类方法以是否把行政同国家联系起来考查为标准进行划分，把行政划分成与国家没有特定联系的一般社会管理与国家的专有活动两种。[②] 另一种分类方法把行政划分成公行政与私行政，公行政包括国家行政和非国家的公共组织的行政；私行政指私人企业、组织、团体的执行和管理活动。并且认为，行政是组织的一种职能，它虽然主要是指国家行政，但也包括非国家行政。传统行政法学通常只研究国家行政，而现代行政法学大多将国家行政以外的公行政纳入研究范围。[③] 然而，由于行政本质的多样性、多义性和复杂性，人们对"行政"的理解往往有分歧。

（一）国外学者对行政的认识

1. 消极说

"消极说"是指对行政的概念不作正面的阐述，而是消极地将国家权力的作用中不属于行政的部分予以去除，故又称"去除说"。这一学说以权力分立为基础分析行政，认为国家职能分为立法、行政、司法三大类，它们分别属于不同的机关，行政机关从事的行为就是行政，这即所谓的形式意义上的行政；而实质意义上的行政则以权力和职能内容与职能性质为标准，认为行政是除立法、司法行为以外的其他一切行为。这一观点的主要代表是德国学者耶林纳克（Walter Jellinek）、哈莱克（Jullias Hatschek）和日本学者美浓部达吉。耶林纳克在其《行政法》一书中指出，行政是包含立法、司法以外的一切国家行为。哈莱克在其《德国行政法教科书》中指出，行政为既非司法也非立法之一切行为。美浓部达吉在其《行政法撮要》中指出，行政即于法律以下的国家行为中除去司法行为部分。这一观点由于与三权分立之原则比较吻合，曾为早期资产阶级学者普遍接受。但"消极说"在其表达方式上存在很大的缺陷，它未对行政概念作正面的定义，使人无法确知行政的含义，因为它实际上未能反映出行政的实质内容。

---

① 牛凯、毕洪海：《论行政的演变及其对行政法的影响》，《法学家》2000 年第 4 期。

② 胡建淼：《行政法学》，北京：法律出版社 1998 年版。

③ 姜明安主编：《行政法与行政诉讼法（第六版）》，北京：北京大学出版社、高等教育出版社 2015 年版。

2. 积极说

由于消极说不全面，无法满足人们对行政的认识需要，因此学者们尝试正面对行政加以定义，故称为"积极说"。"积极说"有种种表述，现略举几种：

（1）国家意志执行说。这种观点以美国学者古德诺（F. J. Goodnow）为代表，他从政治与行政关系的角度分析行政这一现象，认为"政治是国家意志的表现，行政是国家意志的执行"。古德诺在其著名的《政治与行政》一书中指出："在一切政治制度中，只有两种基本的功能，即国家意志的表现和国家意志的执行。前者谓之为政治，后者谓之为行政。"古德诺将行政的功能看作"执行适当权力机关所宣布的法律或意志"，并认为政治是决策，科学和效率在这里只能发挥有限的作用，而行政是执行，经济和效率是其主要指标。从政治与行政关系的角度去分析行政的性质和作用，认为行政是执行权力机关颁布的法律或意志。这一观点在政治学、宪法学、行政法学发展上都具有积极意义，因为它已经开始对国家活动进行分类，并把行政活动限于一定的范围之内，故该观点在第二次世界大战前曾风行一时。但是，这种观点未免有形而上学之嫌。现代行政具有政治性特征，行政与政治的密切关系仍不容忽视，同时这种观点对国家权力的划分仍不够细密。第二次世界大战后，这一观点逐渐为其他学说取代。

（2）公共利益、公共目的说。有学者提出，"行政只能加以描述，而无法予以定义"。因此后来不少行政法学者努力从各个方面正面描述行政，如德国学者耶林纳克认为：所谓行政者，系指在政府之下，国家机关或其他公权力主体对于个别事件中所创设或消除若干新事物的行为。日本著名行政法学者田中二郎认为"近代国家之行政是在法之下，受法之规制，并以现实具体积极实现国家目的为目标，所为的整体上具有统一性之继续、形成的国家活动"。学者们普遍认为，行政的最主要特征是其为实现公共利益、达到公共目的的国家行为。

（二）我国学者对行政的认识

台湾行政法学者蔡志方认为行政有四个特征：行政为社会之形成；行政以追求公益为导向；行政积极地针对未来而形成；行政法为用具体之措施，以规范个案或实现一定之计划。他强调行政以公共利益为取向，以实现国家之公共目的为出发点。

台湾出版的《行政法》（翁岳生主编）一书颇值得注意，该书认为：行政是广泛、多样、复杂且不断形成社会生活的国家作用，具有形成性与整体性；行政是追求利益的国家作用；行政是积极主动的国家作用；行政应受法的支配——合法性与合目的性之兼顾；行政的运行应注意配合及沟通；行政系作具体决定的国家作用。该书还将行政分为公权力行政及私经济行政；干预行政、给付行政与计划行政；内部行政与外部行政；国家行政、地方行政与委托行政等。可见，对行政的不断深入研究是行政法学的永恒任务，也是研究的起点与重点。

大陆学者对行政的理解并不一致，行政一词在不同场合被赋予了不同的含义。但大陆学者多援引马克思对行政本质的论述作为认识行政的基本观点，并以此为基础进行引申和拓展。马克思在其早期著作《评"普鲁士人"和"普鲁士国王社会改革"》一文中曾对行政的本质作过简明扼要的揭示，马克思指出："所有的国家都在行政机关无意地或有意地办事不力这一点上寻找原因，于是它们就把行政措施看作改正国家缺点的手段。为什么呢？就因为行政是国家的组织活动。"学者们都以此认为马克思的这一论点既揭示了行政的本质，又划定了行政的范围。

根据马克思对行政本质的理解，行政具有以下两个主要特征：

第一，行政是国家的组织活动。也即行政的主体是国家，而不是其他任何私人团体和社会组织，只有国家、国家机关才有权进行行政活动。

第二，行政是与国家立法、司法等活动相区别的一种组织活动。也即行政并不是国家的所有活动，它是以组织、指挥、协调、执行等为主要活动方式的，对国家事务进行组织管理的活动。行政的基本功能是执行法律，具有国家意志性、从属法律性、执行性、强制性、直接性和连续性等特征，这就把行政的基本特征揭示出来了。

根据马克思关于行政本质的揭示，我们认为，行政是国家行政机关和法律、法规、规章授权组织依照宪法和法律，运用国家行政权力，为实现国家行政职能对国家和社会事务进行组织和管理的活动。从行政法的意义上讲，行政主要指国家的行政管理或者说以国家行政管理为核心的活动。

二、研究行政的两门学科

以行政为研究对象的传统学科是行政学和行政法学，这两门学科的产生是由行政的特点所决定的。首先，行政管理作为国家的管理活动之一，在现代社会是一种法律的管理，法律是国家实施行政管理活动的主要依据和手段。从法治角度特别是从保障行政相对人合法权益角度研究行政管理的法学学科即是行政法学。其次，行政管理又是整个社会管理活动的一个方面，作为一种社会管理活动，它又必须符合管理对象自身的客观规律，也就是说，行政管理与其他管理活动一样，必须是一种科学的管理，从科学的角度研究行政管理的原则和方法，以提高行政管理效率的管理学（广义政治学）学科就是行政学。

行政法学和行政学的发展表明，行政管理的法律化与行政管理的科学化在很大程度上是紧密联系、不可分割的。在行政法学中，有相当一部分是以科学的行政管理原则和方法作为内容的，行政法只有不断吸取科学的行政管理原则和方法，才能使行政管理法律、法规更具操作性和可行性，才能推动行政管理效率的不断提高。反之，科学的行政管理亦需要法治化，这样才能使科学的原则和方法具有稳定性。因此，在现代社会，科学的管理与法律的管理是不可分离的，这两门学科相互影响、齐头并进。

第二节 行政权

一、行政权的概念和特征

行政法及行政法学上的每一个原理、原则几乎都可以在行政权上找到它的起因和归属。例如，行政主体其实就是行使行政权的组织；行政权运行的外在表现形式就是行政行为；行政法律关系其实就是行政权的运用和行使所引起的法律关系；行政法律责任可以认为是行政权行使所引起的法律后果。总之，行政法涉及的所有问题，无一不与行政权的存在有着密切的联系。因此可以说，行政权是全部行政法学的基础和中心范畴。

"行政权"一词是国家权力分立的产物，其最初含义指的是除立法权、司法权之外的国家权力，尽管近现代各国都在使用"行政权"一词，但各国学者及立法对行政权的理解并不完全一致。

在西方，比较有代表性的对行政权的权威解释是著名法学家布莱克（Black）的观点，他认为，"行政权即执行法律的权力。它是总统根据联邦宪法第二条的规定所享有的广泛权力。它区别于制定法律及对法律纠纷裁判的权力"。这是一种典型的基于三权分立原则对行政权的理解。国内对行政权的提法也不尽一致，有学者用"行政管理权"，有学者用"行政权"，还有学者用"行政权力"。除此之外，学者在对行政权内涵的理解上也存有分歧。

我们认为，行政权是指国家行政机关及其他特定的社会组织执行法律、管理公共行政事务和社会公共事务的权力，是国家政权的一个重要组成部分。行政权是行政法的核心内容。

在现代社会，行政权表现为以下五个特征：

1. 法律性

行政权的法律性包含以下四个方面的内容：其一，行政权只能由法律产生，即由法律设定。"权自法出"是法治社会的基本标志。法律之外的一切和行政管理相关的权力，如确属需要，应尽快法律化，而不能使其游离于法律之外；如果对社会有害无益应尽快通过法律手段予以取缔。其二，行政权只能由法律规定的机关和组织行使。未经法律、法规、规章授权或者行政主体合法委托，其他任何社会组织、团体和个人都不得行使这一权力。其三，行政权的内容必须和法律规定相一致，即行政权的内容必须合法。其四，行政权的行使必须符合法律规定的程序。

2. 执行性

行政权区别于立法权及司法权的最本质特征就是它的执行性，即行政权本质上是一种执行权，其执行的内容是国家法律和权力机关的意志，如我国宪法明确规定，国务院是最高权力机关的执行机关，地方各级人民政府是同级人民代表大会的执行机关。这表明了行政权对国家意志的服从性和执行性。此外，需要注意的是，随着委任立法的产生，行政机关所执行的内容，已不仅限于权力机关制定的法律，行政机关根据授权或依职权所制定的行政法规、行政规章等，也是行政权的执行内容。但从本质上来说，行政机关制定行政法规、行政规章的目的正是执行法律。

3. 强制性

行政权是法律上确认的国家权力，是以国家强制力为后盾的，行政相对人必须服从。行政权的行使一般是行政主体单方性行为，其效力的发生不以相对人的意志为转移，一般不需要征得相对人的同意。即使国家权力的行使违法或者不当，也被推定为有效，行政相对人必须服从。权力区别于权利的显著特征就在于它是一种支配力量（其弱化则可能仅表现为影响力），它以国家强制力为最后保障，行政权也不例外。行政权在一定条件下，可以表现出强制力，其强制性表现在以下两个方面：其一，行政权的运用和行使一般不为相对人的意志和行为所左右，也就是说，不管行政相对人是否同意或协助，都不影响行政权的作用。其二，当行政权的运用遇有抵触时，行政主体可以使用法律规定的手段和方式排除对行政权行使的妨碍以保证行政权内容的实现。

4. 不可处分性

行政权的不可处分性是指行使行政权的主体在无法律规定情况下无权自由处分所享有的行政权。它包括三个方面的内容：其一，行政主体不得自由转让行政职权，除非符合法定条件并经过法定程序。其二，行政主体不得自由放弃行政职权，否则视为失职行为，要承担相应的法律责任。其三，行政权可以表现为羁束行政行为，也可以表现为自由裁量行为，即使是自由裁量行为，也要受到法律制约。行政权的不可处分性是由行政权的目的和性质所决定的。行政权行使的目的是满足国家利益或社会公共利益，而不是满足或实现行政主体自身的需求，因此，擅自处分行政权必然损害国家利益或社会公共利益。行政权具有职权和职责的双重法律属性，体现了职权与职责的统一。例如税务机关的征税，对于纳税人来说，是法律授予的一项职权，但对于国家而言，征税又是税务机关对国家应尽的义务和职责，放弃职责即意味着失职。

5. 优益性

由于行政权存在和实施的目的在于实现公共利益，在行政权行使过程中，权力主体享有特定的优益权，具体体现为职务上的行政优先权和物质上的行政受益权。职务上的行政优先权包括三个方面的内容：其一，推定有效权，行政行为推定有效；其二，获得社会协助权，行政的实施能获得社会协助；其三，先行处置权，在紧急情况下，可以先行处置，不受法定程序制约，如即时强制、先行扣留等。物质上的行政优益权体现为国家向行政机关或组织提供经费、办公条件以及交通工具等。

【案情介绍】

原告：某电子有限公司

被告：某区劳动局

2013年1月11日上午，某区劳动局监察员到其辖区内的某电子有限公司对该公司使用外地劳动力的情况进行劳动现场监督检查。该电子有限公司的负责人不仅不配合监察员的工作，还阻止外来务工人员接受监察员的询问，并谩骂监察员，甚至把劳动监察员锁在地下室达一个小时之久。

情况发生之后，该区劳动局以该电子有限公司严重阻挠工作人员行使监督检查权为由，于2013年2月28日对该电子有限公司做出了罚款8 000元的行政处罚决定。该电子有限公司不服，向人民法院提起行政诉讼，请求判决撤销该处罚决定。

在法庭审理中，原告电子有限公司诉称：被告在对其下属单位进行监督检查的过程中未出示"劳动监察证"，违反法定程序，属于越权行为，并且原告也没有阻挠被告行使监察权的行为。被告区劳动局辩称：其对原告进行的监督检查是依法进行的，在监察中也出具了"劳动监察证"，符合法定程序。但原告不仅不配合监察员的监察工作，而且谩骂监察员，并将其反锁在地下室，严重阻挠了被告监督检查权的行使。因而，其对原告所做的处罚决定事实清楚、证据确凿，适用法律正确，因而请求法院予以维持。

【法律问题】

运用行政法基础理论，分析关于行政权的法律问题。

【参考结论】

该案涉及的法律问题主要有两个：

一是区劳动局是否有权对其管辖的企业作出处罚。《中华人民共和国劳动法》（以下简称《劳动法》）第一百零一条规定："用人单位无理阻挠劳动行政部门、有关部门及其工作人员行使监督检查权，打击报复举报人员的，由劳动行政部门或者有关部门处以罚款；构成犯罪的，对责任人员依法追究刑事责任。"因而，区劳动局对其辖区内的电子有限责任公司享有行政处罚权，对其做出处罚是有法律根据的。二是该处罚是否遵循了法定程序。在处罚程序上，有关工作人员在进行监督检查时必须表明身份和出示"劳动监察证"，劳动局在这一点上也不存在违法行为。此外，对于公务员代表行政机关作出的行政行为，相对人有服从和协助的义务，阻碍公务员执行公务的要受到相应的制裁。该电子有限公司因为阻碍了公务员依法执行公务而受到处罚，该处罚遵循了法定程序。

本案在理论上涉及行政优益权和公务员依法执行职务的权利。所谓行政优益权就是指国家为确保行政主体有效地行使职权，履行行政职责，而赋予其享受各种职务上或物质上优益条件的资格，如先行处置权、社会协助权、推定有效权等。由于行政主体必须通过具体的公务员而行动，也就是说，行政主体的行政优益权是通过公务员的行政行为表现出来的，因而，行政相对人对于公务员依法执行职务的行为有协助和服从的义务。

被告在执法程序上有立案审批表、案件处理审批表，程序合法。因此，人民法院应判决驳回原告的诉讼请求，维持区劳动局的处罚决定。

【要点集成】

《劳动法》第八十五条、第一百零一条，《中华人民共和国行政诉讼法》（以下简称《行政诉讼法》）第六十九条。

值得注意的是，公务员并不是在任何时候都享有行政优益权，而是只有当其执行公务时才享有这种权利。比如有关法律规定，对于正在执行任务的警车，其他车辆有回避的义务，此时，警车享有行政优益权，其他车辆如果故意不回避，很可能会导致对自己不利的后果。但是，这并不意味着对一切警车，其他车辆都有回避的义务，对于那些没有执行任务，比如开着兜风的警车，其他车辆就没有回避的义务，因为此时该警车并不享有行政优益权。

二、行政权的构成要素

行政权的构成应具备三个基本要素，即权力主体、权力内容和权力范围。

1. 权力主体

权力主体即权力的享有者，它表明这一权力应归属于谁、由谁实际行使。在现代各国，行政权的享有主体是国家行政机关，但在特定情形下，经法律、法规、规章授权时，非行政机关的其他组织也可行使部分行政权。

2. 权力内容

行政权是一个抽象的法律概念，在实际生活中它必须被分解成若干不同的行政职权并配置给相应的行政主体才能实际运行。因此，权力内容所表明和记载的是权力的内在要素，它不仅使行政权能实际运用，而且能够区分不同的行政职权。

3. 权力范围

权力范围亦即行政权的权力界限，它包括行政权的地域范围、事务范围、层级范围和时间范围。地域范围所表明的是权力行使的地域；事务范围所表明的是权力适用的对象范围，包括该权力应作用于哪些人或应作用于哪些物；层级范围所表明的是不同行政等级的行政主体使用权力的不同层级界限和力度；时间范围所表明的是权力行使的时间界限。

三、行政权的分类

行政权的分类可以从多种不同的角度进行。

1. 中央行政权和地方行政权

这是以行政权管辖的地域范围为标准所做的划分。

中央行政权是指由最高国家行政机关行使的，效力及于全国范围的行政权。地方行政权则是指地方各级行政机关及其他行政主体所享有的，效力仅及于行政主体所管辖的地域范围内的行政权。

2. 行政立法权、行政执法权、行政司法权

这是以行政权的性质为标准所做的划分。

行政立法权是指行政主体针对不特定对象制定具有普遍约束力的行为规则的权力。行政执法权是指行政主体将法律的一般规定适用于具体的、个别的管理对象并作出具有一定法律效力的行政决定的权力。行政司法权是指行政主体以第三人的身份处理和裁决发生在当事人之间的争议纠纷的权力。

3. 羁束行政权和自由裁量行政权

这是以行政权受法律、法规的拘束程度为标准所做的划分。

羁束行政权是指法律、法规为行政权的行使规定了明确的范围、方式和程度，行政主体只能严格依法行使该权力而不能参以自己的主观意志的行政权。自由裁量的行政权是指法律、法规为该权力的运用和行使留下了一定的范围和空间，行政主体在实际运用该权力时基于行政目的，可以通过自由判断、自主选择作出一定行政行为的权力。

4. 行政管理权和监督行政权

这是以行政权的功能为标准所做的划分。

行政管理权是指行政主体依法对行政事务和社会事务进行组织、管理、监督、协调和服务的权力。监督行政权是指对行政管理权的运用和行使依法实施法律监督的行政权，如监察权、审计权、行政复议权等。

5. 外部行政权和内部行政权

这是以行政权作用对象为标准所做的划分。

外部行政权是指作用于行政系统外的行政管理相对人的权力。内部行政权是指作用于行政系统内部的各机构、组织之间以及行政机关与公务人员之间的权力。

四、行政权的内容

（一）行政立法权、行政决定权与行政命令权

1. 行政立法权

行政立法权是指根据宪法和法律的规定，行政主体有制定和发布行政法规、行政规章的权力。但并不是所有的行政主体都享有行政立法权，我国的宪法和法律将行政立法权赋予特定的行政机关。在我国，行政机关立法权的取得有三种情形：

一是宪法与有关的组织法以及立法法所规定的行政立法权，即通常所说的职权立法权。如《宪法》第八十九条第一款规定：国务院"根据宪法和法律……制定行政法规"；第九十条规定："各部、各委员会根据法律和行政法规、决定、命令，在本部门的权限内，发布……规章"；再如《中华人民共和国地方各级人民代表大会和地方各级人民政府组织法》（以下简称《地方各级人民代表大会和地方各级人民政府组织法》）第六十条第一款规定："省、自治区、直辖市的人民政府可以根据法律、行政法规和本省、自治区、直辖市的地方性法规，制定规章……设区的市的人民政府可以根据法律、行政法规和本省、自治区的地方性法规，制定规章。"

二是其他法律所授予的立法权，即全国人民代表大会及其常务委员会，可以通过自己的决定授予国务院或地方权力机关以立法权，这种立法权称为一般授权立法权。如《中华人民共和国矿产资源法》第五十二条规定"本法的实施细则由国务院规定"，这一规定属于一般授权立法。

三是最高国家权力机关特别授予的立法权，这是指全国人民代表大会及其常务委员会将自己职权范围内的立法事项授予国务院或国务院提请授予的下级人民政府或地方权力机关，这种立法通常称为特别授权立法。如1984年第六届全国人大常委会第七次会议通过的《关于授权国务院改革工商税制发布有关税收条例草案试行的决定》，1994年第八届全国人大常委会第二次会议通过的《关于授权厦门市人民代表大会及其常务委员会和厦门市人民政府分别制定法规和规章在厦门经济特区实施的决定》等。

2. 行政决定权与行政命令权

在行政法上，行政机关行政决定权（行政决定权是指行政主体依法对行政相对人的权利、义务及其他一些行政事项的处理决定权，包括行政许可权、行政确认权、行政奖励权、行政物质帮助权和行政合同权等）与行政命令权（行政命令权是指在行政管理活动中，行政主体通过书面的或口头的行政决定，依法要求特定的人或不特定的人作出一定行为或不作出一定行为的权力）的行使既可以针对不特定对象进行，也可以针对特定对象进行（如1996年12月16日国务院以第207号令发布的任命董建华为中华人民共和国香港特别行政区第一任行政长官的命令），但我们这里所讲的行政决定与行政命令指的是行政机关依照宪法及组织法的规定针对不特定对象制定和发布具有普遍约束力的决定和命令的权力，《宪法》第八十九条第一项规定，国务院"根据宪法和法律……发布决定和命令"，《地方各级人民代表大会和地方各级人民政府组织法》第五十九条、第六十一条规定县级以上地方各级人民政府和乡、民族乡、镇的人民政府可以依法发布决定和命令。行政决定

权与行政命令权不同于行政立法权，因为根据行政决定权与行政命令权所产生的行政决定与行政命令不属于行政法规或行政规章的范畴，但它也具有普遍的约束力，是行政机关实施行政管理的一种重要形式，它们对行政主体及行政相对人的行为具有同样的约束力，如1998 年 4 月 18 日国务院发布的《关于禁止传销经营活动的通知》即为典型的行政命令，这一命令虽不是行政法规，但它同样具有约束力。

这里需要注意的是，行政机关发布的行政法规及行政规章也都采用行政命令的形式，因而，有时行政立法权与行政命令权不容易区分，而且有学者甚至将行政命令权等同于行政立法权（如我国台湾地区的行政命令权指的主要就是行政立法权）。我们认为，从我国宪法及法律的规定来看，除行政立法通常采用行政命令的形式外，确实存在着独立于行政立法之外的行政命令权，至于行政命令与行政立法的划分标准，我们认为应主要以文件的内容结合形式及名称加以确认。一般来说，法规或规章从内容、结构到形式都具有法律规范的明显特征；而行政命令一般都不具有法律规范的明显特征。

此外，行政决定与行政命令在实践中亦不易区分，我们认为，两者的区分应视具体的情形而定，并同样应结合文件的内容和形式包括名称加以区分，如国务院《农村金融体制改革的决定》属于行政决定，而国务院发布的戒严令、卫生部发布的《关于整顿白酒生产经营市场的紧急通知》等则为行政命令。

【案情介绍】

某市人民政府计划对本市各个农贸市场环境卫生进行整顿，决定先由市人民政府的政策研究室组织制定一份关于整顿农贸市场环境卫生的规范性文件。政策研究室对各方面进行调查，征求有关工商、卫生行政职能部门的意见后，最后起草的文件经政策研究室主任的批准，以本研究室的名义向全市进行公布，并要求有关单位和个人贯彻落实。

【法律问题】

该市人民政府的政策研究室公布规范性文件的行为是否正确？为什么？

【参考结论】

该市人民政府的政策研究室公布规范性文件的行为是错误的。

因为，市人民政府的政策研究室不具有行政主体资格，不能对外以自己的名义作出行政行为。行政机关以自己的名义实施行政行为，必须具有行政主体资格。市人民政府的政策研究室是市人民政府的内部机构，虽然同属行政机关系统，但它只是机关内部的协调、办事管理机构，它不能对外独立行使权力，也不能独立对外承担其行为后果的法律责任。本案中的规范性文件，应以市人民政府的名义对外公布，才能产生法律效力。

【要点集成】

根据行政主体的理论，行政主体是指享有国家行政权力，能以自己的名义从事行政管理活动，并独立承担由此产生的法律责任的组织。能够成为行政主体的组织，必须同时具备三个条件：①必须享有行政权力；②以自己的名义行使行政权力，进行行政管理活动；③能够独立地承担自己行为所引起的法律后果。行政主体包括国家行政机关以及法律、法规、规章授权的组织。

　　行政立法是指根据宪法和法律的规定，行政主体有制定和发布行政法规、行政规章的活动。并不是所有的行政机关都有立法权。根据《中华人民共和国立法法》（以下简称《立法法》）规定，国务院有权制定行政法规；国务院各部委有权制定部门规章；省、自治区、直辖市人民政府以及设区的市的人民政府有权制定地方政府规章。

（二）行政执法权

　　行政执法权是指行政主体将法律的一般规定适用于具体的、特定的管理对象并作出行政行为的权力。在行政法上，行政执法权的主要内容有：

　　1. 行政许可权

　　行政许可权是指行政主体根据行政相对人的申请，依法审查并决定是否准许行政相对人从事某项为法律所限制的活动的权力。在社会活动特别是经济活动中，有些活动关系到社会的公共安全或公民的人身、财产权益，要求从事该活动的行政相对人必须具备一定的条件，或者为了有限资源合理的配置，需要对行政相对人的活动予以严格的限制，或者有些活动涉及国家的整体利益，国家需要进行必要的调控，这种情况下法律通常的做法就是设定许可证制度加以干预和管理，而行政主体依据法律的规定所取得的这项权力就是行政许可权。行政许可权在内容上由审查权、拒绝或准许权、变更权等一系列权力所构成。

　　2. 行政确认权

　　行政确认权是指行政主体根据行政相对人的申请依法对行政相对人的某种法律事实、法律地位、法律资格、权利、义务及特定的法律关系予以确认的权力。在法律上，对行政相对人法律地位或权利义务关系的确认有六种形式：一是通过行政登记予以确认；二是通过行政鉴定确认；三是通过公证确认；四是通过律师见证确认；五是通过司法诉讼确认；六是通过仲裁确认。在六种确认制度中，行政登记确认和行政鉴定确认属于行政权的作用，是行政确认权的运用。

　　从内容上看，行政确认的内容包括：

　　（1）对某种法律事实的确认，如出租车的登记。

　　（2）对主体资格或法律地位的确认，如企业登记、事业单位登记、党派团体的登记、户籍登记都是对主体资格的确认。

　　（3）对权利的确认，如房屋所有权的登记，对土地使用权的登记，对抵押权、质押权的登记，对专利权、商标权、著作权的登记。

　　（4）对义务的确认，如税务登记。

　　（5）对法律责任的确认，如交通事故的认定。

　　（6）对法律关系的确认，如婚姻登记、医疗事故的鉴定等。

　　3. 行政征收权

　　行政征收权是指行政主体向行政相对人征收税款及其他财产、费用的权力，其中征收税款等属于国家强制、无偿参与国民收入分配及调节经济活动的一种手段。在实践中，行政征收权行使的范围包括税收征收、资源费征收、建设资金征收及管理费征收等。

　　4. 监督检查权

　　监督检查权是指行政主体对其管辖范围内的公民、法人或其他组织对相关法律、法规或规章的遵守进行监督和检查的权力，包括专门监督主体所行使的监督检查权和业务主管部门或职能部门所行使的监督检查权。其作用的范围几乎涵盖了社会生活的所有领域，诸如对市场交易中的竞争行为的监督检查、产品质量监督检查、价格监督检查、财政税收检查、资源开发使用检查、环境保护监测检查、防火检查、治安检查等；监督检查权在实际运用过程中又往往由查阅权、查看权、复制权、询问权、查核权、查验权、检测权、扣押权等一系列程序性权力所组成。

5. 行政强制权

行政强制权是指行政主体对有逃避履行行政法上义务的行政相对人或危害及可能危害社会公共利益的行政相对人采取限制其某些权利或行为的强制权力。在行政管理中，行政主体强制权的行使包括三种情形：一是对有逃避履行行政法上义务嫌疑的行政相对人实施行政强制保全的权力，简称行政强制保全。二是对于危害或者可能危害社会公共利益的行政相对人实施强制紧急处置的权力，又称即时强制。在具体形式上，它主要有查封、扣押、冻结、管制约束等形式。三是行政主体对拒不履行已经发生法律效力的行政处理、行政处罚及其他行政决定的行政相对人，依法采取一定措施强制实现行政决定内容的权力，其行使强制执行权的方式主要有加处罚款、征收滞纳金、强制划拨、强制拍卖、强制拘留等。

6. 行政处理权

行政处理权是行政主体对违反行政法规定的行政相对人实施处理的权力。广义上说，行政主体对违法行政相对人处理包括了行政处罚在内，行政处罚是对违法行为的处理情形之一，但我们这里所指的行政处理权是指行政主体在行政处罚之外所实施的补救性措施的权力。处理权与处罚权的区别主要在于：处理权仅具补救性，不具行政法上的惩罚性，而处罚权的行使旨在制裁相对人的违法行为，因而，处罚权的行使对行政相对人具有明显的惩罚性和制裁性。实践中处理权行使的表现形式主要有责令改正、责令更正、责令停止违法行为、责令重新安装、责令停止侵害等。

【案情介绍】

行政机关滥用职权

王某于 1995 年 7 月 30 日在汝阳县靳村乡收购生猪 25 头，同月 20 日向国税所交纳 20 至 31 日定期定额增值税、城建税、教育附加费 52 元；29 日向工商所交纳管理费 152 元，向地税所交纳 7 月定期定额生猪屠宰税（外销）100 元；30 日办理了动物检疫证（有效期两天）及车辆消毒手续。王某于 7 月 30 日下午用汝阳县上店乡一个体司机的农用车（已消毒）将生猪 25 头运往洛阳，当车行至沙沟时车发生故障，在修车时一头猪将近死亡。王某于 7 月 31 日在靳村乡将该猪屠宰后销售，当晚 10 点左右车修好前往洛阳，后在汝阳县上店乡下店附近被三被告工作人员拦查，拦查人员未着标志服，未出示执法及工作证件，王某当场出示了上述办理的有关手续，被告地税局工作人员（上店乡所雇用人员，无执法证件）认定王应交纳税款 960 元；已交 100 元，应补交 860 元；王以自己已报税且是定额税为由拒绝补交；持工商管理发票的人员（原工商所雇用人员，现税所雇用人员）指出王应交纳 240 元而只交了 152 元，应重新交纳 240 元，王某不同意；被告动检站工作人员认定其所持票据证物不符合且证明过期，应重新检疫，王某已做过检疫，证明过期是因车出故障，证物不符是因中途修车销售一头，因此，他拒绝重新检疫，并提出让三被告放行。

三被告坚持上述意见，不同意放行，双方争执不下，王某即到县城找有关人员说明情况，后又返回，仍未达成一致意见。三被告工作人员即将车及生猪扣至汝阳县上店乡地税所院内，王某即返回县城到县公安局以路遇抢劫报案。第二天上午随公安局工作人员前往上店调查此事，发现车停在地税所院内，上店派出所问明情况后，让三被告负责人到派出所解决此事。当时因天气炎热，到中午生猪已死亡 5 头，在派出所的主持下，三被告同意赔偿原告死亡的 5 头生猪损失（含运费）4 466 元，死猪由上店地税所拉往县食品公司宰杀。王某将剩余生猪 19 头运往洛阳销售，因天气炎热在途中生猪死亡 2 头，下车时又死亡 3 头，价值 4 000 元，屠宰厂按 4 头大猪每头 150 元，另一头按 100 元收购，王某 5 头猪共得款 700 元，直接损失 3 300 元。王某回来后即向三被告提出支付原同意的损失 4 466 元和又死 5 头猪的损失，三被告推诿拒绝赔偿，被告地税局并提出让王海裳补交屠宰税 860 元。王某不服，向河南省汝阳县人民法院提起诉讼，要求撤销三被告的行政强制措施，并赔偿由此造成生猪死亡 10 头的损失。

【法律问题】

三被告的行为是否属于滥用职权？为什么？

【参考结论】

三被告的行为属于滥用职权。

本案中法律规定税务、动检、工商三机关在某些方面有扣押权，但三被告对事实认定不清，且违反法定程序。

【要点集成】

滥用职权指行政机关行使权力的目的不是出于社会公共利益或者不符合法律授予这项权力的目的，亦指行政机关在法定权限范围内不正当地行使行政权力所发生的法律错误。构成滥用职权的行政行为必须同时具备以下要件：第一，行政主体作出的行政行为超过其法定的权限范围。第二，该行政行为违背或者偏离了法律、法规的目的和原则。滥用职权的表现形式有：①为了行政机关的小集团或管理者个人的利益，故意考虑一些不相关的因素或故意不考虑一些应当考虑的因素；②故意迟延和不作为；③不一致的解释和反复无常；④不当授权和委托。

（三）行政司法权

行政司法权是指行政主体以第三者的身份居间裁决民事及行政争议纠纷的权力。这项权力在我国的主要表现形式有行政裁决、行政复议、行政仲裁（如劳动争议仲裁）与行政调解。四项权力中又以行政裁决权和行政复议权为主。

1. 行政裁决权

行政裁决权是指行政主体裁决民事争议纠纷的权力。在我国，行政主体的行政裁决权必须由法律明文规定，分散在各单行的法律、法规之中。如《中华人民共和国土地管理法》（以下简称《土地管理法》）规定，县级以上人民政府可以处理和裁决发生在单位之间的土地所有权和使用权的权属争议纠纷，乡级以上人民政府可以裁决个人之间、个人与单位之间关于土地所有权和使用权的争议。

2. 行政复议权

行政复议权是行政主体居间解决行政争议纠纷的权力，它是法定的行政复议机关应行政相对人的申请，审查行政主体所作的行政行为的合法性和合理性，并作出相应裁决的权力。行政复议权既是一项行政司法权，又具有行政监督权的性质，是上级行政主体对下级行政主体行政行为的法律监督。

3. 行政仲裁权

行政仲裁权是行政主体依仲裁程序裁决个人之间、组织之间或者个人与组织之间民事争议的权力。在《中华人民共和国仲裁法》（以下简称《仲裁法》）颁布实施前，经济合同、劳动合同等争议多通过行政仲裁解决，而有关民事权属争议、侵权赔偿争议则多通过行政裁决解决。《仲裁法》颁布之后，原行政机关主管的仲裁争议绝大部分转交给独立于行政机关之外的民间仲裁机构处理，现仅有劳动争议等不多的仲裁形式属于行政仲裁。

4. 行政调解权

行政调解权是行政主体在争议双方当事人自愿的基础上主持调解双方间争议纠纷并达成调解协议的权力。如《中华人民共和国治安管理处罚法》（以下简称《治安管理处罚法》）第九条规定："对于因民间纠纷引起的打架斗殴或者损毁他人财物等违反治安管理行为，情节轻微的，公安机关可以调解处理。"这一规定就是对公安机关行政调解的授权。

（四）行政监督权

行政监督权在我国行政法上有两种理解：一是指行政主体对行政相对人遵守行政法规定的行为和活动所进行的监督；二是行政主体对其他行政主体的执法活动和执法行为所进行的法律监督。我们所指的行政监督权指的是后者。在我国，这种行政监督权主要由以下权力所构成：

1. 审计权

审计权是指国家审计机关对本级人民政府各部门、下级人民政府、国家金融机关、全民所有制单位以及其他有国有资产单位的财政、财务收支的真实、合法、效益进行审核、检查并提出审计报告，作出支持合法行为、抑制和处理违法行为的决定的权力。在我国，审计监督由国家审计监督、部门和单位的内部审计监督以及社会审计监督三部分所组成，其中国家的审计监督权是行政监督权的重要组成部分，其审计监督的对象主要是各级政府的财政收支活动及其结果。目前审计的内容主要是财政、财务收支和审核是否违反财经法纪，审计机关作出的审计结论和决定具有法律效力，被审计的单位和有关单位应当执行；被审计单位拒不缴纳应缴纳违法款项、罚款的，审计机关可以通知银行扣缴。

2. 行政复议权

行政复议权除具有行政司法权的功能之外，还具有行政监督权的功能，是上级行政机关对下级行政机关的执法行为及执法活动行使监督权的主要形式之一，上级行政机关经过对被申请行政复议的行政行为的合法性及合理性审查，对于违法或不合理的行政行为可以决定撤销、变更或确认违法，并可以责令被申请人重新作出行政行为；对于被申请人不履行法定职责的，可以决定其在一定期限内履行；对于被申请人作出的行政行为侵犯复议申请人的合法权益并造成损害，申请人要求赔偿的，可以责令被申请人依法赔偿。

五、行政权的界限

1. 行政权在国家权力体系中的地位

从总体上说，行政权是国家政权的组成部分，但由于各国政治体制不同，行政权在国家权力体系中的地位亦存在很大的差异。

在西方"三权分立"制的国家，行政权是与立法权和司法权相并列且处于相互制衡状态的一项国家权力。在"议行合一"制的国家，行政权是由立法权产生的一项国家权力，它从属于立法权，其行使受到立法权的监督，它是与司法权、检察权、监察权等国家权力相并列的一项国家权力。

这里值得一提的是我国民主革命的先行者孙中山先生所创造的独特的"权能分离"和"五权分立"学说。所谓"权能分离"即政权和治权的分离。关于政治的含义，孙中山先生认为，"政是众人的事，治是管理众人的事"，"政是众人之事，集合众人之事的大力量，便叫做政权，政权可以说是民权；治是管理众人之事，集合管理众人之事的大力量，便叫做治权，治权就可以说是政府权"。在政、治两权分开的前提下，孙中山将政权分为选举权、罢免权、创制权和复决权四权，它们均由人民来行使；将治权分为立法权、行政权、司法权、考试权和监察权五权，由政府行使，在孙中山的理论中，行政权不是政权的内容而是治权的一个方面。

行政权仅仅是国家权力的一部分，在实践中常常涉及行政权与其他国家权力以及行政相对人权利的关系问题，要解决这个问题，首先要理清行政权的界限。可以说，其他国家权力行使的范围及行政相对人权利的范围也正是行政权行使的边界。因此，我们下面着重讨论行政权与国家立法权、司法权之间的界限。

2. 行政权与立法权的界限

从法律上看，近现代的绝大多数国家都把立法权规定为地位最高、最具权威性的权力，因为从理论上说，立法权是直接代表民意的国家权力，掌握立法权的国家立法机关是直接代表人民行使权力的，立法机关便自然取得了最高的法律地位。在自由资本主义时期，议会至上从而立法权至上的观念达到前所未有的程度。议会至上的体制必然导致其他的国家权力——行政权和司法权受制于立法权：一方面，行政权必须服从议会制定的所有法律，必须在议会立法的范围内活动，无法律即无行政；另一方面，议会对政府实施直接监督，尤其是它拥有弹劾罢免权，能够以人民的名义罢免行政首长，从而使行政首长服从议会的统治，这种状况有人称为"议会权的专制"。但在这种体制下，行政权与立法权之间的边界是清楚的。即立法权由议会独家行使，行政权的职能就是执行议会所制定的法律。

然而，议会权的至上并未维系太长时间，随着经济的发展，社会的进步，议会向政府的频频授权使得议会独家行使立法权的格局被打破。现代几乎所有的国家都是由议会与政府分享立法权，既然立法权由立法与行政两家分享，那么，如何划分两者之间的界限被提上了议事日程，而行政权与立法权的关系往往集中体现在立法权限的划分上。

在我国，由于行政机关也享有广泛的立法权，因而同样存在着立法权限的划分问题。

要划分行政立法的权限范围，首先应分析我国行政机关行政立法的性质和状况。在我国，行政机关是权力机关的执行机关，行政机关在行政权范围内制定行政法规、行政规章的活动，虽然在广义上称之为立法，但与权力机关制定法律和地方性法规的性质有所不同：权力机关制定法律和地方性法规是创制社会行为规范的活动，是根本性的立法，行政机关在行政权范围内制定行政法规、行政规章是行政权的行使方式，目的是执行权力机关的法律和意志，因而，这种立法具有从属性、执行性；行政机关只有在立法机关授权的情况下，才能创制社会行为规范，只有根据授权制定行政法规和行政规章的活动，才是严格意义上的立法活动。授权立法对权力机关而言，是立法权的一种行使方式，对行政机关而言，是获得立法权的唯一途径。这是我国人民代表大会制度的基本内涵。这就是说，行政机关的职权立法只是为了通过制定实施细则和实施办法以贯彻落实法律、地方性法规的规定，从内容上说，它不能创设新的实体性的法律规则，行政机关要创设影响当事人权利义务的新的法律规则，必须要有权力机关的明确授权。

3. 行政权与司法权的界限

从理论上说，行政权与司法权之间的界限是清楚的。行政权是主动执行法律的权力，而司法权是裁决争议纠纷的权力；行政权所要解决的是将法律的规定运用于现在和将来的未推行的事项，而司法权所要解决的是如何运用法律解决已经发生的争议事项；行政权的运行功能一般是积极主动的执法，即适用于法律关系未发生争执状态下的执法，而司法权运行的功能一般是消极状态下的适用法律，即在法律关系已经发生争执状态下的适用法律。

但是，在现代社会，行政权所适用的对象与司法权所适用的对象的划分又不是绝对的，一方面，它表现为行政主体开始运用行政权处理和裁决一些准司法事务，即行政权向司法权的扩张；另一方面，有些行政管理中的事务又交由司法去处理，如目前我国有不少法律、法规规定部分行政处理决定的强制执行应由作出决定的行政机关申请人民法院执行，行政机关自己无权强制执行。由人民法院强制执行行政主体作出的行政决定，其执行权限的划分比较明确，法院的强制执行应以有法律、法规的规定为前提。因此，它不是我们这里讨论的重点，我们这里所讨论的重点是行政权裁决争议纠纷与司法权裁决争议纠纷的界限及其相互关系，因为这是体现行政权与司法权关系的核心部分。

关于行政权所裁决的争议纠纷范围，目前我国立法缺少统一规定，我们认为行政权所裁决的争议纠纷应当具备三个条件：一是这些争议纠纷应当是发生在行政管理中的争议纠纷，它们或者本身就是行政争议纠纷，或是与行政管理活动有联系的其他争议纠纷；二是这些争议纠纷应具有一定的特殊性，它们或具专业性、技术性，如专利权、商标权、医疗事故、交通事故的确认，或分散零乱，如邻里之间因矛盾引起的轻微治安纠纷等；三是行政权裁决争议纠纷应有明确的法律依据，根据依法行政的要求，行政主体自己不得以自己制定规范性文件自设其对争议纠纷的裁决权。

在行政权裁决争议纠纷与司法裁决争议纠纷的关系上，应当确立"司法权优于行政权"的原则，或者说司法权应当保留最终裁决的权力，凡当事人对行政权的裁决不服的，都应当由司法权进行最终裁决。

第三节 行政法的概念与特征

一、行政法的概念

行政法与民法、刑法一样，是基本的法律部门之一。但是，何谓行政法？这是一直存在争议、需不断深入研究的基础性问题之一。多年来，德、法、英、美、日等国家有代表性的行政法概念陆续引入，对我国行政法概念的形成和发展产生了明显的影响。以比较研究的方式对国内外有代表性的行政法概念略加考察，有助于认识行政法学者多年来一步步探索的历程，也有助于理解和把握现代行政法的理论体系。

（一）国外有代表性的行政法概念

1. 大陆法系的行政法概念

大陆法系国家严格区分公法和私法，将行政法列入公法范畴，且大都设有行政法院，故大陆法系的行政法概念有其显著特点。

最早把对行政法的认识加以系统整理，使之成为一门独立的法律学科的德国著名法学家奥托·迈耶（Otto Mayer）在其名著《德国行政法》中指出："行政法是指调整作为管理者的国家与作为被管理者的臣民之间关系的法律规范。"另一位德国著名法学家乔治·梅叶（Georg Meyor）则认为，"行政法是对于行政关系法规根本规定之总概念"。这些定义比较简单，且都强调行政这一个方面，定义本身几乎不包含对行政进行监督的理念。

法国著名法学家奥科（Aucoc）认为，"行政法即规范行政以及行政权对于人民关系法规之总体"。法国另一位著名的当代行政法学家术·瓦林（S. Worli）则从内容描述的角度出发，认为行政法"不仅包括行政权及其行使的程序和原则，公民受到侵害时的救济措施，还包括行政机关的组织形式、行政机关颁布规章的权力及程序、文官制度、政府对财产的征用和管理、公共事业、行政责任"。这些定义的内容与法国实行行政法院制度的实际比较吻合。

荷兰法学家克鲁尔（Kluwer）认为，"行政法通常是宪法的延伸和具体化，它主要是关于政府行政和对行政的司法审查"。土耳其中东技术大学教授罗纳（Rona）则认为，行政法"是调整行政机关同公民之间的关系，规定国家官员的法律地位以及公民在同作为国家代表的政府官员交往中的权利和义务的法律规范的总称。同时，行政法也规定义务的程序"。这样的定义也比较符合现代行政的实际。

2. 英美法系的行政法概念

早期的英美法系国家特别是英国由于受到戴西（A. V. Dicey）的影响，不承认有行政法，因为他们把行政法理解为行政法院进行行政诉讼的法，故而行政法被斥为"是法国的东西，是保护官吏特权的法律"。但这种误解并没有妨碍学者们的研究。在英美法系国家中，最早把行政法作为独立的法律部门进行研究并使之成为一门独立学科的，是19世纪末20世纪初美国著名的行政法学家古德诺，他在1893年出版的《比较行政法学》一书中写道："行政法是公法的一部分，它规定行政机关的组织和职权，并规定公民在受到行政行为侵害时的行政救济。"他的观点显然受到大陆法系学者观点的影响。在英国，最早出版行政法专著的行政法学家波特（F. J. Port）也有类似的观点，他在《行政法》一书中指出："行政法是由这样一些法律规范组成：这些规范的最终目的是适用和执行公法。"此外，他在阐述行政法与宪法的关系时提出了一个独到的观点，他认为"宪法规定政府组织的静态，行政法规定其动态"。

在实际建立起行政法律制度的当代，英美法系学者多根据本国行政法的实际情况去定义行政法，并且有他们褪之不去的特色，比较典型的如英国著名法学家 H. W. R. 韦德认为："行政法的定义，首先，可以概括地说，它是关于控制政府权力的法律，这是问题的中心，行政法的主要目的就是控制政府的权力不越出它们的法律规范，以此来保护公民不因权力滥用而受到侵害，强有力的权力机器必须防止走向乱砍乱杀。"

美国当代行政法学家伯纳德·施瓦茨（Bernard Schwartz）则认为："行政法是管理政府行政活动的部门法。它规定行政机关可以行使的权力，确定行使这些权力的原则，对受到行政行为损害者给予法律补偿。"这个定义把行政分为三部分：①行政机关所具有的权力；②行使这些权力的法定条件；③对不法行使行政权力的救济。

总之，英美法系行政法在其发展过程中形成以下主导性特点：一是行政法为控权法；二是行政法为程序法；三是行政法主要是对行政行为进行审查的法。

3. 日本的行政法概念

日本行政法以德国行政法为蓝本，又积极学习法国行政法的判例政策、国家责任和无过失损害赔偿等内容，第二次世界大战后又深受美国行政法的行政程序、司法审查等制度的影响，所以具有吸取各家之长的特色，且因被较多地译介进来以及与中国文化传统相近，而对中国行政法具有特别大的影响。

日本著名法学家美浓部达吉认为行政法"为国内公法之一部，规定行政权之组织及行政权主体的国家或公共团体与其所属人民的关系之法"，简言之，"行政法就是关于行政的国内公法"。此观点对早期日本行政法概念的影响很大。第二次世界大战以后，日本行政法学家在认识上发生了一些变化。例如，原日本北海道大学校长今村成和认为行政法"是指专门关于行政的法"，"除了有关行政的组织和活动的法之外，也包括关于行政行为造成损害时的补偿的法，以及解决行政纠纷的程序的法"。由东京大学名誉教授杉村章三郎等主编的《行政法辞典》所下的定义为："行政法在广义上是指关于行政的组织、作用及争讼的法（但传统观点则仅指其中形式意义上的行政），是行政组织法、行政作用法、行政争讼法及行政处罚法的总称。"

4. 两大法系学者对行政法认识的差异

（1）大陆法系国家行政法的概念较英美法系行政法的概念要宽泛。大陆法系国家的行政法是关于公共行政的法律，其范围不仅包括行政权、行政权的行使及其行政救济，还涉及行政机关的组织、法律地位、行政规章制定权的行使及其限制，公务员法、公共财产的征用和管理、公共事务和行政责任（分为合同责任、准合同责任和侵权责任）等方面。

英美法系学者则认为，有关行政机关的组织、公务员制度等属于政治学、行政学研究的范畴，他们从传统的控权理念出发，将行政法定义为控制政府权力的法律，在内容上多将行政法理解为行政程序和司法审查的法律，而不是实体法律，因此英美法意义上的行政法实际上是一种管理管理者之法而不包括管理法。

（2）大陆法系在公私法划分的基础上将行政法界定为公法的一个法律部门，而英美法系因为没有公私法的明确划分，因而，行政法不构成一个区别于普通法的特别的法律部门。

（3）两大法系在法律适用上的不同。大陆法系国家，由于存在严格的公私法的划分，因而审理公法案件的法院系统和审理私法案件的法院系统是分立的，以法国为代表的大陆法系国家行政法的最大特点是行政诉讼不是由普通法院而是由与普通法院相分离，并自成体系的行政法院审理。行政法院在审理行政纠纷案件时也是根据行政上的要求而适用与普通法不同的特别法，即适用专门的行政法规则。

而在英美法系国家，由于不存在公私法的划分，因而公民与政府之间的关系，以及公民之间的关系受同一法律支配，受同一法院管辖。英美法系行政法的最大特点是行政诉讼像民事诉讼一样都由普通法院管辖，适用同样的法律规则，没有独立的行政法院体系，行政法也不构成一个和普通法律相独立的法律体系。

（二）我国有代表性的行政法概念

我国关于行政法的概念，经历了一个不断深入认识的过程，现对这一过程进行简单梳理。

1. 学界对行政法的不同定义

由于种种原因，我国的行政法经历了漫长而曲折的发展过程，行政法学也长期处于近乎空白的状态，教训极为深刻。1978 年中国共产党第十一届三中全会召开后，我国进入改革开放的新时期，法制建设重新起步，行政法和行政法学也迎来了难得的发展机遇。在此背景下，我国行政法学在 20 世纪 80 年代中前期开始创立起来并得到初步发展。这一初创时期所提出的行政法概念还不够完善，但为此后行政法学界对行政法概念的深入研究奠定了基础。这一时期有代表性的行政法定义有：

1980 年出版的《法学词典》的定义为："有关国家行政管理活动的各种法规，在法学上总称之为行政法。散见于宪法、法律、法令、决议、命令和其他各种规范性文件中。内容包括国家行政机关活动的一切方面。……主要是调整国家行政机关之间及其在行政管理活动中同其他国家机关、社会团体和公民间发生的社会关系。"

1983 年出版的新中国第一部行政法学教材《行政法概要》认为，行政法"是一切行政管理法规的总称。……行政法是规定国家行政机关的组织、职责权限、活动原则、管理制度和工作程序的，用以调整各种国家行政机关之间，以及国家行政机关同其他国家机关、企业事业单位、社会团体和公民之间行政法律关系的各种法律规范的总和"。

我国学者在 20 世纪 80 年代后期以来提出的较有影响的行政法概念主要有：

（1）单一关系调整说。此说认为，行政法"是指有关国家行政管理法律规范的总称，是以行政关系为调整对象的一个仅次于宪法的独立法律部门"。[①] 此说指称的行政关系，从语义上看并不包括监督行政关系。

---

① 张焕光、胡建淼：《行政法学原理》，北京：劳动人事出版社 1989 年版。

（2）两种关系同时调整说。此说以 1996 年 10 月出版的高等政法院校规划教材《行政法学》的表述为代表，认为行政法"既调整行政关系，又调整监督行政关系，是调整这两类关系的法律规范和原则的总称"。[①] 此定义有一个值得注意的特点在于，它将相应的法律原则也纳入行政法的概念之中，具有丰富而深远的意义。

（3）行政权力双向规范说。此说以 1997 年 7 月出版的高等政法院校规划教材《行政法学》（修订版）的表述为代表，提出"行政法是关于行政权力的组织分工和行使、运作，以及对行政权力进行监督并进行行政救济（或补救）的法律规范的总称"。[②]

应当指出，上述第二种和第三种定义尽管强调的重点不同，即前者着眼于行政法的调整对象，强调的是行政法所调整的两种社会关系（行政关系和监督行政关系）；而后者着眼于行政法的权力源流，强调的是与行政法有关的两种权力过程（行政权力的行使过程和对行政权力行使的监督过程）。但由于在相互关联的两种过程中分别形成了相互关联的两种社会关系，所以看似不同的两种定义实则有相通之处，即从不同的角度和环节强调了现代行政法不仅应关注"如何行政"这一面，而且应关注"如何监督行政"这一面，行政法概念应包容这两个方面。可以说，此点认识正是我国行政法学者在对行政法概念的长期探索和学习借鉴过程中取得的重要进步，是在行政法概念的既往研究成果基础上的新发展。

2. 行政法的理解与界定

概括和借鉴上述理论观点，我们认为，若从行政权与行政法关系的角度去定义行政法更能予行政法以本质的认识，为此，将行政法定义为：行政法即规范行政权的法，是调整国家行政权运行过程中发生和形成的社会关系的法律规范的总称。具体来说，它是规范行政权主体、行政权内容、行政权行使以及行政权运行法律后果的各项法律规范的总称。

行政法具有以下四个特征：第一，行政法规范的重点和核心是行政权。第二，行政法调整的是因行政权的行使所引起的各种社会关系，包括行政管理关系和监督行政关系。第三，行政法规范的内容包括行政权主体、行政权内容、行政权行使以及行政权运行的法律后果等方面。第四，行政法形式上的重要特征是没有、也不可能有一部包含行政法全部内容的完整法典。这是由行政活动范围的广泛性、行政活动内容的变动性以及行政关系的复杂性、多层次性决定的。因此，行政法只能是各项法律规范的总和。

（三）行政法的调整对象

行政法的调整对象包括行政关系和监督行政关系。

行政关系又称行政管理关系，是指行政主体在行使行政权过程中与行政相对一方当事人所发生的各种社会关系，它分为两大类：一类为内部行政关系，包括行政机关相互之间的关系和行政机关与公务员之间的关系；另一类为外部行政关系，即行政机关与公民、法人及其他组织之间的关系。

监督行政关系是指行使监督行政权的国家机关和组织等监督主体在运用监督权对行政管理权的行使进行监督和制约过程中与行政机关之间所形成的各种社会关系。我国对行政

① 罗豪才主编：《行政法学》，北京：中国政法大学出版社 1996 年版。
② 王连昌主编：《行政法学（修订版）》，北京：中国政法大学出版社 1997 年版。

权的监督主要包括立法监督、监察监督、行政监督和司法监督四个方面，由此形成的监督行政关系也主要包含四个方面：一是立法监督关系；二是监察监督关系；三是行政机关的内部监督关系，包括审计监督、行政复议等形成的监督关系；四是司法监督关系，其核心是因行政诉讼所产生的监督关系。

【案情介绍】

溆浦县中医院诉溆浦县邮电局不履行法定职责案

湖南省溆浦县中医院（以下简称县中医院）根据上级文件的规定和主管部门批准，向溆浦县邮电局（以下简称县邮电局）申请开通"120"急救电话，县邮电局拒绝开通，致使县中医院购置的急救车辆和其他设施不能正常运转，而遭受损失。

县中医院遂以县邮电局为被告向县法院提起诉讼，请求判令县邮电局立即履行开通"120"急救电话的职责，并赔偿县医院的经济损失。

县邮电局辩称："120"急救电话属于全社会，而不属于县中医院。根据文件的规定，县邮电局确对本县开通"120"急救电话承担义务，但是，不承担对某一医院开通"120"急救电话的义务。原告申办"120"急救电话，不符合文件的规定，请求法院驳回县中医院诉讼请求。

县人民法院经审理查明：医疗机构申请开通"120"急救电话的程序是，经当地卫生行政部门指定并提交书面报告，由地、市卫生行政部门审核批准后，到当地邮电部门办理"120"急救电话开通手续。原告县中医院是一所功能较全、急诊科已达标的二级甲等综合医院，具备设置急救中心的条件。县卫生局曾指定县中医院开办急救中心开通"120"急救电话。县中医院向被告县邮电局提交了开通"120"急救专用电话的报告，县邮电局也为县中医院安装了"120"急救电话，但是该电话一直未开通。县中医院曾数次书面请求县邮电局开通"120"急救电话，县邮电局仍拒不开通。

【法律问题】

本案中，县中医院和县邮电局之间的争议，属于民事争议还是行政争议？

【参考结论】

虽然邮电局是公用企业，不是行政机关，但是《湖南省通信市场管理办法》规定湖南省邮电局可以授权县级邮电局负责本行政区域内通信市场的管理工作，湖南省邮电局通过文件方式把"120"医务急救专用电话的安装和管理权授予了各级邮电局，所以县邮电局是行政主体，行使对"120"急救电话的开通的行政管理职权。因此，邮电局执行这个文件时与被审查的医疗机构之间发生的是行政管理关系，产生的是行政争议。

【要点集成】

本案主要涉及的是行政法的调整对象问题。

划分部门法的主要依据，就是法的调整对象的特殊性。行政法调整对象是行政关系和行政监督关系。行政关系和行政监督关系经过行政法的调整后就形成了行政法律关系和行政监督法律关系，二者共同构成良好的行政法秩序，其目的在于确保依法行政，实现行政法治。

厘清本案纠纷的性质，要看县中医院和县邮电局之间是行政关系还是民事关系。行政关系是指行政主体在行使其职权过程中与行政相对人之间发生的权力与权利的关系。民事关系是指平等主体的公民、法人和其他组织之间形成的权利义务关系。因此，本案的关键是弄清县邮电局是否为行政主体，它是否享有行政职权，它和县医院之间的纠纷是否在其行使职权的过程中发生。

在我国，行政主体包括行政机关和法律、法规、规章授予行政权的组织。依据《中华人民共和国邮政法》，县级邮电局是公用企业单位。显而易见，县级邮电局不是行政机关，因而，问题的关键就在于考察县级邮电局是否是法律、法规、规章授权的组织。《湖南省通信市场管理办法》第六条规定："省邮电管理局负责全省通信市场的管理工作。地、州、市、县邮电局经省邮电管理局授权，负责本行政区域内通信市场的管理工作。其他有关部门应当按照各自的职责、协同省邮电管理局或者其授权的单位，做好通信市场的监督管理工作。"这一规定说明，如果有省邮电管理局授权，县邮电局就可以独立作出行政行为。而湖南省卫生厅和湖南省邮电局联合下发的《关于规范全省"120"医务急救专用电话管理的通知》，把"120"医务急救专用电话的安装和管理权授予了各级邮电局，所以，县邮电局是行政主体，行使对"120"急救电话的开通的行政管理职权。因此，邮电局执行这个文件时与被审查的医疗机构之间发生的关系，不是平等的民事关系，而是特殊的行政管理关系。它们之间因此发生的争议是行政争议而不是民事争议，受行政法的调整。

二、行政法的特征

1. 行政法在形式上的特征

（1）缺乏统一完整的实体性法典。这主要是因为行政关系过于广泛且差别较大，难以统一规范；另外，行政活动内容的变动性以及行政关系的复杂性，使得行政法只能是各项单行法律规范的总和；此外，部分行政关系稳定性差，不宜由统一法典进行规范。该特征是由行政活动范围的广泛性、复杂性决定的。

（2）立法主体的多样性。根据《立法法》规定，我国行政法主要有行政性法律，由全国人大及其常委会制定；行政法规，由国务院制定；部门规章，由国务院组成部门即各部委制定；地方政府规章，由省、自治区、直辖市人民政府和设区的市的人民政府制定。由此，我国行政法的立法主体呈现多样性。

（3）行政法文件效力等级的多层次性。正由于我国行政法规范制定主体的多样性，才决定了行政法文件的效力等级是多层次的。全国人大及其常委会制定的行政法律效力高于行政法规、部门规章和地方政府规章；在行政法律之下是国务院行政法规，行政法规的效力高于部门规章和地方政府规章。

（4）实体法与程序法的融合。我国没有制定统一的行政程序法，对行政实体法与行政程序法采用的是融合的立法体例，即一个行政法文件里同时规范行政实体法与行政程序法内容，如《中华人民共和国行政处罚法》（以下简称《行政处罚法》）、《中华人民共和国行政许可法》（以下简称《行政许可法》）、《中华人民共和国行政强制法》（以下简称《行政强制法》）等。

2. 行政法在内容上的特征

（1）调整社会关系的广泛性。行政法是调整行政关系的，行政关系因行政权力的广泛，以及行政权对公民、法人和非法人组织的权利义务的影响的深度与广度，而具有广泛性。公民从出生到死亡，从摇篮到坟墓都要受行政权的影响；公民的日常生活也都与行政权密切相关，如食品的安全性要受行政权监管等。行政关系是相当广泛的，而行政关系为行政法的调整对象，故行政法调整对象，由行政权行使所产生的社会关系具有广泛性。

（2）调整对象的确定性。行政法是调整行政关系的，而行政关系是由行使行政权力的行政主体和接受行政权管理的行政相对人通过彼此行为结成的一种社会关系，所以，行政法调整对象就是行政主体与行政相对人之间的关系，行为主体是确定的。

（3）行政法规范的重点和核心是行政权。行政法是规范并制约行政权力的行使的，目的是保障公民、法人及非法人组织的合法权益，防止行政权力对公民、法人及非法人组织权益的侵害。

第四节　行政法律关系

一、行政法律关系的含义和分类

法律关系是一个重要的法学范畴，大陆法系国家普遍将之作为区分公法与私法的内在根据。[1] 法律关系是法律在调整人们行为的过程中所形成的权利和义务关系，它是人们相互结成的各种社会关系中的一种特殊的社会关系。不同的法律调整不同的社会关系，而当社会关系受不同的法律调整时即形成不同的法律关系。由于行政法的客观基点在于行政权，所谓行政法律关系，是指由行政法律规范调整的，因行政主体行使行政职权而形成的法律关系，它包括了行政主体与行政主体之间、行政主体与其组成机构及公务员之间、行政主体与行政相对人之间的权利义务关系。行政法律关系不同于行政关系，行政关系一般是行政法律关系产生的前提和基础，而行政法律关系则是行政关系被行政法规范调整的结果。

首先，行政法律关系是被行政法调整后而形成的一种精神的或意志的社会关系。法律规范的调控，既应包括将已有的行政关系纳入法律规范的调整范围，也应包括通过法律规则促进新的行政关系的形成。其次，行政法律关系是因行政权力行使而形成或引发的关系。离开了行政权及其行使，就不可能构成行政关系。行政法律关系既应包括行政权力行使本身而构成的行政法律关系，也应包括因行政权力行使而引起的行政法律关系。就其实质而言，行政法律关系是一种权力性关系或者因权力而引起的法律关系。最后，行政法律关系是在行政权力主体与行政相对方之间构成的法律关系。[2]

---

① 胡锦光、杨建顺、李元起：《行政法专题研究》，北京：中国人民大学出版社1998年版。

② 应松年主编：《行政法学新论》，北京：中国方正出版社2004年版。

行政法律关系可以从不同的角度进行分类，主要有以下几种：

1. 内部行政法律关系与外部行政法律关系

内部行政法律关系是指上下级行政机关之间、行政机关内部组成机构之间以及行政机关与其公务员之间发生的为行政法所调整的关系。

外部行政法律关系是指行政主体与公民、法人或其他组织之间所发生的为行政法所调整的关系。

2. 行政实体法律关系与行政程序法律关系

行政实体法律关系是依据行政实体法的规定并接受行政实体法调整所产生的一种行政法律关系，在行政实体法律关系中，双方的权利义务具有不对等性，这种不对等性集中体现为行政主体享有管理权。

行政程序法律关系是依据行政程序法的规定并接受行政程序法调整所产生的一种行政法律关系，在行政程序法律关系中，现代行政法侧重对行政相对人权利的保护，如行政诉讼法中被告负举证责任等。

3. 行政管理法律关系与监督行政法律关系

行政管理法律关系是指行政主体行使行政管理权并为行政法调整所发生的法律关系。有学者指出，就行政领域内的法律关系而言，行政法律关系只是行政主体运用行政权力实施一定管理行为而与行政相对方形成的关系，只是行政法的基本关系之一。

现实中还存在着另一种以行政主体为监督对象的法律关系，即监督行政法律关系，它也是行政法的基本关系。监督行政法律关系的形成是基于对行政权力控制的需要。

行政法律关系与监督行政法律关系的区别是：在行政法律关系中，行政主体始终处于主导地位，而在监督行政法律关系中，监督主体处于主导地位，行政主体处于受监督地位；在行政法律关系中，相对于行政主体的另一方是公民、法人或其他组织，而在监督行政法律关系中，相对于行政主体的另一方是监督主体，公民、法人或其他组织只有在行政诉讼法律关系中，才能成为监督行政法律关系中的一方主体；行政法律关系的客体是指行政法律关系主体的权利与义务所指向的对象，包括物质财富、精神财富、行为等，而监督行政法律关系的客体主要是行政主体的行政行为。作为一种独立于行政法律关系的法律关系，监督行政法律关系具有自己的特性，它包含多重复杂的法律关系，包含行政诉讼法律关系；其主体之间的权利与义务具有非对等性。[①]

【案情介绍】

朱某于 2009 年 11 月被县人民代表大会决定任命为县教育局局长。2010 年 4 月县委召开常委会议，决定免去朱某县教育局支部书记和教育局局长的职务。

朱某对县委常委会议决定不服，欲诉诸法律解决。

【法律问题】

（1）朱某与县教育局、县委之间是否属于行政法律关系？为什么？

---

① 罗豪才主编：《行政法学》，北京：北京大学出版社 1996 年版。

（2）朱某与县委之间的问题能否适用行政法解决？为什么？

【参考结论】

（1）朱某与县教育局之间是行政关系，归行政法调整，因而属于行政法律关系。理由：县教育局属于行政机关，朱某所担任之职属于行政职务，与县教育局之间形成了行政职务关系。

朱某与县委之间不是行政关系，不归行政法调整，因而不属于行政法律关系。理由：县委既非行政机关，也非法律、法规、规章授权组织，不是行政主体，双方之间不存在行政职务关系。

（2）朱某与县委之间问题不能适用行政予以解决。

县委常委会免去朱某支部书记职务，属于党内职务任免关系，不属于行政法调整范围；由于县委不具有行政主体资格和地位，其免去朱某教育局局长的决定不是行政行为，既不具有行政效力，也不受行政法支配。

二、行政法律关系的特征

行政法律关系作为法律关系的一种，具有其他法律关系所共有的普遍特征，但这里所讲的行政法律关系特征特指行政法律关系所独具并使之区别于其他法律关系（特别是民事法律关系）的一些典型特征。行政法律关系的特征主要表现在：

1. 行政法律关系中一方主体具有恒定性

行使行政职权的行政主体是任何行政法律关系中都不可缺少的一方，没有行政主体也就没有行政法律关系的存在。

2. 行政法律关系主体的法律地位具有不对等性

行政法律关系中抽象地看主体双方都既享有权利又履行义务，但这种权利和义务无论在质和量上都是不对等的，这是由它们各自在行政法律关系中的地位所决定的，因为行政主体为行政权力的行使者，具有管理者身份。

3. 行政法律关系的设立、变更、终止往往决定于行政主体单方面的意思表示

行政主体为了实现国家行政管理或监督行政之目的，往往在不征得行政相对人的同意，甚至在违背行政相对人意志的情况下就使某种行政法律关系产生、变更或终止，这区别于民事法律关系中的双方合意性。不过，在行政法律关系中也有例外的情形，如行政合同关系就具有双方合意性。

具体来说，行政主体通过单方面意思表示能够直接导致某种行政法律关系的产生，如产品质量行政管理部门在出示证件的前提下可以不经被检查人同意直接检验其产品质量；行政主体通过单方面意思表示能够直接使行政法律关系发生变更，如教育行政管理部门可以不经过学校的同意而对其招生计划进行变更；行政主体通过单方面意思表示能够直接终止行政法律关系，如行政机关撤销其所管理行政人员的职务。

当然，产生、变更和终止行政法律关系必须严格依据法定理由和法定职权并经法定程序。

4. 行政法律关系主体对其权利义务不可自由处分

行政法律关系主体的权利义务是法定的，行政法律关系主体之间不能相互约定权利和

义务，也不能自由选择权利和义务，国家权力在公共行政过程具有双重性，它相对于行政管理相对人来说是职权，而相对于国家和社会来说，又是职责，因而行政权是职权和职责的统一。因此，对权利义务特别是行政主体的权利义务，非经法定事由或经过法定程序不得任意处分。行政主体对其权利义务不能自由转让或自由放弃，对公民或组织的权利义务也不得任意处置；处于行政相对人地位的公民、法人或其他社会组织，其权利的行使也受到一定限制，有些权利可以放弃却不能转让。这一点与民事法律关系中民事主体有对其权利的自由处分特点具有明显的区别。如行政许可既是一种职权，也就是说只能够在法定许可的范围和条件内作出具体行政许可。同时，行政许可也是一种职责，只要行政相对人所要求的行政许可在许可范围内并符合许可条件，行政主体就必须给予相对人以相应的行政许可。同时，行政相对人获得某种行政许可后不得非法转让。

【案情介绍】

A 县 H 兽药门市部从外省 J 药厂购进 80 万单位青霉素钾 10 万支。从外表看，药品的质量合格，但无质量检验合格证。J 厂的代表人表示：保证质量符合国家规定的标准，如果两年内出现质量问题，J 厂愿负一切法律责任。H 兽药门市部的工作人员信以为真，没有索要质量合格证。

5 个月之后，A 县农牧渔业局兽药监督员发现该批兽药质量不稳定，即取走 50 支送兽药监察所检验。检验结果是：该批青霉素钾 1 含量为标示量的 80%，不符合国家规定的标准，属劣质兽药，并作出处罚决定：没收未出售的 4.5 万支兽用青霉素钾；没收销售劣兽药非法所得 3 万元；罚款两万元。

H 兽药门市部不服处罚决定，向人民法院起诉，要求撤销 A 县农牧渔业的处罚决定，理由是：①兽药是 J 药厂生产的，购买时 J 厂保证质量合格，并说两年内如发现问题，J 药厂负一切责任。因此，应处罚生产厂家 J。②不处罚生产劣兽药的厂家，只处罚销售劣兽药的门市部，不符合法律规定，也显失公平。

【法律问题】

（1）在本案中有几种法律关系？它们之间有哪些区别？

（2）H 兽药门市部的理由能否成立？

【参考结论】

（1）本案中有三种法律关系。

①H 兽药门市部与 A 县农牧渔业局因行政处罚所生产的行政法律关系。

②H 兽药门市部与人民法院之间产生的行政诉讼法律关系。

③H 兽药门市部与 J 兽药厂之间因合同引起的民事法律关系。

这三种法律关系的主要区别有：

①法律依据不同。行政法律关系依据行政法规范，行政诉讼法律关系依据行政诉讼的法律规范，而民事法律关系依据民事法律规范。

②主体不同。行政法律关系中必有一方为行政主体，行政主体占主导地位；行政诉讼法律关系中必有一方为人民法院，人民法院属监督地位；而民事法律关系双方主体为平等

的民事主体。

③内容不同。行政法律关系的内容是因行政处罚而形成的双方主体之间的权利义务关系。实施处罚是 A 县农牧渔业局的权力，履行处罚决定是 H 兽药门市部的义务。行政诉讼法律关系的内容是 H 兽药门市部不服行政处罚而引起的三方主体间的权利义务关系。人民法院作为监督主体，对 A 县农牧渔业局作出的处罚行为进行合法性审查是其权力；反之，认真听取双方当事人的申辩、依法实施审判，则是其义务。而作为原被告双方的 H 兽药门市部和 A 县农牧渔业局双方都享有各自的诉讼权利，同时又要履行诉讼义务，由于行政诉讼的特殊性，双方所享有的诉讼权利和应履行的诉讼义务不同。如原告有起诉权，被告没有起诉权和反诉权，被告负有法定的举证责任。民事法律关系的内容是因为 H 兽药门市部购买 J 兽药厂劣质兽药而引起的双方权利义务关系，作为平等主体双方有各自不同的权利和义务。

（2）H 兽药门市部的诉讼理由不能成立。

A 县农牧渔业局对 H 兽药门市部的处罚行为是因为该门市部向顾客销售不合格兽药的行为，而不是 H 兽药门市部与 J 药厂之间批量交易兽药的合同行为。只要有销售假冒伪劣产品的行为就必然有进行行政处罚而引起行政处罚的法律关系。至于该兽药是从何处买来，实际上属于 H 兽药门市部与 J 药厂之间民事法律关系。如果兽药不合格的过错是在 J 兽药厂，H 兽药门市部可以在行政诉讼后，另行提起民事诉讼，要求 J 兽药厂赔偿损失。当地主管机关也同样可以对生产不合格兽药的 J 兽药厂进行行政处罚。

【要点集成】

此案例分析的难点之一就是区分行政法律关系与民事法律关系，民事法律关系各主体间地位平等，双方当事人在不违法的情况下，可以相互约定彼此的权利义务等内容。

三、行政法律关系的构成要素

行政法律关系，由主体、客体和内容等要素构成。

1. 行政法律关系主体

行政法律关系主体，又称行政法主体，也可以称为行政法律关系当事人，是指参加到行政法律关系中享有行政法权利、承担行政法义务的公民、法人和其他社会组织。主体的基本特征就是既享受权利又承担义务，这是行政法律关系的核心要素，也是行政法律关系产生的前提。行政法律关系主体包括行政主体和行政相对人两个方面。

在我国，行政法律关系的主体通常包括以下几类：①国家行政机关；②其他国家机关；③企业、事业单位；④社会团体和其他社会组织；⑤公民；⑥在我国境内的外国组织及外国人和无国籍人。

上述不同主体，在行政法律关系中的地位是不同的，其中代表国家行使行政权的谓之行政主体，处于被管理一方的主体谓之行政相对人。此外还要注意的是，行政主体与行政相对人的身份不是一成不变的，行政机关在有些行政法律关系中属于行政主体，而在其他行政法律关系中则可能成为行政相对人，这主要依据该行政机关是否行使了国家行政权力，实施了行政管理行为。

行政法律关系主体是行政法律关系的首要构成要素，是行政法律关系的启动者，没有行政法律关系主体，行政法律关系就不可能启动，也不可能成立。

2. 行政法律关系客体

行政法律关系的客体是指行政法律关系内容，即权利义务所指向的对象，它们是权利和义务的媒介。行政法律关系的客体包括人身、行为和财产，行政法中的客体大多是行为。

人身主要是指人身权，包含了人身自由和人格权、身份权以及与人身密不可分的其他社会性权利，人身权作为行政法律关系客体并不具有普遍性，只是在行政处罚、行政强制、行政奖励等行政法律关系中，行政相对人的人身权才可以成为行政法律关系的客体。身体作为行政法律关系客体的情形有行政拘留、居民身份证的发放与管理等。

行为是指行政法律关系主体的积极作为和消极不作为，它既包括行政主体的行政行为，如税收征收引起的税收征纳关系，也包括行政相对人按照行政法实施的行为，如申请许可证的行为所引起的行政许可法律关系的发生、违法行为引起的行政处罚法律关系的发生等。

财产是指具有使用价值和价值的物质资料或精神财富，它既可以是实物，如收购的农产品、行政确认物、公益物、行政裁决物、行政征用物、行政罚没物、被保护物等，也可以是货币，如罚款、税赋，还可以是精神或智力成果，如专利权、商标权、著作权。行政法律关系客体是行政法律关系内容的最终表现形式，没有客体，行政法律关系的内容就无法体现出来。

3. 行政法律关系的内容

行政法律关系的内容是指为行政法律规范所设定的权利和义务，在行政主体方面，它表现为行政主体可以行使的行政职权及必须履行的行政职责；在行政相对人方面，它表现为行政相对人依行政法规范所享有的行政权利和应当履行的行政义务。

在行政法律关系中，行政主体的行政职权最主要表现为：①行政主体在其职权范围内有对社会经济、政治、军事、文化等方面行政事务进行组织和管理的权力，这是行政主体最主要的经常的权力；②行政主体有依法对不服从行政管理或违反行政法规定的单位、个人予以行政处罚、采取行政强制措施以及实施行政强制执行的权力。

行政主体的义务和职责主要表现为：①依法实施行政管理的义务；②保护行政相对人合法权益的义务；③纠正违法不当行政行为的义务；④对受到行政权侵害的行政相对人给予赔偿或补偿的义务。

行政相对人在行政法律关系中的权利义务是一个值得讨论的问题，我们认为，行政相对人的行政法权利应当包括实体权利和程序权利两个方面：

实体权利是指行政相对人依行政实体法的规定所享有的行政权利，包括取得法律规定可以取得的各类许可证、执照的权利，享受国家减免税收的权利，取得国家价格保护的权利，在特定领域投资经营所享有的国家给予的无息或低息贷款的权利，拒绝摊派、拒绝处罚的权利，合法权益受侵犯时获得国家的行政赔偿或行政补偿的权利等。

程序权利是指行政相对人依行政程序法的规定所享有的行政权利，包括获得行政听证的权利，获得有关行政文件、资料的权利，还有控告权、申诉权、申请行政复议的权利以及行政诉讼权等。

相对人在行政法的义务主要体现为：①遵守行政法律、法规的义务；②接受国家行政机关管理、监督、指导、委托的义务；③承担因违反行政法规范被行政处罚及被强制执行的义务等。

【案情介绍】

某市场监督局李某，因爱人突然病重，便立即驾摩托车将其爱人送往医院，路上不慎将一位老太太撞伤，受害人家属多次找李某所在的某市场监督局要求该局赔偿，某市场监督局局长认为撞伤老人是李某的个人行为，与履行工作职责无关，不应该由某市场监督局赔偿。

【法律问题】

（1）局长的说法正确与否？为什么？

（2）受害人能否向法院提起行政诉讼？为什么？

（3）当事人应该怎么办？

【参考结论】

（1）局长的说法正确。因为李某撞伤人的行为并非因公行使职权的公务行为，而是在处理家事过程中的事故所致。此时，李某的身份为公民身份，其行为属于个人行为，其后果应由个人负责，行政主体不承担责任。

（2）受害人不能向法院提起行政诉讼。因为该案不是因公务员的行政行为而引起的行政案件，不符合行政诉讼的特点，不属行政诉讼受理范围。

（3）受害人可依法提起民事诉讼。

四、行政法律关系的产生、变更和消灭

1. 行政法律关系产生、变更和消灭的直接原因——法律事实

相应的行政法律规范的存在是行政法律关系产生、变更、消灭的前提条件，而一定的法律事实的出现则是行政法律关系产生、变更、消灭的直接原因。所谓法律事实是指能够引起法律关系产生、变更、消灭的客观事实，这种客观事实以其与人的意志的关系，又可分为两大类：一类是法律事件，即不以人的意志为转移的，能直接引起行政法律关系的产生、变更和消灭的客观事实。另一类是法律行为，即能够引起行政法律关系产生、变更、消灭的客观行为。在行政法律规范业已存在的前提下，一定的法律事实的出现，就必然导致一定的行政法律关系的产生、变更或消灭。

2. 行政法律关系的产生

行政法律关系的产生是指因一定的法律事实出现后，行政主体和相对人之间依法实际形成特定的权利义务关系，即使行政法律规范中规定的权利义务转变为现实的、由行政法主体享有的权利和承担的义务。例如，公民年满18周岁，就产生了兵役主管部门和该公民间的行政法律关系，使该公民具有了服兵役的义务，使兵役主管部门享有对其予以征集的权利。行政法律关系的产生与其他法律关系的产生所不同的地方在于，行政法律关系大多是由行政主体单方面的行为引起的，行政相对人虽然可以促使行政法律关系产生，如申

请、申诉、检举、控告等，但是必须经过行政主体的受理，取得行政主体的批准、认可后方能成立行政法律关系。

3. 行政法律关系的变更

行政法律关系的变更是指行政法律关系产生之后，消灭之前，因一定的法律事实的出现，原有行政法律关系的主体、内容或客体发生变化。例如，行政行为的变更，使行政相对人的权利义务发生扩大或缩小，即为外部行政法律关系的变更，国家公职人员职务的升降，即导致内部行政法律关系的变更。它包括行政法律关系主体的变更、权利义务的变更和客体的变更。行政法律关系的变更，一般有两种情况：一是主体的变更，如行政机关的增减、合并、撤销；二是内容即权利义务的变更，如税款的减免。

4. 行政法律关系的消灭

行政法律关系的消灭是指行政法律关系主体之间权利义务关系的终止。这种终止可能是因主体双方权利义务的充分行使和履行引起的，也可能是因某种法律事实的出现使主体双方权利义务无法行使和履行造成的。行政法律关系的消灭，包括主体、权利义务和客体的消灭。主体的消灭，指当事人的死亡或资格的丧失；权利义务的消灭，如义务履行完结、行政行为被撤销；客体的消灭，如作为客体的文物灭失。行政法律关系的消灭与民事法律关系消灭也有所不同，一般来说，民事法律关系主体各方权利放弃行为可以使法律关系消灭，而在行政法律关系中，享有国家权力的行政主体、国家监督机关都不能放弃自己的权力。因此，行政主体和国家监督机关不能通过放弃自己的权力，而使行政法律关系消灭。

【案情介绍】

陈某等与陈某荣系兄弟关系。1990 年左右，陈某荣患间歇性精神病，发病时用石头将其母亲砸死。陈某荣后经治疗有所好转，但不久，陈某荣旧病复发，多次放火烧房。1996 年，陈某荣浇汽油将自家房屋全部烧毁，且手持铁棍阻止别人救火。其父陈某发气愤不已，欲将其打死，被乡干部劝阻。在陈某发的要求下，某乡人民政府（后更名为某镇人民政府）安排相关人员将陈某荣送往外地，后一直未回。2002 年，陈某发去世。2004 年 9 月，陈某等向泾县人民法院提出宣告陈某荣死亡的申请。2005 年 9 月 30 日，泾县人民法院经审理作出泾民特字〔2004〕第 01 号民事判决，宣告陈某荣死亡。2006 年 8 月 18 日，陈某等向泾县人民法院提起行政诉讼，要求确认某镇政府将陈某荣送往外地致其死亡的行政行为违法，并要求赔偿死亡赔偿金和精神损害抚慰金共计 468 100 元整。

该案件经多级人民法院审理后，安徽省宣城市中级人民法院最后审理认为：间歇性精神病患者陈某荣危害社会治安的违法行为发生时，我国尚无法律、行政法规对精神病患者强制医疗作出明文规定，本省亦没有制定地方性法规明确规定国家需承担对精神病患者的公共监管职责。因此，某镇政府将陈某荣送往外地的行为，不具备行政行为单方性与强制性的法律特征，不能对精神病患者陈某荣产生行政法上的法律约束力，其行为性质不能认定为行政行为，而是基于陈某发的要求，为完成特定事项的民事委托行为。最终，判决驳回陈某等的起诉。

【法律问题】

本案中体现的是民事法律关系还是行政法律关系？

【参考结论】

本案中，基于陈某发的要求，镇政府将陈某荣送往外地的行为而产生的镇政府与陈某荣之间的社会关系，是行政法律关系还是民事法律关系，是案件争议的焦点。行政法律关系的产生除必须存在行政法律关系的主体和客体以及内容以外，还必须具备以下两个基本条件：①具有相应的行政法律关系赖以发生的法律根据，即有相应的行政法律规范的存在。没有行政法律规范的确认和调整，当事人的权利义务就无法确定，也就不可能形成行政法律关系。②具有导致行政法律关系发生的法律事实。法律事实包括法律事件与法律行为。没有法律事实存在，即使有行政法律规范，也不可能形成行政法律关系。在该案中，当时并没有任何的法律、法规规定国家（或政府）需要承担对精神病患者进行监管的职责。没有行政法律规范，行政法律关系产生缺乏根据。同时，镇政府应陈某发的要求，将陈某荣送往外地的行为，其中并没有涉及任何行政职权的因素，不是具体行政行为。尽管镇政府在陈某荣走失与最终被宣告死亡事件中存在过错，应当负一定责任。但是，该责任只是民事过错责任而不是行政法律责任。行政法律关系的认定在司法实践中对于确定案件性质及其责任追究具有重要意义。

第二章 行政法的基本原则

第一节 行政法的基本原则概述

一、行政法基本原则的含义和特征

法律条文的背后都凝结着一定的立法精神，法律条文可以因现实变化而被修改，发生变动，但在变动不定的法律条文背后，总是沉淀着一系列相对稳定的基本精神，这些基本精神构成了法的基本原则。所谓行政法基本原则，就是指导和规制行政法的立法、执法以及行政行为的实施和行政争议的处理的基础性规范。[①] 行政法基本原则决定着行政法的根本性质、发展方向和社会效果，行政法的基本原则既不同于行政法的理论基础，也不同于行政法的具体法律规范。行政法的理论基础比行政法的基本原则在内容上更抽象，效力层次更高。而行政法基本原则比行政法理论基础具有更直接的可操作性。具体行政法律规范是行政法的细胞，它是行政法基本原则的体现，行政法基本原则是行政法律规范的精髓和直接指导。行政法律规范必须与行政法基本原则保持一致，而行政法基本原则必须通过具体的行政法律规范体现出来。

行政法基本原则具有以下四个方面的特征：

1. 特殊性

行政法基本原则既不是所有部门法都适用的基本原则，也不是适用于行政法以外其他部门法的基本原则，它只为行政法所独有，这是由行政法的自身特征所决定的，它不是适用于所有法律部门的基本原则，也不是行政管理的基本原则。[②]

2. 普遍性

行政法基本原则具有普遍性，是一种普遍性规范，它覆盖行政法的各个领域，指导行政法制的各个环节。[③] 它贯穿于行政立法、行政执法、行政司法的全过程和所有部门行政法之中；它不仅是内部行政法准则，也是外部行政法准则。行政法基本原则对作为行政法调整对象的各种行政法律关系进行整体的、宏观的调整和规范。

---

① 姜明安主编：《行政法与行政诉讼法》，北京：北京大学出版社、高等教育出版社1999年版。

② 王连昌主编：《行政法学》（第二次修订版），北京：中国政法大学出版社1999年版。

③ 应松年主编：《行政法学新论》，北京：中国方正出版社2004年版。

3. 法律性和理论性的统一

行政法基本原则具有法律性，可以直接规范行政行为的实施和行政争议的处理，具有直接的法律约束力。[①] 同时，行政法基本原则并不是由某一个或几个具体法律所明确规定的，而是在行政法调控行政权的过程中形成、并由行政法学者所概括出来的。[②] 它是行政法学者对浩如烟海的行政性法律法规中孕育的基本精神进行高度的理论概括，把握其共性，并用规范性的法律语言加以表述的结果。

4. 规范性

行政法基本原则体现行政法的基本价值观念，是一种"基础性规范"，是产生其他行政法具体原则和规则的规范。[③]

二、行政法基本原则的作用

行政法基本原则具有多方面的作用，主要表现在以下八个方面：

1. 行政法基本原则是制定各种行政法律规范的基本依据

法的发展历史表明：往往先是社会关系的客观反映在人们头脑中形成法的原则，然后在一定的法的原则的指导下建立起以法的原则为核心的法律制度。行政法的发展也不例外。我们总是根据社会发展需要，特别是根据国家行政管理的需要，首先形成创制法的基本原则，形成对有关行政关系进行法律调整的总的指导方针，然后以此为指导制定具体的行政法律规范，与行政法基本原则相抵触的行政法律规范必须修改或撤销。因此，行政法基本原则对行政法律规范的制定具有纲领性作用。

2. 行政法基本原则能够促进和保证行政法律系统的和谐与统一

行政法的调整机制由行政立法、行政执法、行政守法等不同阶段所构成，它们相互衔接；行政法体系则由不同行政管理领域具体的行政法制度和规范所组成，它们之间相互联系，又有差异，特别是国家行政管理的广泛性、多样性、复杂性和易变性使各类行政法律关系和行政法律规范具有个性和差异。而作为独立的部门法，行政法不应该是无数行政法律规范的简单凑合或堆砌，它们必须形成结构紧密、功能齐全、内外和谐、协调统一的整体。而贯穿着无数行政法律规范的"红线"就是行政法的基本原则。可见，行政法基本原则具有协调作用，它是赋予行政法系统性、统一性，使行政法内部各部分、各因素有机结合的"黏合剂"。

3. 行政法基本原则在行政执法过程中具有重要的指导意义，有时还成为行政执法适用的直接依据

由于行政法规范是在行政法基本原则指导下制定的，因此，深刻领会和把握行政法基本原则，有助于我们在行政执法过程中正确地理解并适用法律条文。由于行政事项的复杂性、多变性，对某些事项的调整会暂时缺乏成文法的规定，而这时可以直接适用行政法的基本原则。因此，行政法的基本原则可以成为行政法的特殊渊源，特别是在法律条文不完

---

① 胡建淼：《行政法学》，北京：法律出版社 2003 年版。
② 姜明安主编：《行政法与行政诉讼法》，北京：北京大学出版社、高等教育出版社 1999 年版。
③ 姜明安主编：《行政法与行政诉讼法》，北京：北京大学出版社、高等教育出版社 1999 年版。

备而又必须追究有关行政法律关系主体的法律责任时，行政法基本原则可起到特殊的作用。

4. 行政法基本原则有助于人们形成正确的行政法律意识

行政法的遵守是指行政法律关系主体严格依照行政法办事，严格遵守行政法。行政法的基本原则在客观上调整和巩固正常的行政管理秩序，是衡量行政法律关系主体的行为是否合法的实质性标准。无论是行政主体还是行政相对人，如果正确理解并掌握了行政法的基本原则，就有助于其形成正确的行政法律意识，为行政法得到普遍遵守奠定良好的思想基础。

5. 行政法基本原则对于行政法学理论发展也具有重要意义

能否正确提出行政法的基本原则，反映了一个国家行政法治建设的水平，也标志着行政法学科体系的完备程度。因此，探讨和把握行政法基本原则有着重要的理论意义。

6. 行政法基本原则具有指导和统率作用

行政法没有统一的法典，具有广泛性、多样性、复杂性的特点。但行政法规范所体现的基本精神应是统一的，它们都遵循着一定的基本原则。同时，基本原则是指导行政法制定、修改和废止的准则，有利于保障不同立法主体制定的不同法律文件在立法精神上的统一，防止其相互矛盾和冲突。

7. 行政法基本原则具有统一和稳定作用

虽然行政法规范作为法律规范具有稳定性，但较之其他部门法规范，又具有相对的多变性和灵活性。然而行政法规范这种多变性或灵活性只是体现在具体内容的变化，其核心精神和基本原则往往是稳定的，所以确立行政法基本原则有助于行政法制的统一和稳定。

8. 行政法基本原则具有补充和适用作用

由于行政管理的广泛性和复杂性，行政法规范不可能对每一种行政关系作出相应法律调整，行政管理中存在大量自由裁量权。对行政法条文的补充，可以弥补行政法规范的不足，也可以指导行政法的实施，防止行政执法的错误或偏差。

三、讨论我国行政法基本原则应注意的问题

因为行政法基本原则的重要性，所以它一直是我国行政法学界的热门话题。我们认为，讨论我国行政法的基本原则应首先注意并解决以下几个方面的问题：

1. 应当将社会政治原则与法律原则区分开

在我国学界，有学者将社会主义原则、党的领导原则、民主集中制原则、为人民服务原则等社会政治原则作为行政法的基本原则加以讨论，这样概括欠妥当。上述社会政治原则是我国所有法学部门乃至整个社会科学的基本原则，因而，它不是行政法学甚至法学部门所独有的原则。行政法的基本原则所要讨论的应是行政法作为一个法律部门所应当遵循的基本法律原则。因此，应当将社会政治原则从行政法的基本原则中分离出来。

2. 应当将行政法的基本原则与行政管理的基本原则区分开

在我国学界不少学者将精简原则、按照客观规律办事原则、管理民主化原则、管理科学化原则、效率原则、权威原则、节约原则等行政管理中应当遵循的基本原则作为行政法的基本原则加以讨论，此亦不妥。行政法学与行政管理学尽管都是以行政为研究对象的学

科，但是，其研究的角度及所承担的职责是不同的，行政法是从法律的角度研究行政的科学，因而，其基本原则应当是作为一个法律部门所具有的法律原则而不是管理原则，应当将行政管理原则与行政法的基本原则区分开来。

3. 应当将行政法的基本原则与其他部门法的基本原则区分开

在行政法基本原则的讨论中，有学者提出的诸如保障人民权利的原则、社会主义法治原则、民族平等原则、人民群众参与国家管理的原则等实质上属我国宪法上的基本原则而非行政法的基本原则，将它们作为行政法的基本原则加以讨论容易混淆行政法与宪法的界限。

4. 应科学地认识和理解行政法治原则

行政法治原则是法治原则在行政法领域的具体化，对于行政法治原则作为我国行政法基本原则，理论界基本上持一致的看法，但如何认识行政法治原则学界分歧很大，主要有两种不同的看法：一种观点是从总体去理解行政法治的含义，并将它作为与其他原则相并列的一项基本原则；另一种观点则对行政法治原则进行分层解剖，将其分解为若干个子原则。我们同意后一种意见，并将我国行政法治总体原则分解成合法性原则、合理性原则、程序公正原则和权力制约原则四个方面。

第二节　行政法的实体性基本原则

行政法由行政实体法和行政程序法两大部分组成，因而行政法的基本原则也分为行政法的实体性基本原则和行政法的程序性基本原则。

行政法的实体性基本原则有合法行政原则、合理行政原则、信赖保护原则、比例原则等。

一、合法行政原则

1. 合法行政原则的含义

在早期资产阶级国家中，合法行政原则的"法"仅指议会制定的法律或宪法与议会法。后来行政合法性内容逐渐扩大，行政活动不仅应符合宪法、议会制定的法律，还应符合行政机关依议会授权制定的法规。在我国现阶段，合法行政原则所指的法，既包括实体法，也包括程序法；既包括宪法，也包括法律、法规和规章。合法行政原则的内容在历史上经历了一系列演进。在封建社会，行政与立法、司法不分，国家权力集中于君主一身，君主既立法又执法直至司法，是典型的个人专制。资产阶级革命后，宣扬"人民主权"，要求代表人民的议会制定的法律得到普遍的遵守，公民守法自不待言，政府也必须遵守法律。

一般认为，合法行政原则是指行政权力的设定、行使必须依据法律、符合法律，而不是与法律相抵触。合法行政原则包括符合行政实体法与符合行政程序法规定两个方面，违反行政实体法与违反行政程序法均构成对合法性原则的破坏。合法行政原则包含了以下四个方面：任何行政职权都必须基于法律的授予才能存在；任何行政职权的行使都依据法律、遵守法律；任何行政职权的授予、委托及其运用都必须具有法律依据，符合法律要旨；任何违反上述三点规定的行政活动，非经事后法律认许，均得以宣告为"无效"。①

合法行政原则的基本内容可以归结为以下五项：第一，行政主体的行政职权由法设定与依法授予。一切行政行为以行政职权为基础，无职权便无行政。不合法产生的行政职权不能构成合法行政的基础。第二，行政主体实施行政行为必须依照和遵守行政法律规范。这里含有"依法行政"和"守法行政"两项内容。行政主体既是实施法律的主体，又是遵守法律的主体。第三，行政主体的行政行为违法无效。行政主体的行政行为必须合法，它既应符合行政法律条文，更应符合法的精神。违法的行政行为不具有法律效力，无论是实体上的违法还是程序上的违法。第四，行政主体必须对违法的行政行为承担相应的法律责任。第五，行政主体的一切行政行为（法律另有规定的除外）必须接受人民代表大会监督、行政监督和司法监督。任何行政行为必须受到监督和救济，否则任何责任都将成为空谈。"无救济便无权利"，无监督便无行政。②

2. 合法行政原则的具体要求

合法行政原则的具体要求，因各国法律制度的不同而有所不同。在我国，总的来说，合法行政原则的具体要求如下：

（1）行政权的来源和设定合法。任何行政职权都必须基于法律的授予才能存在，无法律即无行政，法律没有授权的领域和地方，行政主体无权实施管理。

行政权的来源应当合法。一切行政行为都以行政权为基础，无行政权便无行政。行政主体的行政职权来源必须合法，合法获得的行政职权才能构成合法行政的基础。在我国，行政主体合法获得行政职权通常有两条途径：一是宪法、法律和法规设定；二是由有权机关依宪法、法律和法规的规定授予。

行政主体的设立必须合法。行政主体是行政职权的拥有者和行使者，一切行政行为都必须由行政主体直接作出或者由其他行政行为主体以行政主体的名义作出。

（2）行政权的运用和行使合法。行使行政权的主体必须是依法成立的行政组织，行政权必须在法律的范围内行使而不得与法律相抵触；行政权非以法律为依据，不得科以行政相对人义务或损害其权益，也不得擅自免除特定人的法定义务或为特定人设定权利。

（3）行政权的委托合法。在通常情况下，行政权应当由法律明文规定的行政主体行使，当行政主体需要将其职权的部分或全部委托给其他的组织行使时，必须符合法律规定的条件。只有当法律明文规定行政主体可以委托其他主体代行部分或者全部行政职权以及被委托的组织符合法律规定的条件时，行政委托才能合法成立。

（4）任何行政法律关系主体不得享有法外特权，一切行政违法主体都应承担法律责任。违法实施的行政行为可能构成无效或可撤销的行政行为。无效行政行为自始不发生法律效力，可撤销的行政行为根据相对人的请求，由有权机关终止其法律效力。

【案情介绍】

某市市场监督局按《中华人民共和国陆生野生动物保护实施条例》的规定，以授权书

① 罗豪才主编：《行政法学（修订本）》，北京：中国政法大学出版社1999年版。
② 胡建淼：《关于中国行政法上的合法性原则的探讨》，《中国法学》1998年第1期。

的形式授权该市林业局实施对市场销售国家保护野生动物的查处。某日，某市林业局在某大酒店查获了一只准备宰杀的穿山甲，重4.4千克，遂以该酒店非法收购国家重点保护二级陆生野生动物为由，依据《中华人民共和国野生动物保护法》第三十五条第一款、《中华人民共和国陆生野生动物保护实施条例》第三十七条，作出三项处理决定：①没收酒店非法收购的重4.4千克活穿山甲一只；②没收与购买穿山甲等值的价款2 380元；③罚款11 900元。

某大酒店以某市林业局无权处罚、给其造成直接经济损失为由向法院提起诉讼。

【法律问题】

根据合法行政原则，某市林业局对某大酒店的行政处罚是否合法有效？

【参考结论】

某市林业局的做法不合法，且无效。

某市林业局虽然具有某市市场监督局的授权，从而实施了对市场销售国家保护野生动物的查处，但是这种授权并非法律法规授权，在本质上属于行政委托，因此，某市林业局不能以自己的名义对行政相对人进行处罚。因此，某市林业局所作出的行政处罚应该予以撤销。

【案情介绍】

行政行为须合法

原告韩某是辽宁省某市公安局交通警察大队的警察，自2017年始，原告由于工作和生活上的原因，曾多次到本案被告某市（为某市下属县级市）公安局以及某市市委、市政府上访，因结果未令其满意，原告便采取了往被告墙上挂草包皮等行为。被告某市公安局认为其行为违反《治安管理处罚法》的有关规定，疑其患有精神性疾病，于2017年12月3日向某市公安局精神疾病司法医学鉴定组提出申请，要求对原告进行医学鉴定。该医学鉴定组接受委托，于2017年12月28日作出鉴定结论：被鉴定人韩某频繁上访，言行偏激，妨碍公务的行为与疾病有直接因果关系，其对行为丧失辨认及控制能力，故评定为无责任能力，因目前正处于发病期，建议采取监护性措施。该鉴定书未向原告及其家属宣布，鉴定书中没有鉴定人签章等要件。被告据此依据某市《治疗管理肇事肇祸精神病人条例》，于2018年3月2日将原告送往某市安康医院进行监护治疗长达9个月，至2018年12月1日将其放出。被告对原告住院、出院，未给其下达任何法律手续和文书。在此期间原告家属曾多次要求被告对原告重新鉴定和要求变更监护人，但被告未给予任何答复。因此，原告向某市人民法院提起行政诉讼，请求撤销被告对其强制治疗精神病、限制人身自由的行政行为，并赔礼道歉，恢复名誉，赔偿损失。

【法律问题】

（1）本案中，被告是否有权对原告采取强制监护治疗措施？

（2）被告是否违反合法行政原则？

【参考结论】

（1）被告无权对原告采取强制监护治疗措施。《立法法》第八条第五项规定，对公民政治权利的剥夺、限制人身自由的强制措施和处罚只能制定法律。本案中，被告依据地方性法规——某市《治疗管理肇事肇祸精神病人条例》对原告采取强制监护治疗措施。该条例显然与《立法法》第八条的规定相抵触，有关限制人身自由的条款是无效的。

（2）被告的行为违反了合法行政原则。

合法行政原则要求行政主体实施的限制公民权利自由的强制性行政行为必须有法律的明确授权，否则即构成行政越权和行政违法。本案中，被诉行政行为是否合法，取决于被告是否享有法定职权，即被告是否有权对原告采取强制监护治疗、限制人身自由的强制措施。公民的人身自由，属于宪法规定的公民的基本权利和自由。对公民的基本权利和自由的限制只能由法律加以规定，即法律保留。本案中，被告对原告采取强制监护治疗措施、限制其人身自由，明显缺少法律依据，属于超越职权的违法行为，违反了合法行政性原则。对此，人民法院应当依法撤销判决。

二、合理行政原则

1. 合理行政原则的产生背景及其内涵

合理行政原则是基于实际行政活动的需要而存在的。任何法律都是有局限性的，尤其是规范行政活动的法律。主要表现在：第一，法律不可能规范全部行政活动。由于社会活动的复杂多变，国家行政活动也呈现出多变性与复杂性，法律不可能对全部行政活动作出细密无疏的规定，在许多情况下行政机关只能在法律原则的指导下，运用自由裁量权，根据客观情况采取适当的措施或作出合适的决定。第二，法律对行政活动的规范，应留出一定的余地，以便使行政机关根据具体情况灵活处理。如果法律对行政活动规定得面面俱到，毫无裁量余地，则最终可能导致行政机关束手无策，无法适应行政管理的客观要求。

合理行政原则产生的原因是行政机关自由裁量权的存在和广泛运用，自由裁量权是指行政机关在法律规范明示或默示的范围内，基于行政目的自由斟酌选择适当的行为方式的权力，即对行为的方式、范围、种类、幅度等的选择权。从形式上看，行政主体基于法定范围内自由裁量权的行使所产生的自由裁量行为都是合法行为，即使在客观上背离了社会公共利益，造成不良后果也仅属于不当的行为，不产生违法的问题；但同时又应注意到，严重不当的行政行为也会给相对人的合法权益造成损害。因此，自由裁量权的行使同样必须受到法律的控制，自由裁量权的行使不仅应当合法，还应当合理、客观、公正，这是行政法治的基本要求。那么，应如何理解"合理"呢？一是正当性，行政行为在主观上必须出于正当动机，在客观上符合正当目的；二是平等性，行政主体应当平等的适用法律规范，不得对相同的事实给予不同的对待，也不得对不同的事实和情节给予相同的对待；三是平衡性，必须注意权利与义务，个人受益和社会受益，个人利益与国家集体利益之间的平衡；四是情理性，行政行为必须符合客观规律，合乎情理，不能要求行政相对人承担其无法履行或违背情理的义务。

2. 合理行政原则的具体要求

一般认为，合理行政原则应当包括以下三个方面：

第一，自由裁量权的行使必须符合法律授权自由裁量的目的。自由裁量权并不是任意行使，它意味着根据合理和公正的原则做事，而不是根据个人意愿做事，根据法律做事，而不是根据个人好恶做事。自由裁量权不应是专断的、含糊不清的、捉摸不定的权力，而是法定的、有一定范围的权力。法律赋予行政主体以自由裁量权的目的，是使行政主体能在法律规定的原则和幅度内根据具体情况更准确地体现法律的意图。

第二，自由裁量权的行使必须基于正当的动机和考虑。基于正当的考虑，即应考虑相关的因素，而不应考虑无关的因素。

第三，基于自由裁量权的行使所作出的行政行为的内容必须客观、公正、适度。所谓客观，是指行政行为必须以客观事实为依据，坚持实事求是，杜绝凭个人好恶、恩怨作出行政行为。所谓公正，是指所有当事人在适用法律上一律平等，无论其地位、社会关系、社会背景如何，行政主体在作出行政行为时一视同仁，不偏不倚。所谓适度，是指行政行为的内容应以法律为准绳，在法律规定的范围内，根据实际情况选择适当的行为种类和形式。

3. 合法行政原则与合理行政原则的关系

合法行政原则和合理行政原则相互补充，缺一不可，二者共同构成行政法治原则的主要内容。

合法行政原则主要解决行政行为合法与非法问题，合理行政原则解决行政行为是否适当的问题。合法行政原则适用于一切领域，而合理行政原则主要适用于自由裁量领域。行政机关的一个行为如果违反了合法行政原则就无须再考虑其是否合理的问题了，而一个行为若属于自由裁量行为则应重点考虑其是否存在合理性问题。合法性问题与合理性问题的界线不是绝对的，二者有可能相互转化。随着社会生活的发展与行政法治化进程的加快，原先属于合理性范畴的问题有可能转变为合法性问题，原先属于合法性范围的问题基于行政效率的考虑也可能转化为合理性问题。

【案情介绍】

李某系从事饮食业的个体工商户，出售自制蛋糕。李某自制的蛋糕未经有关部门检验，这一行为被某市场监督局查获。根据《中华人民共和国食品安全法》的规定，对此类违法行为，应予以警告、没收违禁食品和违法所得，并处以违法所得一倍以上五倍以下罚款；没有违法所得的，处以1万元以下罚款；情节严重的，可责令停业整顿或者吊销其营业执照。在某市场监督局查获前李某出售蛋糕共获利590元。

根据上述有关规定，某市场监督局没收了李某尚未出售的蛋糕，没收其违法所得590元，并且某市场监督局认为李某曾因伤害罪而被判刑三年，一年前刚出狱，因此要重罚，又处以李某1 500元的罚款。

【法律问题】

某市场监督局对李某的违法行为进行的行政处罚是否合法适当？是否符合合理行政这一行政法基本原则？

【参考结论】

某市场监督局的行政处罚行为是合法的，但不合理，违背了合理行政的原则。主要表现在对李某的罚款行为上。

本案中，根据法定的罚款幅度的规定，某市场监督局对李某处以 1 500 元的罚款属于法定的幅度内，其行为没有超越法律，不与法律相抵触，是合法的。但某市场监督局在法定幅度内的自由裁量权行使得不恰当，对李某进行 1 500 元的罚款，除以其违法事实情节等为依据外，还依据"李某曾因伤害罪而被判刑三年，一年前刚出狱，因此要重罚"，作出加重处罚的行政行为，这是考虑了不相关因素，违背了合理行政原则的要求，属于不合理行政的行为。

【要点集成】

行政法的基本原则贯穿于行政法之中，是指导行政法的立法和实施的根本原理和基本准则。合法行政原则与合理行政原则是行政法的两大基本原则。合法行政原则是指行政权力的设定，行使必须依据法律，符合法律，不能与法律相抵触。具体内容包括：行政职权基于法律的授予而存在，行政职权依法律行使，行政授权、行政委托有法律依据，符合法律要旨。合理行政原则是指行政决定的内容要客观、适度，符合理性，即合理行使行政自由裁量权。合理行政原则的具体要求是行政行为的动因应符合行政目的；行政行为应建立在正当考虑的基础上；行政行为的内容应合乎理性。

三、信赖保护原则

1. 信赖保护原则的概念

信赖保护原则，也称诚实信用原则，是指当行政相对人对行政主体作出的行政行为已产生信赖利益，并且这种信赖利益因其具有正当性而应当得到保护时，行政主体不得撤销这种信赖利益，或者如果撤销必须补偿其信赖损失。这种情况下，行政信赖保护原则优于行政法治原则，行政法治原则受到一定程度的弱化。现代行政法与传统行政法的分野，一个重要因素是现代行政法在保护公共利益的同时，兼顾私人利益，而传统行政法往往只强调公共利益而忽视私人利益。信赖保护原则的基础——行政行为具有确定力、拘束力和执行力，行政决定一旦作出，即受法律调整和规制，行政相对人也会予以信赖。法律应该保护这种信赖利益，禁止行政主体随意变更既有的行政决定。

2. 信赖保护原则确立的必要性

确立信赖保护原则对于保护公民、法人和其他组织的合法权益，维护社会秩序，提高行政效率，促进政府职能转变，以及建立诚信政府都有着极其重大的意义。

第一，建立诚信政府的需要。现代行政理念发生了重大的变化，政府的角色从管理者变成了服务者，服务行政要求政府抛弃治民的观念树立由民做主的观念，将公众置于行政的中心位置上。政府要有效地实施行政管理，必须得到行政相对人的配合和支持，而这种配合和支持是建立在对政府充分信赖和尊重的基础上的。

第二，保护公民的合法权益。信赖保护原则要求行政主体应保护行政相对人因信任行政主体的合法性、正当性、权威性而无过错，并参与其实施的授益性、合意性、指导性等行政行为所期望得到的合法和合理利益。

第三，有利于营造"责任政府"，规制行政权。信赖保护原则不但要求行政主体对违反法律规定的行为负责，还要求其对不合理的行为负责。此原则不仅规范和制约羁束性行政权，还规范和制约自由裁量性行政权，从而使行政主体对其行为全面负责，以消除不合法、不合理的行政管理特权。促使行政主体既在形式上依法行政，又在实质上依法行政。

确立信赖保护原则要求行政政策不能朝令夕改，如必须改变，就必须考虑社会成员已产生的信赖利益，并能促使行政主体更加谨慎地行使行政权，防止行政权被滥用。

3. 信赖保护原则的内容

第一，行政主体之间相互信任和忠诚，同时本着诚实信用的精神，以诚实信用的方法作出行政行为。例如，行政主体在作出行政行为时不得进行欺诈、威胁，不得以虚假的表示误导行政相对人。如果不是可归责于行政相对人明知或应知的情形，行政主体在作出上述行为后，造成行政相对人损害的，行政相对人就可以信赖保护原则而要求行政主体给以利益救济。

第二，行政主体原则上不得制定对行政相对人具有溯及力的抽象行政行为。行政主体作出的抽象行政行为，其效力不得适用于施行前已经终结的事实，即使作出具有"溯及力"的抽象行政行为，也不得限制或者损害相对人已经依法取得的利益。这是法治国家中法的安定性的必然要求。在法治国家，法律规范的内容必须具有明确性、可预测性、连续性、可靠性、稳定性，因而法律规范的溯及力一般是被禁止的。尤其是在制定对公民权利具有侵犯性、负担性规则时，信赖保护原则要求该规则不得溯及既往。

第三，行政行为的撤销必须受到限制。在一般情况下，对违法的不利行政行为（或称负担行政行为），行政主体可随时依法撤销。但必须注意的是，即使在这种情况下，信赖保护原则也会发生其独特的作用。例如，当行政主体撤销一违法的不利行政行为而代之以另一个对行政相对人更为不利的行政行为时；又如，行政相对人因信赖从而遵守了一违法的不利行政行为，并作出相应的行为使其无法或者很难恢复原有状态时，信赖保护原则仍然是行政主体应考虑并遵守的重要原则。对违法的不利行政行为撤销是原则，不撤销是例外，这里的例外情形主要是指撤销该行为所损害的私人信赖利益明显大于保护的公共利益。对违法的授益行政行为不得一概撤销，而应遵守不撤销是原则，撤销是例外之规则。这里的例外情形主要是撤销该行为保护的公共利益明显大于私人的信赖利益。

第四，行政行为的废止应受到限制。撤销是针对违法行政行为而言的。废止则是针对合法行政行为而言的，它是指因客观情况的变化，原行政行为不再适应新的情况，行政主体决定终止该行为为往后的效力。一般情况下，对合法的不利行政行为，行政机关可以依法裁量是否废止。对合法的授益行政行为，除非法律上有特别规定，原则上不得废止。但当出现了下列情形时，可以部分或全部废止：①行政行为在作出时就附有废止保留条款；②行政行为附有履行义务，而相对人未及时履行该义务或未在法定期限内履行该义务；③行政行为所依据的法规或事实基础发生了变化，如不废止该行政行为，则将会给公共利益造成危害。

【案情介绍】

据报道，在城市建设中，有的政府部门发出有关土地使用的许可证照后，因法律、法规、规章的修改、废止，或城市规划修改等许可所依据的客观情况发生了重大变化，为了公共利益而撤回已生效的许可。也曾有个别地方的政府部门在颁发土地使用证照过程中确有审查不严的问题，为弥补过错过失而以公共利益需要为由收回已生效的许可；或为了以更高价位将土地出让给他人，而以公共利益需要为由收回已生效的许可。

【法律问题】

上述政府的行为是否符合信赖保护原则？

【参考结论】

信赖保护原则是"二战"后在许多国家的行政法制实践中得到广泛的认可和运用的，它的兴起是行政伦理及责任政府理念的内在要求。在现代国家，无论是权力的行使还是义务的履行，都要求不得损害对方的信赖。根据该原则，经合法性和安定性、公共利益和个人利益的权衡，如果存在值得保护的信赖，行政机关不得撤销违法的行政行为，或者只能在给予合理补偿的前提下才能撤销。其包括两方面的内容：①行政机关公布的信息应当全面、准确、真实，行政机关对其真实性承担法律责任；②行政机关的职权行为具有法律的效力，不能随意改变，非经法定事由和程序，行政机关不得撤销、变更已经生效的行政决定，因国家利益、公共利益或以法定事由而改变行政决定的，由此给行政相对人造成的损失应当予以补偿。

我国的《行政许可法》首次规定了信赖保护原则。行政许可信赖保护原则应作如下理解：首先，适用于存在违法授益性行政行为的场合。比如被许可人相信该行政行为而被许可人的信赖利益值得保护，所谓信赖利益值得保护是指被许可人通过合法的手段取得该利益，而非通过恶意欺诈、胁迫或者贿赂促成行政许可。这时如果撤销该行政许可行为对被许可人非常不公平。其次，信赖利益保护的结果以维持现状为原则，以撤销并给予充分补偿为例外，也即行政许可决定一经作出生效，非有法定事由和法定程序，不得擅自废止或改变。行政机关只有在下述情形下，才能废止或者改变已经生效的行政许可：①行政许可所依据的法律、法规、规章修改或者废止；②准予行政许可所依据的客观情况发生了重大变化，且基于公共利益，需要变更或撤回已经生效的行政许可。

该案中，政府部门发出有关土地使用的许可证照后，因法律、法规、规章的修改、废止，或城市规划修改等许可所依据的客观情况发生了重大变化，为了公共利益而撤回已生效的许可，这种行为符合撤回行政许可的法定事由，如果是经过正当程序，并且对因此受到损害的行政相对人给予充分补偿，则符合信赖原则的要求。政府部门在颁发土地使用证照过程中确有审查不严的问题，为弥补过错过失而以公共利益需要为由收回已生效的许可；或为了以更高价位将土地出让给他人，而以公共利益需要为由收回已生效的许可。这种情形中的撤回行政许可并非基于实际的公共利益的需要，只是地方政府为了满足私益，并不符合改变和废止行政许可的法定事由，侵犯了行政相对人的利益，不符合信赖利益保护原则的要求。

【要点集成】

信赖保护原则的内容主要包括：

（1）行政主体之间应当相互信任和忠诚，同时须本着诚实信用的精神，以诚实信用的方法作出行政行为。具体表现在：对一个行政主体依法作出的行政行为，其他行政主体应承认其效力，除非符合法律明确规定的条件，不得作出与其不一致的行政决定；对一个行政主体作出的违法或无效行政行为，其他行政主体应在知道情况后及时告知作出违法或无效行政行为的行政主体，不应承认其效力；行政主体在作出行政行为时不得进行欺诈、威胁、逼迫，不得以虚假的表示误导相对人。如果不是可归责于行政相对人明知或应知的情形，行政主体在作出上述行为后，造成相对人损害的，行政相对人就可以信赖保护原则为由要求行政主体给予利益保护。

（2）行政主体原则上不得制定对相对人具有溯及力的抽象行政行为。尤其是在制定对行政相对人具有侵犯性、负担性规则时，不得溯及既往。但是，行政主体抽象行政行为不溯及既往也有例外情形，主要有：当时的规则已经规定了以后相关新制度的溯及力问题，相对人对此应当预见到；原有规则状态不明确；原规则是无效的；新规则所追求的公益超越了信赖保护甚至是法定性要求。

（3）行政相对人因行政主体的行政行为而获得的利益，应当受到保护。行政主体不能随意撤销自己的行政行为。一旦因撤销行政行为而给行政相对人造成损失，行政主体应当承担责任。具体表现在：①对合法的授益行政行为，除非法律上有特别规定，原则上不得废止，除非行政行为所依据的法律法规或事实基础发生了变化，如不废止该行政行为，则将会给公共利益造成危害。②对合法的负担行政行为，行政机关可以依法裁量是否废止，但在下列情况下则不得废止：如果行政机关在废止该行政行为后又有义务作出内容相同的行政行为的；行政机关曾对第三人承诺不废止该行政行为的；按法律、一般法律原则、行政先例或行政行为的特征等要求，不得废止的。③对违法的授益行政行为，不撤销是原则，撤销是例外。这里的例外情形主要是撤销该行为的公共利益明显大于私人的信赖利益。④对违法的负担行政行为撤销是原则，不撤销是例外，这里的例外情形主要是不撤销该行为的私人信赖利益明显大于公共利益。

（4）第三人因为不知道行政行为有瑕疵而与行政相对人发生某种法律关系，由于行政机关对行政相对人授益行为而给第三人带来的利益，也应当受到保护。

（5）如果行政相对人怀有主观恶意，从行政主体取得授益行为而获得的利益则不受保护。

四、比例原则

行政机关实施行政行为应兼顾行政目标的实现和保护行政相对人的权益，使二者处于适当的比例。广义的比例原则包含了三个次级原则：

第一，适当性原则，要求行政权力的行使应当适合于达成行政目的。第二，最小侵害原则，是指一个行政权力的行使不得超过实现行政目的必要程度，即为达到一个行政目的必须采取对私人权利侵害最小、影响最轻微的手段。第三，衡量性原则，又称狭义的比例原则，是指一个行政权力的行使即使是达成行政目的所必要的手段，如果所造成的损害超过所欲达成的目的可带来的利益，则同样不具有合法性，其实质是在手段与目的之间加以衡量。即只有确认实施该行为可能取得的公益大于可能损害的私益，才能实施。

【案情介绍】

张某不服夏阁镇政府行政处罚案

2016 年洪水后，安徽省某市夏阁镇政府根据上级要求，将该镇沿河万亩联圩大坝改道，拆除了顾张自然村多户村民房屋。2017 年 4 月夏阁镇政府土地规划管理所根据镇政府的意见，就地安排拆迁户的建房用地，在征求村民代表意见的基础上拟定了顾张自然村局部规划意见，并报镇政府批准。规划决定，拆除原告张某两间半房屋，在 28 米长、14 米宽的土地上统一安排 3 户拆迁户和张某建房。张某房屋位于规划土地的北侧前端、规划后的沿街路边，位置较好。其现有房屋的北端超出规划线 0.75 米，西侧超出规划线 1.75 米。张某拒绝拆除其老房，将原有位置较好的宅基地让给其他拆迁户建房。镇政府则认为张某的行为违反了《安徽省村镇规划建设管理条例》第十九条的规定，于 2018 年 6 月 3 日作出责令张某限期拆除房屋的处理决定。张某不服，向某市人民法院提起行政诉讼。

【法律问题】

（1）行政法上的比例原则是什么含义？

（2）本案中，被告所作的行政决定是否违反比例原则？

【参考结论】

（1）行政主体实施行政行为应兼顾行政目标的实现和保护行政相对人的权益，如果为了实现行政目标，可能对行政相对人权益造成某种不利影响时，应使这种不利影响限制在尽可能小的范围和限度，使二者处于适当的比例。广义的比例原则包含了三个次级原则：第一，适当性原则，要求行政权力的行使应当适合于达成行政目的。第二，最小侵害原则，是指一个行政权力的行使不得超过实现行政目的必要程度，即为达到一个行政目的必须采取对私人权利侵害最小、影响最轻微的手段。第三，衡量性原则，又称狭义的比例原则，是指一个行政权力的行使即使是达成行政目的所必要的手段，如果所造成的损害超过所欲达成的目的可带来的利益，则同样不具有合法性，其实质是在手段与目的之间加以衡量。即只有确认实施该行为可能取得的公益大于可能损害的私益，才能实施。

（2）本案中，被告的行政决定违反了比例原则。

被告为妥善安排拆迁户安置建房，合理利用土地，由镇土地规划管理所在征求村民代表意见的基础上，制定顾张自然村局部建设规划，经过镇政府批准同意贯彻实施，在形式上是合法的。原告不同意拆除其老房的行为，镇政府依据《安徽省村镇规划建设管理条例》第十九条的规定，对原告作出限期拆除房屋的行政决定，形式上也没有违法。然而，根据案情的事实，原告原房屋所处的位置整体上并不影响规划的实施，原告只要拆除超出的部分即符合规划的要求，不需要全部拆除；如果全部拆除将会给原告造成不必要的经济损失，即使国家给予原告全额补偿弥补损失，也是对社会财富不必要的浪费，可见被告的行政决定明显不合理，违反了最小侵害原则。原告原房宅基地位置较好，而让其拆除另行安置，将其原宅基地让给其他拆迁户建房，对原告来说明显不公平、不公正。原告历史上长期使用其原宅基地，在规划安排时应考虑原告对其老宅基地享有优先使用权。被告在作出具体行政行为时对上述应当考虑的相关因素，没有考虑，可见是一个武断的行政决定。因此被告的行政决定违反了比例原则。

第三节　行政法的程序性基本原则

行政法的程序性基本原则主要有行政公正原则、行政公开原则。

一、行政公正原则

一方面，体现在实体上的公正。依法办事，不偏私，即同样情况同样对待，不同情况不同对待；合理考虑相关因素，不专断，即考虑应当考虑的因素或不考虑不应当考虑的因素。另一方面，体现在程序上的公正。包括自己不做自己的法官；不单方接触；听取陈述和申辩。

行政公正原则是对行政权行使的程序性要求，它至少蕴含了以下几个要义：

第一，行政主体在作出影响相对人权益的行政行为时应当听取相对人的意见，相对人有为自己辩护和防卫的权利。

第二，行政机关在作出行政行为时应当坚持公开的原则，接受相对人及社会公众对行政权行使的监督。

第三，自己不得作为自己案件的审判官，行政主体对行政争议纠纷的裁决必须接受司法上的审查。

二、行政公开原则

第一，行政决定公开。任何行政决定，只要涉及外部公共管理事项，无论是行政立法、行政政策、行政执法还是行政裁决、行政复议，最终的决定内容都应当以适当的形式公开。

第二，行政过程公开。对于行政立法以及其他抽象行政行为而言，民主参与已经成为一个必备的要求。就具体的行政执法行为而言，为了保证决定的公正性，行政组织一般需要遵循听取行政相对人意见、告知行政相对人有关信息，包括在行政管理过程中享有的权利、说明依据和理由等程序，而这实际上也是在向具体的行政相对人公开其管理过程。

第三，行政信息公开。行政主体的行政过程、行政结果及其所依据的行政法规范或行政政策都应向社会公开。行政信息主要为政府信息，根据《中华人民共和国政府信息公开条例》（以下简称《政府信息公开条例》）第二条规定，政府信息是指行政机关在履行行政管理职能过程中制作或者获取的，以一定形式记录、保存的信息。

【案情介绍】

张某诉某市国土资源局信息公开告知案

2013 年 1 月 25 日，张某通过邮寄的方式向某市国土资源局某区分局（以下简称某区国土分局）提出政府信息公开申请，要求公开一份该市国土资源局关于如何盖骑缝章的相关规定文件并填写日期加盖公章。2013 年 1 月 28 日，某区国土分局出具了〔2013〕第 8

号《登记回执》，对张某的申请内容进行了确认，并告知其将于 2013 年 2 月 21 日前作出书面答复，如需延长答复期限，将另行告知。2013 年 2 月 21 日，某区国土分局作出〔2013〕第 8 号－延《政府信息延长答复期告知书》，告知张某因故无法按期答复，经本机关政府信息公开机构负责人同意，延期至 2013 年 3 月 14 日前作出答复。2013 年 3 月 14 日，某区国土分局作出〔2013〕第 8 号－非政《非政府信息告知书》（以下简称第 8 号非政府告知书）及附件，主要内容为："我们于 2013 年 1 月 28 日受理了您提出的政府信息公开申请，具体见某区国土分局〔2013〕第 8 号《登记回执》。经查，您申请获取的信息不属于《政府信息公开条例》第二条规定的政府信息，本机关不再按照《政府信息公开条例》有关规定作出答复。您申请获取的信息系市国土资源局关于办理政府信息公开的内部管理制度，加盖骑缝印章是保证送达申请人的告知书及相关附件系同时作出并具有同一性的手段和方式。是否加盖骑缝印章均不影响政府信息公开告知行为的效力。"

【法律问题】

政府内部规章制度是否属于政府信息公开的范围？

【参考结论】

本案涉及政府信息公开的范围问题，即政府内部管理制度是否属于政府信息公开的范围。《政府信息公开条例》第二条规定，政府信息是指行政机关在履行行政管理职能过程中制作或者获取的，以一定形式记录、保存的信息。但该条例并未规定内部信息的公开问题。一般认为，行政机关在日常工作中制作或者获取的内部管理信息以及处于讨论、研究或者审查中的过程性信息，不属于《政府信息公开条例》所指应公开的政府信息。然而，哪些内部信息应属政府信息公开范围，仍然是一个具有争议性的问题。"鉴于信息的内部性，确实有必要根据实际情况进行甄别判定，基本的原则应当如下：其一，形式上表现为内部信息的事项是否具有外部性，具体表现为是否直接对当事人的权利义务产生了实际影响。实践中，部分信息表现为行政机关内部研究、讨论、处理的内容，似乎不具有外部效力。但如果该内部信息成为直接的行政行为依据，其内容已经构成行政职权的行使，对当事人权利义务产生了实际影响，则应当认为其效力已经外部化，不再是一个纯粹的内部信息。其二，信息确实具有内部性时，应当根据信息的性质做进一步的区分。属于决策性信息的，应当结合具体决策过程是否完结，信息内容是否属于意见表达性还是事实性等问题进行衡量。属于内部管理或者行政机关内部规范的，仍应当回归到是否对当事人权利义务产生实际影响这一根本性问题上来。"①

本案中，张某申请国土资源局公开某市国资源局关于如何盖骑缝章的相关规定文件，某区国土分局直接认定该信息属于内部管理制度，并非政府信息，没有对该内部信息是否对当事人的权利义务产生实际影响进行分析，并因此拒绝了张某的信息公开请求，过于片面。如果经过调查核实，发现该文件确实对张某的实际权利义务产生了影响，则应当公开。

---

① 李洋、刘行：《行政机关信息公开败诉案例判解研究》，北京：中国法制出版社 2016 年版。

【案情介绍】

田永诉北京科技大学拒绝颁发毕业证、学位证行政诉讼案

1994年9月，田永考入北京科技大学应用科学学院物理化学系，取得本科生学籍。1996年2月29日，田永在参加电磁学课程补考过程中，随身携带写有电磁学公式的纸条被监考教师发现。北京科技大学于同年3月5日认定田永的行为是考试作弊，决定对田永处以退学处理，4月10日填发了学籍变动通知。但是，北京科技大学没有直接向田永宣布处分决定和送达变更学籍通知，也未给田永办理退学手续。

田永继续在该校以在校大学生的身份参加正常学习及学校组织的活动。1996年3月，原告田永的学生证丢失，未进行1995—1996学年第二学期的注册。同年9月，被告北京科技大学为田永补办了学生证。其后，北京科技大学每学年均收取田永交纳的教育费，并为田永进行注册、发放大学生补助津贴，还安排田永参加了大学生毕业实习设计，并由论文指导教师领取了学校发放的毕业设计结业费。田永还以该校大学生的名义参加考试，先后取得了大学英语四级、计算机应用水平测试BASIC语言成绩合格证书。田永在该校学习的4年中，成绩全部合格，通过了毕业实习、设计及论文答辩，其毕业论文获得优秀毕业论文，毕业总成绩列全班第九名。1998年6月，北京科技大学有关部门以田永不具有学籍为由，拒绝为其颁发毕业证，进而也未向教育行政部门呈报毕业派遣资格表。于是田永向北京市海淀区人民法院提起行政诉讼。

北京市海淀区人民法院认为：在我国目前情况下，某些事业单位、社会团体，虽然不具有行政机关的资格，但是法律赋予它行使一定的行政管理职权。这些单位、团体与行政相对人之间不是平等的民事关系，而是特殊的行政管理关系。他们之间因行政管理行为而发生的争议，不是民事争议，而是行政争议。

原告田永经考试合格，由被告北京科技大学录取后，即享有该校的学籍，取得了在该校学习的资格，同时也应当接受该校的管理。教育者在对受教育者实施管理中，虽然有相应的教育自主权，但不得违背国家法律、法规和规章的规定。田永在补考时虽然携带写有与考试内容有关的纸条，但是没有证据证明其偷看过纸条，其行为尚未达到考试作弊的程度，应属于违反考场纪律。北京科技大学可以根据本校的规定对田永违反考场纪律的行为进行处理，但是这种处理应当符合法律、法规、规章规定的精神，至少不得重于法律、法规、规章的规定。国家教育委员会1990年1月20日发布的《普通高等学校学生管理规定》第十二条规定：凡擅自缺考或考试作弊者，该课程成绩以零分计，不准正常补考，如确实有悔改表现的，经教务部门批准，在毕业前可给一次补考机会。考试作弊的，应予以纪律处分。第二十九条规定的应予退学的十种情形中，没有不遵守考场纪律或者考试作弊应予退学的规定。北京科技大学的"通知"，不仅扩大了认定"考试作弊"的范围，而且对"考试作弊"的处理方法明显重于《普通高等学校学生管理规定》第十二条的规定，也与第二十九条规定的退学条件相抵触，应属无效。

按退学处理，涉及被处理者的受教育权利，从充分保障当事人权益的原则出发，作出处理决定的单位应当将该处理决定直接向被处理者本人宣布、送达，允许被处理者本人提出申辩意见。北京科技大学没有照此原则办理，忽视当事人的申辩权利，这样的行政管理行为不具有合法性。

北京科技大学实际上从未给田永办理过注销学籍，迁移户籍、档案等手续。特别是田永丢失学生证以后，该校又在 1996 年 9 月为其补办了学生证并注册，这一事实应视为该校自动撤销了原对田永作出的按退学处理的决定。此后发生的田永在该校修满四年学业，还参加了该校安排的考核、实习、毕业设计，其论文答辩也获得通过等事实，均证明按退学处理的决定在法律上从未发生过应有的效力，田永仍具有北京科技大学的学籍。

海淀区人民法院最后判令被告北京科技大学在规定期限内，向原告田永颁发大学本科毕业证书，并召集本校的学位评定委员会对田永的学士学位资格进行审核，同时履行向当地教育行政部门上报原告田永毕业派遣的有关手续的职责。被告不服，提起上诉。北京市第一中级人民法院于 1999 年 4 月 26 日判决驳回上诉，维持原判。①

【法律问题】

（1）这一判决是我国行政法上著名的判决之一，成为我国行政法学经典的研究对象。法院判决的依据在哪里？

（2）它运用了哪些行政法的基本原则？

【参考结论】

（1）法院的判决主要涉及五个方面：一是被告是否适格。换言之，原告提起行政诉讼是否合法。二是教育自主权或者说大学自治的界限在哪里。三是田永行为的性质是违反考场纪律还是作弊。四是对田永作出的退学处理决定是否合法、合理。五是学校作出退学处理决定后田永继续留在学校学习的事实是否等于学校默认保留其学籍或恢复了其学籍。

（2）与行政法原则相关的是第四、第五两个方面。关于第四个方面，对于退学处理决定，法院认为，应当"允许被处理者本人提出申辩意见"，但这一原则从何而来呢？有关大学内部处分的规定并没有这样的要求，这一要求实际上是对《行政处罚法》第六条的原则的类推，或者说是正当程序原则的应用。需要注意的是，法院运用的是正当程序原则而不是程序合法原则，因为法律上并没有明确的规定。关于第五个方面，法院认为，诸多"事实应视为该校自动撤销了原对田永作出的按退学处理的决定"。实际上，北京科技大学从来就没有撤销过其处理决定，法院何以能做出这一判断呢？法院运用的是信赖保护原则。但是，法院并没有明确阐述其推理所依据的法理，这是需要改进的。

---

① 《田永诉北京科技大学拒绝颁发毕业证、学位证案》，《中华人民共和国最高人民法院公报》1999 年第 4 期。

第三章　行政法主体

行政法主体，也称为行政法律关系主体，是指参加到行政法律关系中享有行政法上权利（权力）、承担行政法上义务（职责）的公民、法人和其他社会组织。行政法主体包括行政主体和行政相对人。

【课前引例】

南昌市青云谱区施尧村村委会被告案

南昌市青云谱区施尧村 149 亩耕地被村委会卖了 745 万元（5 万元/亩），可是补助给村民只有 4 000 元/亩，其余六百多万元卖地款均被村委会截留。村民们认为，邻村卖地每亩补助了 2 万元，而他们的耕地靠近南昌城区交通要道，却只补这么一点钱，他们以后不知靠什么"致富"。村民不服，以村委会为被告向人民法院提起行政诉讼。

法院一审认为村委会是群众性自治组织，不符合受理条件，对村民的起诉不予受理。

【法律问题】

村委会是否可以作为行政诉讼的被告？

【法律链接】

《中华人民共和国村民委员会组织法》（以下简称《村民委员会组织法》）

第二条　村民委员会是村民自我管理、自我教育、自我服务的基层群众性自治组织，实行民主选举、民主决策、民主管理、民主监督。村民委员会办理本村的公共事务和公益事业，调解民间纠纷，协助维护社会治安，向人民政府反映村民的意见、要求和提出建议。村民委员会向村民会议、村民代表会议负责并报告工作。

《行政诉讼法》

第二条　公民、法人或者其他组织认为行政机关和行政机关工作人员的行政行为侵犯其合法权益，有权依照本法向人民法院提起诉讼。

前款所称行政行为，包括法律、法规、规章授权的组织作出的行政行为。

第二十六条　公民、法人或者其他组织直接向人民法院提起诉讼的，作出行政行为的行政机关是被告。

【参考结论】

根据我国《宪法》的规定，村民委员会是基层群众性自治组织，不属于我国的基层人民政府或者其他行政机关。从这种意义上说，村民委员会应该不享有国家行政权，也就不具有行政主体资格。也就是说，一般情况下如果公民、法人或者其他组织认为村民委员会的行为违法，应当提起民事诉讼而不是行政诉讼。但是，在行政法上还存在着另外一种行政主体，就是被授权组织，经过法律、法规和规章的授权，其他的社会组织包括村民委员会这样的基层群众性自治组织，就可以具有一定的行政管理和服务的权力，从而成为行政主体。根据我国《村民委员会组织法》第二条的规定，村民委员会是村民自我管理、自我教育、自我服务的基层群众性自治组织，实行民主选举、民主决策、民主管理、民主监督。村民委员会办理本村的公共事务和公益事业，调解民间纠纷，协助维护社会治安，向人民政府反映村民的意见、要求和提出建议。村民委员会向村民会议、村民代表会议负责并报告工作。在行政法理论上一般认为这就是法律对基层群众性自治组织的行政授权，有了该法律的规定，村民委员会在实施该条法律规定的行为，影响到公民、法人或者其他组织的合法权益时，可以认为是实施了授权范围内的职权行为，公民不服的可以依法提起行政诉讼。

从本案来看，南昌市青云谱区施尧村村民委员会将该村所有的 149 亩耕地卖出，获得收益 745 万元，但是村民委员会只将很少的一部分土地出让金补偿给了村民，大部分的收益被村民委员会截留。这是村民委员会利用职权截留村民的土地使用权出让应得的收益，是村民委员会违法实施了《村民委员会组织法》第二条的规定，构成了行政侵权。所以，我们认为村民如果认为村民委员会的上述行为侵害了自己的合法权益，应当有权根据《行政诉讼法》及相关的司法解释向人民法院提起行政诉讼。一审法院认为村委会是基层群众性自治组织而不具有行政主体资格，对案件不予受理的做法值得商榷。

【探讨】

为什么在国家的各种行政机关之外，还要授予其他社会组织行政权力，使其具有行政主体资格？

第一节　行政主体概述

行政主体的概念是在 1989 年《行政诉讼法》制定前后提出的，由于无论是行政机关还是行政组织的概念都有相当的缺陷，也无法解决行政诉讼被告确认这一问题，人们提出了行政主体这一概念。首先，行政机关是一个制度层面的用语，行政主体不是制度层面的用语，而是一个严格的行政法学概念，换句话说，行政机关是一个法律概念，而行政主体是一个法学概念。行政主体引导人们关注具有主体地位的行政机关。其次，行政机关以外的管理者虽然不是行政机关，却可以成为行政主体，从而给行政机关以外的社会组织以行政法上的关怀。最后，行政机关在行政法上的地位是行政主体，在民事活动中的地位则是民事主体，行政机关的双重法律地位由此得到合理解释。因此，行政主体这一概念比行政机关的提法具有更丰富的解释力，因而被行政法学界广为接受。[①]

一、行政主体的含义

1. 含义

学界主要探讨了行政主体与行政法主体、行政主体与行政机关、行政主体与公务员以

---

① 张树义：《行政主体研究》，《中国法学》2000 年第 2 期。

及公法人、公务法人的区别。

（1）行政主体与行政法主体。行政法主体就是指行政法律关系主体，包括行政主体和行政相对人。行政主体是行政法主体的一部分，而不是全部。行政主体必定是行政法主体，但行政法主体未必是行政主体。行政主体仅限于组织，不含个人，而行政法主体包含个人。[①] 严格地说，行政主体只有在行政管理法律关系中才具有真正的行政主体地位。行政主体在行政管理法律关系中占有主导地位，它在各种行政法律关系中均可以构成一方主体。另外，行政主体作为行政法主体具有相对恒定性。因此，行政主体是最重要的行政法主体之一。

（2）行政主体与行政机关。行政机关是一个法律概念，行政主体是一个法学概念，行政主体包括行政机关和法律、法规、规章授权组织两部分。行政机关往往具有双重身份，当行政机关行使行政职权时，是以行政主体的身份出现；当行政机关从事民事活动时，是以民事主体的身份出现。这是行政机关与行政主体的主要差别。行政机关、行政组织不过是一种客观存在，而行政主体概念是使行政活动具有统一性和连续性的一种法律技术，是行政组织的法律理论基础。[②]

（3）行政主体与公务员。一般认为，公务员是在国家机关从事公务的人员。但公务员自身不是行政主体，他只能以行政主体的名义活动，其职务行为的后果及责任归属于所在的行政主体。在法律、法规、规章授权组织中从事管理的人员虽然不具有公务员身份，但也可以代表所在的行政主体进行管理，其行为后果归属于所代表的行政主体。[③] 另外，公务员是属于自然人的个体，而行政主体是一种组织。公务员与行政主体之间是一种职务委托关系，主要依靠于内部行政组织法调整。[④]

（4）行政主体与公法人。公法人是英国行政法学中的概念，是指在具有一般职权范围的行政机关以外，享有一定的独立性和单独存在的法律人格，并从事某种特定的公共事务的行政机构。它有三个特征：有独立的法律人格；在全国或一定地区内执行由法律或特许状所规定的某种公共事务；对一般行政机关保持一定程度的独立，但仍然保持一定程度的联系。[⑤] 有英国的公法人相当于我国行政机关以外的行政主体，即授权行政主体。

（5）行政主体与公务法人。公务法人是法国行政法学中的概念，通常是指由国家设立的从事一定公务的法人组织，它是以公务为标准进行划分的一种分权形式，不同于以地域为标准的行政组织，是行政主体的一种。公务法人是依照公法设立的法人，是国家行政主体为了特定目的而设立的服务性机构，它享有一定的公共权力，具有独立的管理机构及法律人格，能够独立承担法律责任。公务法人与其行为者之间既存在民事法律关系，也存在行政法律关系。[⑥]

2. 行政主体的特征

第一，行政主体是组织而不是个人。

---

① 应松年主编：《行政法学新论》，北京：中国方正出版社 2004 年版。
② 王名扬：《法国行政法》，北京：北京大学出版社 2016 年版。
③ 应松年主编：《行政法学新论》，北京：中国方正出版社 2004 年版。
④ 王连昌主编：《行政法学》（第二次修订版），北京：中国政法大学出版社 1999 年版。
⑤ 王名扬：《英国行政法》，北京：中国政法大学出版社 1987 年版。
⑥ 马怀德：《公务法人问题研究》，《中国法学》2000 年第 4 期。

　　第二，行政主体依法享有行政职权。只有依法享有行政职权的组织才能成为行政主体。行政主体不限于行政机关，某些社会组织如果有法律、法规授予的行政职权，它也会因这种授权而取得行政主体地位。所以，我们判断一个组织是不是行政主体，首先看的不是它是否为行政机关，而是它是否享有行政职权。但这并不是说享有行政权力的社会组织始终都是行政主体，它只有在行使行政权时才是行政主体，在不行使行政权的场合如从事民事活动时就不是行政主体。

　　第三，必须是能够以自己的名义行使行政职权的组织。

　　第四，行政主体必须能够独立承受行政行为的法律后果，并能够对自己的行为负完全的法律责任。

　　这四个要素也是我们判断一个组织是否是行政主体的标准。所谓行政主体，就是行使行政职权，实施行政管理活动，能独立承担法律责任的组织。行政主体既是行政职权的享有者，又是行政活动的实施者，还是行政责任的承担者，是三者合一的结果。

二、行政主体资格

　　行政主体资格是行政机关和法律、法规、规章授权的组织以独立的法律地位和管理者的身份参加行政法律关系时所应具备的条件。[①]"资格"与"法律地位"不可分割。具有行政主体资格的组织就必定享有行政主体的法律地位，反之亦然。行政主体的法律地位具体地表现为行政主体的行政职权、行政优益权和行政职责。[②] 具体而言，如果某个组织、机关或机构具有行政主体资格，那么，它就具有行政职权，享有行政优益权，必须履行行政职责，必须对违法职责承担责任，可以用自己的名义实施行政行为，可以用自己的名义承受行政行为所引起的法律后果，可以用自己的名义参加诉讼活动。这里需要注意的是，某一组织是否具有行政主体资格与其是否具有某项或某方面的行政职权，是既有联系又有区别的两个法律问题。一方面，是否具有一定的职权与职责，是一个组织取得行政主体资格的核心因素。另一方面，一个组织在已确立其取得行政主体资格的前提下，再判定其是否具有某项职权，属于权限问题。从法律角度讲，是否有行政主体资格主要属于权利能力问题，而是否具有某项行政职权主要属于行为能力问题。[③] 行政主体是依法代表国家实施行政权的行为组织，因此，它首先与国家构成了法律关系；行政主体实施国家行政权，表现为对行政相对人实施行政管理行为，因而它与行政相对人构成了法律关系。行政主体正好处于两大法律关系的交接点。

　　行政主体资格的构成要件主要有四项：一是依法成立的组织；二是应当具备一定的组织机构和职位人员编制；三是拥有法定的独立职权与职责；四是能以自己的名义实施行政活动和承担法律责任。

---

① 胡锦光主编：《行政法专题研究》，北京：中国人民大学出版社 2006 年版。
② 罗豪才主编：《行政法学》（修订本），北京：中国政法大学出版社 1999 年版。
③ 王连昌主编：《行政法学》（第二次修订版），北京：中国政法大学出版社 1999 年版。

三、行政主体资格的确认

行政主体资格的确认有助于确定行政行为的效力，有助于确定行政诉讼当事人，尤其是被告，还有助于明确一个组织的法律地位。确认行政主体资格旨在划清行政主体和非行政主体以及内部行政主体与外部行政主体的界限。

一个组织是否具备行政主体的法律地位，要从组织要件和法律要件两个方面加以衡量。具体地说，就是看一个组织有没有行政职权，其行政职权有没有法律、法规的明确规定。如果一个组织的行政职权来源于法律、法规的直接规定，则为行政主体，否则不是行政主体。一般可以遵循以下确认方法：一是按行政职权确认。采取这一方法在于核实行政职权的来源，对于职权主体，应核实其产生职权的法律内容；对于授权主体，应审查授权行为是否存在及其范围。二是按行为性质确认。行政机关不同的身份取决于其行为的不同性质，确认行政机关的行政主体身份，就在于看其行为是否属于行政行为。① 此外，也可以按时间确认的方法来判定行政主体身份，行政机关提前行使行政职权或被撤销后继续行使职权，即不享有行政主体资格。

四、行政主体资格的取得、转移和丧失

1. 行政主体资格的取得

行政主体资格的取得，即某一组织成为行政主体所应具备的条件，行政主体资格的取得因行政主体的类型不同而不同。

根据行政主体的行政职权与职责的来源，行政主体资格的取得有两种途径：

（1）对于职权行政主体，其主体资格的取得必须具备下列实质条件和程序条件：①其成立已获得有关机关批准；②已由组织法或其他的法律规范规定了其职责和权限；③已有法定编制并按编制配备了工作人员；④已有独立的行政经费预算；⑤有自己的办公场所和必需的办公条件；⑥已经政府公报公告其成立。

（2）关于授权行政主体资格的取得，必须依授权机关的授权行为而发生，授权决定的内容应当包括：①授权人必须具有所授职权；②授权人授出的职权应当小于或者等于自己享有的职权。

2. 行政主体资格的转移

行政主体资格的转移主要有两种情形：①行政主体分解，即一个行政主体分解为两个以上的行政主体；②行政主体合并，即两个或两个以上的行政主体合并为一个行政主体。

行政主体合并或分解后，其行政主体的资格由合并或者分解后的新的主体承接。

3. 行政主体资格的丧失

行政主体资格的丧失亦有两种情形：①行政主体被解散；②授权机关收回所授之职权或者授权期限届满。

在第一种情形下，原行政主体虽然丧失了主体资格，但它在享有主体资格期间所实施

---

① 胡建淼：《行政法学》，北京：法律出版社 2003 年版。

的行政行为的法律效果应由撤销该主体的机关承受。在第二种情形下，授权主体在授权期间所实施的行政行为的法律效果由授权的机关承受。

【案情介绍】

李某和关某一起去河边钓鱼，后二人一起回家。路上没走多远，李某改变主意，对关某说，不如到主河去摸鱼，关某同意，二人折回主河流处。在经过一片树林时，二人进入其中玩耍。玩耍中二人都吸了烟，并玩了弹火柴游戏。在走出树林时，关某见树林边有一堆枯草，即划火柴将枯草点着。火苗迅速升起，并向树林里蔓延。二人急忙扑打，但因火势越烧越大，未能扑灭，二人惊慌离开现场跑回家。

某市林业局依据《中华人民共和国森林防火条例》，授权某乡人民政府进行处理，以李某与关某放火烧毁该乡果园村的树林50亩，造成经济损失达4 000元为由，作出处罚决定：对关某罚款500元，并令其赔偿经济损失2 500元，令李某赔偿经济损失1 500元。李某对处罚决定不服，向某市人民法院提起诉讼。

【法律问题】

运用所学知识分析本案谁是行政行为的主体？

【参考结论】

本案行政行为的主体是某市林业局。

本案的关键在于法律规定的"林业主管部门或其授权单位"中的授权单位究竟其意何指？由于是授权与否，其后果有所不同，如果属于授权，则由接受授权的组织承担责任；如果属于委托，则由作出授权的组织承担责任。可以明确的是，授权必须是法律、法规的授权，行政机关的授权只能视为委托，不是行政法意义上的授权。本案只是名义上的授权，其实质则是委托。因此，本案的行政主体是林业局。

【要点集成】

（1）行政授权是指法律、法规将行政职权及行政职责的一部分或全部授给非行政机关的社会组织行使的法律行为。行政授权具有以下特征：①行政授权是依照法律和法规的有关规定作出的；②行政授权引起职权和职责的同时转移，被授权的组织在接受职权的同时，也必须接受行政职责；③被授权的组织在被授权范围内以自己的名义自主地行使行政职权。

（2）行政委托，是指国家行政机关在自己的职权范围内，将某项行政职能委托给某一机关、机构、企事业单位、其他社会组织办理的行为。行政委托的特征：①行政委托的委托人必须是国家行政机关，其他非行政机关的委托不能称为行政委托。行政委托中的委托事项必须在行政机关的职权范围内，不能超出行政机关的行政职权范围；②在行政委托中，被委托的对象可以为行政机关和行政机构，也可以为企事业单位及其他社会组织；③被授权组织和被委托组织的法律地位不同，被授权组织以自己的名义行使行政职权，而受委托组织只能以委托组织名义行使行政职权。

此外，被授权组织所为行政行为被提起诉讼时，由被授权的组织作被告应诉，这实际上赋予了被授权的组织与行政机关相同的行政主体地位；由于被委托组织的行政行为引起纠纷或者争议，行政相对人向人民法院起诉时，被委托组织不能以被告的身份应诉，而应由委托的行政机关作为被告出庭应诉，因而，被委托组织不具有行政主体资格。

五、行政主体的类型

依据不同的标准，可以对行政主体作不同的分类

1. 职权行政主体与授权行政主体

根据行政职权的来源及产生方式，可将行政主体分为职权行政主体与授权行政主体。

职权行政主体是依照宪法和组织法的规定，在其成立时就当然具有行政职权并取得行政主体资格的组织，无须经其他国家机关作个别授权。行政机关一经依法成立，组织法所规定的行政职权也随之形成。在我国，行政机关一经依法成立，即自然享有组织法规定的各项行政职权，它们属于职权行政主体，例如各级人民政府及其职能部门。

授权行政主体是指因宪法和组织法以外的法律、法规的规定而拥有行政职权，取得行政主体资格的组织，它不属于行政机关系列。例如经授权独立行使行政职权的企事业单位和行政机关之内部机构、派出机构。

二者存在较大区别：第一，行政职权的性质不同。职权行政主体拥有的行政职权是固有职权，而授权行政主体拥有的行政职权则是非固有职权。第二，行政职权的来源不同。职权行政主体的行政职权来自宪法、法律和法规的明确规定，尤其是宪法和组织法的明确规定；授权行政主体的行政职权则来自法律、法规的规定或有权机关的依法转予。第三，取得主体资格的时间不同。职权行政主体自行政法人成立之日就取得行政主体资格，而授权行政主体常在成立之后，经法律、法规的授权才有行政主体的资格。第四，行政主体的性质不同。职权行政主体是国家正式的行政机关，授权行政主体则为行政机构或社会组织。

划分该种类型的意义在于，法院对其进行司法审查时，审查的侧重点会有所不同。对授权行政主体行政行为合法性的审查应包括侧重于授权关系是否成立，是否在授权范围内行使职权等。

2. 外部行政主体与内部行政主体

根据行政主体实施行政权的范围，可将行政主体分为外部行政主体与内部行政主体。

外部行政主体是指有权以自己的名义对与自己没有隶属关系的行政相对人（处于被管理者地位的公民、法人或者其他组织）实施行政管理的组织，例如公安局对违反治安管理规定的行为人实施行政处罚，公安局即外部行政主体。

内部行政主体是指有权以自己的名义对与自己有隶属关系的内部行政相对人实施行政管理的组织，例如行政机关对所属公务员予以行政处分时，行政机关为内部行政主体。在我国，内部行政主体主要包括中央行政机关和地方行政机关领导机构。各级行政机关均设有内部领导机构，其表现形式不尽相向，通常为"会议"或"委员会"等，实质是内外行政活动的最高决策和指挥核心，但在行使外部行政职权时，只能以该机关的名义而不能以领导机构的名义。

当然，这种划分不是绝对的，有些行政主体既是外部行政主体，又是内部行政主体，如各级人民政府。

3. 本行政主体与派出行政主体

当一个行政主体与另一个行政主体之间具有派出关系时，前一个行政主体称为本行政主体，后一个行政主体称为派出行政主体。

此外，以单独行政行为和共同行政行为为基础，将行政主体分为单独行政主体和共同行政主体等。

六、行政主体之间的关系

行政主体之间的关系，是指由法律确定的行政主体相互之间和行政主体在行使行政职权、履行行政职责过程中所形成的关系。其基本含义是：第一，它仅指行政主体与行政主体之间在行使职权的职务活动中形成的关系。第二，它是行政主体之间在行政过程中形成的与其职务活动有关的关系。第三，它是行政主体在行政过程中作为管理者而形成的关系。通常认为，行政主体之间的这种关系属于行政关系，是内部行政关系，同样受行政法的调整。这种关系可以分为纵横两大类型。纵向行政关系是指以行政隶属关系为基础的行政主体之间的关系，也就是上下级行政主体之间的关系。纵向行政关系按性质不同又可以划分为行政领导关系与行政指导关系。在行政领导关系中，作为行政领导方的行政主体对被领导方的行政主体有命令、指挥和监督权，被领导方的主体必须接受领导。在我国，行政领导关系又分为单一行政领导与双重行政领导。在行政指导关系中，行政指导方行政主体对被指导方行政主体有指导权，但没有指挥命令权。横向关系是指无隶属关系的行政主体之间的关系。在横向关系中不存在正式的领导与指导关系，但有公务协助关系。

行政主体之间的纠纷是因执行公务所发生的各种行政争议，这种争议的实质在于行政权限的争议，主要有两种类型：一种是积极的权限争议，表现为两个行政主体都认为自己对某事有管辖权；另一种是消极的权限争议，表现为两个行政主体都认为自己对某事没有管辖权。对权限争议，各国行政法所坚持的原则是由行政机关自己解决，不受司法审查。我国行政法出于国家管理效率的考虑，也主张权限争议由行政机关自己处理的原则，具体有以下三项规则：第一，纵向行政领导关系中的争议，被领导主体有权越级向上级行政主体报告，但是领导主体行为被依法撤销之前，必须服从领导主体的决定。第二，行政指导关系中的争议，争议双方主体都应向各自所属政府报告，由双方政府处理。双方政府有意见分歧，按第一规则处理。第三，公务协助关系中的纠纷，争议双方主体各自向自己的领导主体报告，最终由共同上级领导主体裁决。

第二节 行政机关

一、行政机关概述

1. 行政机关的含义

学界对行政机关的含义有多种界定。通行的观点认为，行政机关是指按照宪法和有关组织法的规定而设立的依法行使国家行政权力、对国家各项行政事务进行组织和管理的国家机关。[①] 其含义表现在：第一，行政机关是国家机关，由国家设置，这使它与政党、社会团体相区别。第二，它是行使国家行政职能的国家机关，这使它与立法、司法机关相区别。第三，它是依据宪法与组织法的规定而设立的，这使它与法律、法规、规章授权的组织相区别。[②] 这种对行政机关的界定范围过窄，将可以独立进行管理的政府下属各部门排除在行政机关的范围之外。而且，在我国，衡量一个组织是不是行政机关，不完全依其承担的事务和该组织的性质为标准，而在很大程度上取决于政府的意愿。因此，应当从设置目的、工作性质和组织形态三个方面对行政机关进行界定。在这种意义上，行政机关是指为了实现行政目的而依法设置的、承担行政事务并能独立进行管理的基本组织体。

2. 行政机关的性质和特征

（1）行政机关的性质。相对于国家权力机关来说，行政机关是执行机关；相对于行政相对人来说，行政机关是行政主体。

（2）行政机关的特征：①行政机关是国家机关之一，是国家机构的组成部分；②行政机关是掌握和行使国家行政权的机关，它有别于立法机关与司法机关；③行政机关是具有执行性质的机关，在我国，它是国家权力机关的执行机关。

二、行政机关的种类

1. 最高国家行政机关

最高国家行政机关由国务院及其组成部门、直属机构或办事机构所构成。

（1）国务院。

国务院，即中央人民政府，是最高国家权力机关的执行机关，是最高国家行政机关，它依法享有管理全国性行政事务的职权，可以制定行政法规，采取行政措施，发布行政决定和命令，是当然的行政主体。

国务院的组成由宪法和组织法明确规定，国务院组成人员有总理、副总理、国务委员、各部部长、各委员会主任、审计长、秘书长等。国务院组成人员的产生程序是：总理由国家主席提名，全国人民代表大会决定产生；副总理、国务委员、各部部长、各委员会主任、审计长、秘书长由总理提名，全国人民代表大会决定产生；全国人民代表大会闭会期间，由总理提名，全国人民代表大会常务委员会决定；全国人民代表大会对国务院组成人员行使罢免权。

国务院实行总理负责制，根据宪法和国务院组织法的规定，总理全面领导国务院的工作，副总理、国务委员协助总理工作；总理有权提名国务院的组成人员，也有权建议全国人民代表大会及其常委会免除他们的职务；总理主持国务院常务会议和全体会议，国务院工作中的重大问题必须由国务院常务会议或者国务院全体会议讨论，然后由总理最后决定；国务院作出的所有决定、命令及制定的行政法规必须由总理签署方能生效。

我国《宪法》第八十九条详细规定了国务院的职权。

---

① 王连昌主编：《行政法学》，成都：四川人民出版社 1993 年版。
② 姜明安主编：《行政法与行政诉讼法》，北京：北京大学出版社、高等教育出版社 1999 年版。

（2）国务院各部委。

国务院各部委是国务院所属的职能部门，一般认为部委的区别在于：管理职能单一的称部，而管辖业务具有综合性的则称"委"，"委"是委员会的简称。

国务院各部设部长一人，副部长二至四人，各委员会设主任一人，副主任二至四人。

国务院部委在行政法上具有双重性：一方面，它是国务院的组成部分，受国务院的统一领导和指挥。正因为如此，有人将部委称为最高国家权力机关执行机关的执行机关；另一方面，它们又享有相对独立的行政职权，负责管理某一方面的行政事务，具有独立的行政主体资格。

根据2018年第十三届全国人民代表大会第一次会议《关于国务院机构改革方案的决定》，改革后除国务院办公厅外，列入国务院组成部门序列的共有26个部、委、行、署：外交部；国防部；国家发展和改革委员会；教育部；科学技术部；工业和信息化部；国家民族事务委员会；公安部；国家安全部；民政部；司法部；财政部；人力资源和社会保障部；自然资源部；生态环境部；住房和城乡建设部；交通运输部；水利部；农业农村部；商务部；文化和旅游部；国家卫生健康委员会；退役军人事务部；应急管理部；中国人民银行；审计署。

（3）国务院直属机构。

根据《中华人民共和国国务院组织法》（以下简称《国务院组织法》）第十一条规定，国务院可以根据工作需要和精减原则，设立若干直属机构主管各项专门业务，每个机构设负责人2至5人。国务院直属机构是国务院的组成部分，但是在法律地位上，国务院直属机构不同于部、委，其级别低于部、委，直属机构的行政首长不是国务院的组成人员，但它们直属于国务院领导，故称为国务院直属机构；它们又有自身主管的行政事务，有自己独立行使的行政职权，可以在其职权范围内发布行政决定、行政命令等，因而，具有行政法上的主体资格。

目前，国务院设置的直属机构有：海关总署；国家市场监督管理总局；国家体育总局；国家国际发展合作署；国务院参事室；国家税务总局；国家广播电视总局；国家统计局；国家医疗保障局；国家机关事务管理局。

（4）国务院办事机构。

根据《国务院组织法》第十一条规定，国务院可以根据工作需要及精减原则，设立若干办事机构协助总理办理专门事项。每个办事机构设负责人2至5人。国务院办事机构是协助总理处理某一项事项的机构，国务院现有办事机构两个：国务院港澳事务办公室；国务院研究室。

国务院办事机构属于国务院的内部机构，不具有独立的法律地位和主体资格，故不是外部行政主体。

2. 地方各级行政机关

地方行政机关是指在某一地区范围内行使行政管理权的行政机关，它包括地方各级人民政府，以及各级人民政府的职能部门及直属机构等。

（1）地方各级人民政府。

根据宪法和法律规定，我国地方各级人民政府共分为四级：省级人民政府，包括省人民政府、自治区人民政府和直辖市人民政府；设区的市的人民政府；县级人民政府，包括不设区的市的人民政府，县人民政府；乡级人民政府，包括县、市下属的乡、镇人民政府。

在法律上，它们主要体现为：第一，它们是地方各级权力机关的执行机关，它们对本级人民代表大会负责并报告工作，县级以上各级人民政府在本级人民代表大会闭会期间向本级人民代表大会常务委员会负责并报告工作；第二，各级人民政府都是国务院统一领导下的国家行政机关，都应服从国务院的统一领导和指挥；第三，它们在自己的职权范围内自主管理本辖区的行政事务，并对自己的行为独立负责，具有明确的行政主体资格。

根据《地方各级人民代表大会和地方各级人民政府组织法》第五十六条规定，省、自治区、直辖市、自治州、设区的市的人民政府分别由省长、副省长，自治区主席、副主席，市长、副市长，州长、副州长和秘书长、厅长、局长、委员会主任组成。县、自治县、不设区的市、市辖区的人民政府分别由县长、副县长，市长、副市长，区长、副区长和局长、科长等组成。乡、民族乡的人民政府设乡长、副乡长。镇人民政府设镇长、副镇长。

根据我国《宪法》第一百零五条和《地方各级人民代表大会和地方各级人民政府组织法》第六十二条规定，地方各级行政机关实行行政首长负责制，即地方各级人民政府实行省长、自治区主席、市长、州长、县长、区长、乡长、镇长负责制。省长、自治区主席、市长、州长、县长、区长、乡长、镇长分别主持地方各级人民政府的工作。

我国《地方各级人民代表大会和地方各级人民政府组织法》第五十九条详细规定了县级以上地方各级人民政府行使的职权。

根据《地方各级人民代表大会和地方各级人民政府组织法》第六十条的规定，省、自治区、直辖市的人民政府可以根据法律、行政法规和本省、自治区、直辖市的地方性法规，制定规章，报国务院和本级人民代表大会常务委员会备案。设区的市的人民政府，可以根据法律、行政法规和本省、自治区的地方性法规，制定规章，报国务院和省、自治区的人民代表大会常务委员会、人民政府以及本级人民代表常务会备案。

依照前款规定制定规章，须经各级人民政府常务会议或者全体会议讨论决定。

我国《地方各级人民代表大会和地方各级人民政府组织法》第六十一条规定详细规定了乡、民族乡、镇的人民政府行使的职权。

（2）地方各级人民政府的派出机关。

根据《地方各级人民代表大会和地方各级人民政府组织法》第六十八条的规定，省、自治区人民政府在必要的时候，经国务院批准可以设立若干派出机关，县、自治县的人民政府在必要的时候，经省、自治区、直辖市人民政府批准，可以设立区公所，作为它的派出机关；市辖区、不设区的市的人民政府经上一级人民政府批准，可以设立若干街道办事处作为它的派出机关。

派出机关在我国虽非一级政府，但它实际履行着一级政府的职能，它们独立行使行政权力，独立承担行政责任，因此，是一个以地域为基础，独立存在的行政主体。

（3）地方各级人民政府的职能部门。

根据宪法及有关法律的规定，地方各级人民政府可以根据工作需要，设立若干工作部门，承担某一方面的管理职能，在性质上它们属于地方各级人民政府的组成部分，但它们又享有相对独立的管理权限，可以以自己的名义实施行政管理，并对自己的行为独立承担法律后果，它们也是当然的行政主体。

（4）地方政府职能部门的派出机构。

派出机构是指地方政府的职能部门根据工作需要在一定行政区域设置的管理某一方面行政事务的机构，派出机构是否具有行政主体资格不能一概而论，应视法律、法规的具体规定而定。

凡法律、法规授予派出机构一定行政职权，该派出机构可以以自己的名义独立行使所授的行政职权时，应认定该派出机构在法定的权限范围内具有行政主体资格，如《治安管理处罚法》规定警告和500元以下罚款，可以由公安派出所作出，那么，公安派出所在警告和500元以下罚款的行政处罚权限范围内即获得了行政主体资格。这里需要注意的是派出机构因其不具有完全的行政权利能力和行政行为能力，因而，其主体资格受到相应限制，它们不具有完全的行政主体资格。

凡法律、法规没有授予派出机构以行政职权，派出机构在实际从事管理活动中只能以其所属的行政机关的名义行使职权且行为的后果亦归属其所属的行政机关时，该派出机构不具有行政主体资格。

【案情介绍】

河北省某县劳动就业管理局是承担着部分政府行政职能的就业管理机构。从1994年1月至1996年10月，该局收取劳务管理费、劳务服务费、县内临时工管理服务费、临时工培训费和劳务市场收入等共计578 698.40元。1996年11月29日，河北省某县地方税务局向就业局发出限期申报纳税通知书，1996年12月2日和7日又两次发出限期交纳税款31 394.71元的通知，就业局均未按期履行。1996年12月13日，地税局依据《中华人民共和国税收征收管理法》（以下简称《税收征收管理法》）第四十六条关于"从事生产、经营的纳税人、扣缴义务人在规定期限内不缴或者少缴应纳或者应解缴的税款，经税务机关责令限期缴纳，逾期仍未缴纳的，税务机关除依照本法第二十七条的规定采取强制措施追缴其不缴或者少缴的税款外，可以处以不缴或者少缴的税款五倍以下的罚款"的规定，以平地税字第1号税务处理决定，对就业局作出处以应缴未缴的营业税、城建税、教育费附加31 394.71元的3倍罚款计94 184.13元，限于1996年12月18日前入库。就业局不服，提起行政诉讼。[①]

【法律问题】

河北省某县劳动就业管理局是否为行政相对人，有无行政诉讼原告资格？

【参考结论】

行政机关并非不可能成为行政相对人。每一行政机关作为行政主体也可能接受自身职权范围外的其他行政机关的管理，此时，该行政机关就处于与公民、法人和其他社会组织等相同的私方当事人地位，即行政相对人地位。如工商局建房需要建设局、规划局批准，工商局此时即作为建设局、规划局的行政相对人。如果行政机关本身作为另外一行政机关

---

① 李卫刚、徐文星主编：《行政法与行政诉讼法案例选评》，北京：对外经济贸易大学出版社2007年版。

的行政相对人时，也具有行政诉讼原告资格，可提起行政诉讼。在衡量行政机关是否为行政相对人、是否具有原告资格时，要注意区分该行政机关作为行政主体与民事主体的双重身份。行政机关如果是作为行政主体行使行政职权，则行政机关并不是行政相对人，不具有行政诉讼原告资格；如果行政机关作为普通主体并未行使行政职权，而是接受其他行政机关管理，该行政机关属于行政相对人，对于管理行政机关行为不服的，也具有原告资格。这是因为行政机关只能在各自的职权范围内行使职权，对自身职权范围之外的事项，仍要接受其他行政机关的管理，也可能发生纠纷。在本案中就业局虽然是承担部分政府行政职能的就业管理机构，但仍然负有依法纳税的义务，地税局对其拒不纳税的行为根据法定职权，有权对其进行行政处罚，作出罚款，而就业局作为纳税人接受地税局的管理，属于行政相对人，不服地税局具体行政行为的，也就具有了原告资格，可以提起行政诉讼。

　　3. 民族区域自治地方行政机关

　　我国是一个统一的多民族国家，全国除汉族以外还有 55 个少数民族，在中国人民革命取得胜利以后，建立了单一制的中华人民共和国，同时，在统一的国家内建立了民族区域自治地方，实行民族区域自治，这是中国共产党运用马克思主义关于民族问题的基本理论，结合中国实际所作出的正确抉择。在少数民族聚居地区，实行民族区域自治，在民族自治地方，设立自治机关管理本民族的行政事务，它既不同于联邦制度，也不同于单一制度，是具有中国特色的社会主义民族区域自治制度，民族区域自治制度是我国社会主义宪政制度的重要特征之一。

　　民族区域自治地方设立自治机关，即人民代表大会及其常务委员会和人民政府。自治区的行政级别相当于省、直辖市级；自治州（盟）的行政级别相当于地市级；自治县（旗）的行政级别相当于县级。此外，我国还在相当于乡的少数民族聚居地区建立民族乡。民族区域自治地方行政机关，是民族区域自治地方的人民政府及其所属的工作部门，是一级地方国家行政机关，是民族区域自治地方人民代表大会的执行机关。《中华人民共和国民族区域自治法》对各民族区域自治地方自治机关的设立及其行使的职权作了详细的规定。

　　民族区域自治地方的各级人民政府，分别由自治区主席、自治区副主席，自治州州长、副州长，自治县县长、副县长以及各厅厅长、局长、委员会主任、秘书长、科长等组成。但自治区主席、自治州州长、自治县县长必须由实行民族区域自治的民族的公民担任。民族区域自治的行政机关也实行行政首长负责制，即实行自治区主席、自治州州长、自治县县长负责制。

　　民族区域自治地方行政机关，除了按宪法、地方组织法及民族区域自治法的规定，行使一般地方行政机关行使的各项职权外，还行使辖区内的民族自治权。因此，民族区域自治地方行政机关具有一般地方行政机关的基本特点，例如，民族自治地方人民政府是本级人民代表大会的执行机关，对本级人民代表大会及其常委会和上一级国家行政机关负责并报告工作；各民族自治地方的人民政府都是国务院统一领导下的国家行政机关，都服从国务院的统一领导；实行行政首长负责制，人民政府组成人员的产生程序、任期与行政级别同一般人民政府一样。但作为民族自治机关组成部分的民族自治地方的人民政府其行政又具有自身的特点，例如行政人员的组成有民族成分的要求；享有法律规定的广泛的民族自治权等。

4. 特别行政区行政机关

设置特别行政区的设想是在"一国两制"的思想指导下提出来的。1979 年 1 月 1 日，全国人大常委会在《告台湾同胞书》中正式提出了和平统一祖国的大政方针。1981 年 9 月 30 日，全国人大常委会委员长叶剑英进一步阐述了这一方针，宣布了中国政府解决台湾问题的十条方针，其中第 3 条内容是："国家实行统一后，台湾可作为特别行政区，享有高度的自治权，并可保留军队，中央政府不干预台湾地方事务。"这是中国政府第一次使用"特别行政区"这一概念。1982 年《宪法》第三十一条正式规定了有关设立特别行政区的规定："国家在必要时得设立特别行政区。在特别行政区内实行的制度按照具体情况由全国人民代表大会以法律规定。"1990 年和 1993 年，我国分别制定了《中华人民共和国香港特别行政区基本法》和《中华人民共和国澳门特别行政区基本法》。根据两个基本法，我国政府已于 1997 年 7 月 1 日、1999 年 12 月 20 日恢复对香港和澳门行使主权，分别设立香港特别行政区和澳门特别行政区。

特别行政区直辖于中华人民共和国中央人民政府，并享有高度的自治权，除外交、国防事务属于中央人民政府管辖外，特别行政区享有行政管理权、立法权、独立的司法权及终审权、独立的地方财政权、独立的税收制度和处理中央授权的对外事务。

根据香港基本法的规定，香港特别行政区政府是香港特别行政区行政机关。香港特别行政区的首长是香港特别行政区行政长官，香港特别行政区设政务司、财政司、律政司和各局、处、署。香港特别行政区的主要官员由在香港通常居住连续满 15 年并要在外国无居留权的香港特别行政区永久性居民中的中国公民担任。

香港特别行政区政府行使下列职权：制定并执行政策；管理各项行政事务；办理香港基本法规定的中央人民政府授权的对外事务；编制并提出财政预算、决算；拟定并提出法案、议案，附属法规；委派官员列席立法会并代表政府发言。

澳门特别行政区政府是澳门特别行政区的行政机关。澳门特别行政区政府的首长是澳门特别行政区长官，澳门特别行政区政府设司、局、厅、处。澳门特别行政区政府的主要官员由在澳门通常居住连续满 15 年的澳门特别行政区永久性居民中的中国公民担任。

澳门特别行政区政府行使下列职权：制定并执行政策；管理各项行政事务；办理澳门基本法规定的中央人民政府授权的对外事务；编制并提出财政预算，决算；提出法案、议案、草制行政法规；委派官员列席立法会会议听取意见或代表政府发言。

三、行政机关的职权、职责与管理手段

1. 职权

行政机关的职权主要包括：行政立法权；行政命令权；行政处理权；行政监督权；行政裁决权；行政强制权；行政处罚权。

2. 职责

行政机关的职责主要包括：保障国家安全；规制社会；改善社会。

3. 主要管理手段

行政机关的主要管理手段有：制定规范和发布命令、禁令；编制和执行计划、规划；

设定和实施行政许可；征收税费、财政资助和征收、征用财产；调查统计和发布经济、社会信息；处理和裁决争议、纠纷；采取强制措施；实施行政制裁；缔结行政合同；提供行政指导。

四、行政机关之间的相互关系

1. 相互关系的类型

行政机关之间的关系可分为横向关系和纵向关系两种类型。

横向关系是指同级行政机关之间和该级行政机关所属部门之间的平行关系，同级行政机关或部门之间的关系是相互合作或协调的关系；纵向关系是指行政机关间领导与被领导的行政隶属关系，这种隶属关系大致又有三种情形：

（1）垂直领导关系。指不受行政区划的限制，上级行政机关直接对下级行政机关进行指挥的关系，如上下级海关之间的关系。

（2）双重领导关系。指一个部门同时受两个行政机关领导的关系，如地方各级公安机关既受同级人民政府的领导，又受上级公安机关的领导。

（3）业务指导关系。适用于某些业务上独立性较大，基本上按地方特点进行，不必进行直接组织和指挥的部门，如国家体育运动委员会。

2. 中央与地方的关系

中央与地方的关系是行政机关之间关系的核心，这个关系所要解决的问题包括：中央行政机关与地方行政机关之间的职权划分；中央行政机关对地方行政机关的法律监督。

关于中央与地方之间职权的划分大致有三种情形：一是属于中央行政机关行使的职权；二是属于地方行政机关行使的职权；三是属于中央行政机关与地方行政机关共同行使的职权。这三者的边界大致可作以下划分：

（1）凡属全国性的行政管理事务，应由中央政府统一管辖，全国性的行政事务包括外交、国防、货币、行政区划、度量衡、国民经济与社会发展计划等。

（2）凡属地方性的行政管理事务，应由地方行政机关独立自主管辖，属于地方性的行政事务的有本地区的文化、教育、卫生、环保、市政建设、公用设施等。

（3）对于中央政府和地方政府共同管辖的事务，应当实行"统一领导，分级管理"的原则，既要保证中央的集中统一领导，又要充分发挥地方政府的主动性与积极性。

中央对地方政府的监督权目前集中表现为：根据我国《宪法》第八十九条规定，中央行政机关有权撤销地方各级行政机关不适当的决定和命令。

第三节　行政公务人员

一、行政公务人员的含义和分类

1. 行政公务人员的含义

行政公务人员是指依法能代表行政主体，以行政主体的名义实施行政行为，其行为后果归属于行政主体的个人。

公务员制度是适合现代政府管理需要的新型人事制度。英国是最早创设公务员制度的国家。"公务员"一词来源于英文"civil servant"，但各国的译法不一样，有的译为公务员，有的译为文官，有的译为文职官员或一般公职人员。各国公务员的含义及其包含的范围也不一样。

在英国，将从事日常行政事务管理的人员称为文官，原意为文职服务人员，是相对武官而言的。根据1977年内阁向国会所做的解释，英国目前的文官主要是指政府机关中，那些不和内阁共进退，必须经过公开竞争考试，择优录用，无过错可以长期任职的人员。

在法国，国家机关人员统称为公务员。它分为两类：一类是不适用公务员法的公务员，如审判官、议会工作人员、军队人员，以及工商业性质的国家管理部门、公用事业、公益机构的人员等。另一类是适用公务员法的人员，如中央各机关从事国家管理事务的常任官员。

德国也将公务员分为两类：一类是特别职位的公务员，即不适用公务员法的公务员如内阁总理、国务员、各部部长；另一类是一般公务员，即适用公务员法的公务员。

在日本，根据日本《公务员法》的规定，公务员被分为特别职与一般职两类：特别职包括内阁总理、国务大臣、法官等，任命须经特定的手续；一般职是指上至事务次官下至清洁工在内的所有工作人员，相当于英国的文官。

在美国，行政部门的官员统称为文官，包括部长、副部长、助理部长、独立机构的长官等政治任命官员和行政部门的其他所有文职人员，有时把政治任命官员以外的行政部门所有文职人员，称为"职业文官"或"政府雇员"，其范围与英国常任文官基本相同。

在我国，长期以来关于行政公务人员的称呼一直不统一，有国家工作人员、国家行政机关工作人员、国家行政工作人员、行政机关工作人员、国家干部、公务人员等多种不同的称谓，这不利于分类管理。2006年《中华人民共和国公务员法》（以下简称《公务员法》）颁布后我国"公务员"从名称到内涵，都有了明确的统一规定，2019年我国《公务员法》进行了修改。

2. 公务员的分类

一般国家公务员制度都把公务员分为政务类公务员与业务类公务员两大类，中国也有类似划分，中国共产党的十三大报告曾提出过这一分类，"国家公务员中的各级人民政府组成人员的产生和任免，依照国家有关法律规定办理"。实际上可以这样认为，我国政务类公务员一般是指中央和地方人民政府的组成人员，业务类公务员则是指除政务类以外的其他公务人员，包括上至国务院各部副部长下至办事员的一切公务人员。

政务类公务员与业务类公务员的区别主要表现在以下三个方面：

第一，承担的职能不同。政务类公务员是直接负责国家政治方面的管理事务，领导国家行政管理活动的人员，是国家政策的制定者和国家大政方针的决策者，而业务类公务员则是国家政策的实施者和执行者。

第二，产生的方式不同。由于所承担的职能不同，他们的产生方式也不同，政务类公务员一般应经由选举产生，实行任期制；而业务类公务员一般经由公开竞争考试，择优录用的方式产生，实行常任制，即无过错可以长期任职。

第三，管理方式不同。政务类公务员按照宪法和组织法进行管理，而业务类公务员则按国家公务员法进行管理。

二、行政职权与行政职责

1. 国家公职关系

公务员之所以能成为公务员，是因为担任国家公职，执行国家公务而与国家（国家机关）发生的法律关系。

为了有效实施行政管理，国家必须在各种行政组织中设置具有法定权利义务的国家公职，它一般由职位、职务、职权及职责四个要素构成。职位是指国家设置在行政组织中的位置，每一行政组织都由若干层次和不同等级的职位构成，这些职位通常称为部、司（局）、处、科、室等。职务则是指处于某一行政职位上的人，它是处在行政组织某一职位上，担任固定任务的某一行政机关工作人员的代称，一般冠以"长"的称谓，如部长、司（局）长、处长、室主任等。

行政职权是指公务员基于职务所享有的法定权力，或者说是履行职务的法定权力。行政职权具以下特征：①职权是法定权力，具有法定性；②职权有明确的范围，不同的职位具有不同的职权；③职权与个人无关，谁担任了这一职务，就获得了相应的职权，一旦离开这一职位，就不再拥有这一职权。

职责是公务员基于职务所应当履行的义务和责任。

2. 公务员的权利和义务

公务员享有下列权利：服公职的权利（工作条件保障权和身份保障权）；财产请求权（工资、福利和保险）；参加培训权；批评建议和申诉控告权；辞职权；法律规定的其他权利。

公务员承担下列义务：模范守法、依法履职提高工效、服务人民接受监督；维护国家安全、荣誉利益；忠于职守，勤勉尽责，服从义务（绝对服从、相对服从）；保密义务；遵守纪律，恪守职业道德，模范遵守社会公德；清正廉洁，公道正派；法律规定其他义务（兼职、营利活动、离职后从业限制、罢工、集会游行示威）。

3. 对公务员的人事管理

（1）考核：内容上分为德、勤、绩、能、廉；种类有平时考核和定期考核；结果有优秀、称职、基本称职和不称职四个等次。

（2）奖励分为嘉奖、记三等功、记二等功、记一等功、授予称号。

（3）惩戒（处分）分为警告、记过、记大过、降级、撤职、开除。

（4）辞职包括主动辞职、引咎辞职和责令辞职。主动辞职应当提前提出书面申请。引咎辞职是指领导成员因工作严重失误、失职造成重大损失或者恶劣社会影响，或者对重大事故负有领导责任，引咎辞去领导职务。责令辞职是指领导成员因其他原因不再适合担任现任领导职务的，或者应当引咎辞职但本人不提出辞职的，责令其辞去领导职务。公务员有连续两年被确定为不称职等情形的，可以辞退。

（5）职务升降：民主推荐，组织考察、讨论，决定任职（竞争上岗和公开选拔）。

（6）交流的方式包括调任、转任。调任是指国有企业、高等院校和科研院所以及其他不参照公务员法管理的事业单位中从事公务的人员，调入机关担任领导职务或者四级调研员以上及其他相当层次的职级。转任是指公务员在规定的编制限额和职数内，在不同职位之间转任。

（7）回避有任职回避、公务回避、地域回避。任职回避又称职务回避，是指公务员不得担任与其法定亲情关系有直接关联的职务的制度。《公务员法》第七十四条规定公务员之间有夫妻关系、直系血亲关系、三代以内旁系血亲关系以及近姻亲关系的，不得在同一机关双方直接隶属于同一领导人员的职位或者有直接上下级领导关系的职位工作，也不得在其中一方担任领导职务的机关从事组织、人事、纪检、监察、审计和财务工作。公务员不得在其配偶、子女及其配偶经营的企业、营利性组织的行业监管或者主管部门担任领导成员。公务回避是指公务员在行使职权的过程中，若与所处理的事项存在利害关系，应当依法终止职务行为并由其他公务员行使相应职权的制度。公务回避中的利害关系既包括本人和法定的亲属关系人员，也包括师生关系、同学关系、战友关系、同乡关系、上下级关系、敌意关系、竞争关系等。地域回避是指《公务员法》第七十五条规定的担任乡级机关、县级机关及其有关部门主要领导职务的公务员，不得在自己的原籍和其他不宜任职的地区担任一定级别的公职的制度。

（8）退休包括正常退休和提前退休两种情形，公务员达到法定退休年龄或者完全丧失工作能力的，应当退休。我国公务员符合工作年限满三十年，距国家规定的退休年龄不足五年且工作年限满二十年等条件之一，本人自愿提出申请，经任免机关批准，可以提前退休。

4. 公务员的权益保障

（1）公务员对人事处理决定不服的，可以申请复核，对复核结果不服的，还可以申诉。

（2）公务员认为机关及其领导人员侵犯其合法权益的，可以依法向上级机关或者监察机关提出控告。

（3）聘任制公务员与所在机关之间因履行聘任合同发生争议的，可以自争议发生之日起六十日内向人事争议仲裁委员会申请仲裁；对仲裁裁决不服的，可以自接到仲裁裁决书之日起十五日内向人民法院提起诉讼。

【案情介绍】

2018年春节期间某天，某市法院法警大队副队长杨某与沙土镇法庭副庭长敖某等一行4人，驾驶着警车回家。在街心路口见大街上人多车挤，便拉开警笛借人行道穿行向前。由于车速过快，将停在路边下客的出租车车门刮破一道裂口。出租车司机上前理论，杨某称其在执行公务，司机应当让道。出租车司机认为杨某等人刮坏了车门，应当赔偿。双方遂争吵起来，杨某等人将出租车司机推到一边扬长而去。

第二天，出租车司机找到市法院领导，要求解决问题。经法院纪检监察部门调查，杨某等人当天是开着警车去一企业老板处吃拜年饭，并非执行公务。遂决定给予杨某等人警告处分，并责令由其个人赔偿出租车司机的损失。司机不服，认为杨某等人是法院的法官，肇事车是法庭的警车，应当由法院承担赔偿责任。

【法律问题】

杨某等人是否应当承担责任？

【参考结论】

杨某等人在本案中是公民身份，本案应由杨某等人承担赔偿责任。

国家公务员具有"公"与"私"双重身份，即执行职务时的公务员身份和从事非职务活动时的公民身份。由双重身份产生双重行为，即公务行为和个人行为。区分两种行为的关键在于其行为是否与执行职务有关，与执行职务有关的，为公务行为，与执行职务无关的，则为个人行为。当然，判断一个行为是否公务行为还应当综合考虑其他因素。本案杨某等法官私自出车酿成交通事故，当属个人行为，对内须承担行政处分责任，对外则应承担民事赔偿责任。

三、公务行为的认定

1. 公务员的双重身份及其角色冲突

公务员原本就是公民的一员，公民经法定程序进入国家公务员队伍后，其公民身份并未丧失，即他仍属于中华人民共和国的公民。但公务员又是一种担任国家公职的公民，他与国家构成了一般公民与国家之间所没有的法律关系即行政职务关系，基于这一法律关系，他可以依法代表国家行使行政职权而成为国家的公务人员，因此，每个公务员都具有"公民"与"公务员"的双重法律身份。

双重身份必然产生角色的冲突，作为普通公民，他享有宪法和法律所规定的基本权利，履行作为一个公民的义务；但作为一个公务员，他一方面享有公民所没有的诸多行政法上的权力，另一方面作为普通公民所享有的一些权利他却不能享有或受到一定限制，譬如西方国家法律普遍要求公务员在政治上严守中立，不得参加任何党派，不得参加游行、集会、示威，不得接受政治捐款，不得发表不同的政见，不得经商等。而且，作为公务员，他应当履行更多的义务，譬如，面对正在行凶的歹徒，作为公民，袖手旁观一般视为思想道德问题，而作为值勤警察视而不见则为严重失职行为，须承担相应的法律责任。

与公务员的双重身份相对应的是公务员的双重行为，当公务员以公民（个人）的身份进行活动时，其行为属于个人行为，其行为的法律效果亦归属于其个人；当他以国家行政机关的名义实施行政管理时，其行为属于公务行为，其行为的法律效果归属于其所代表的国家行政机关。个人行为是个人意志的反映，而公务行为则是国家意志的体现。

由于公务员的个人行为与公务行为是两种性质完全不同的行为，它不仅关系到该行为自身的法律效力，还直接关系到该行为的法律后果和法律责任由谁承担问题，因此，将两者区分开来具有重要意义。

【案情介绍】

公务员的双重身份和公务行为

某县公安局办公室主任王某在一次宴请自己老战友的酒席上与酒店老板李某发生争执。王某一气之下，将酒店内的一台高级进口电视机砸坏，并扬言要吊销李某的营业执照。李某在多次向王某索赔无效的情况下，以王某为县公安局干部为由，要求公安局予以赔偿。被公安局拒绝后，李某以县公安局为被告，向县人民法院提起行政诉讼，请求法院判令县公安局赔偿自己的损失。

【法律问题】

王某的行为是否属于公务行为？

【参考结论】

《行政诉讼法》第二条规定，公民、法人或者其他组织认为行政机关和行政机关工作人员的行政行为侵犯其合法权益，有权依照本法向人民法院提起诉讼。这说明人民法院受理的行政案件至少要在表面上符合以下两个条件：一是被诉的行为必须是由行政机关或者行政机关的工作人员作出的行政行为，非行政行为不能提起行政诉讼；二是该行为侵犯的必须是公民、法人或者其他组织的合法权益。在本案中，王某侵犯的是李某的合法权益，符合第二个要件，并且王某也属于行政机关的工作人员，因而，从表面上看好像也符合第一个要件，似乎人民法院对该案应予受理。但是，实际上该案的情况并不符合第一个要件，因为王某虽然是公安局的工作人员，但是，他砸毁电视机的行为并不是以公安局的名义进行的，不属于公务行为，因而他的所作所为也不可能是行政行为，所以应对该案负责的也应是王某本人，而不是行政机关。李某要保护自己的权利，应该向法院提起民事诉讼，而不是行政诉讼。

【要点集成】

《行政诉讼法》第二条、第十二条。

本案在理论上涉及公务员的双重身份问题。所谓公务员的双重身份，是指任何一个公务员，不论其职位的高低和大小，他首先是一个公民，享有其作为一个公民在宪法与法律上规定的权利和履行宪法与法律规定的义务；但是，作为一个国家公务员，他又不同于一般的公民，他因为进入公务员行列而担任了行政公职，就具有了代表国家，通常是以行政机关的名义从事公务活动的资格，从而也就享有了一般公民所不可能有的行政职权，承担了一般公民也不可能有的行政职责。在行政法上，与这两种身份对应存在的是公务员的两种行为，即个人行为和公务行为。

在许多情况下，由于公务员的两种身份归于一个主体，从而变得难以区分。区分公务员的这两种身份具有重要意义，因为：第一，区分公务员的这两种身份是确定公务员的公务行为的需要。一般而言，当"公务员"以公务员的身份出现时，其行为是公务行为，而他与公务员身份无关的行为则多属于个人行为。第二，区分公务员的这两种身份是公民决定自己态度和行为的需要。对于公务员代表行政主体作出的行政行为，相对人有服从的义务，而对于普通人的命令和行为，人们则没有服从的义务。第三，区分公务员的这两种身份是确定责任归属的需要。因为，当"公务员"以公务员身份出现时，他和行政主体之间存在行政职务委托关系，其行为属于公务行为，所引起的后果也由行政主体承担；而当他以普通公民的身份出现时，他和行政主体之间不存在行政职务委托关系，其行为也属于个人行为，所引起的后果完全由自己承担。第四，确定公务员的这两种身份是受害方确定救济途径的需要。对"公务员"以公务员身份引起的侵害，受害方往往可以通过行政诉讼寻求救济，而"公务员"以普通公民身份引起的诉讼，往往是民事诉讼或者刑事诉讼，而不是行政诉讼。本案就是一例。

在本案中，王某的行为与其公务员的身份并没有联系，完全是以普通公民的身份作出的，因而，获得救济的途径只能是平等主体之间的民事诉讼，而不会是行政诉讼。

值得注意的是，由于公务员的特殊性和重要性，实际上公务员的这两种身份是不可能截然分开的。比如，当普通公民在街上捡到钱财之后，如果不交公，一般不会受到什么制裁，而如果该公民是公务员，在街上捡到钱财之后也不交公，则往往会受到行政处分，即使他不是在执行任务，完全是下班后以私人身份进行的。因为，国家一般都要求公务员具有高尚的道德情操，能够更严格地要求自己，在社会中起到模范作用。

2. 公务行为与个人行为的划分标准

区分公务行为与个人行为具有十分重要的意义，但目前法律上还没有唯一的、绝对的标准。为了有效区分公务行为与个人行为，理论及实践进行了多种探索，实践中公务行为与个人行为的划分通常考虑以下五个标准：

第一，按时间划分。英国早期的行政法理论以上下班时间划分公务员的公务行为个人行为，但人们很快发现这种划分有明显不足。因为它无法解释两种情况：①公务员上班时间从事个人行为；②公务员在下班后可能继续执行公务。

第二，按地域标准划分。由于行政职权本身含有地域管辖权，因而，以行政职权所覆盖的地域为标准认定行为人行为的性质有重要意义，但是它无法准确区分地域范围内行为人公务行为与个人行为的界限。

第三，按职权划分。公务行为与个人行为的区别在于它是行使职权的行为，因此，职权行为就是公务行为，超出职权范围以外的行为属于个人行为，如《美国联邦侵权赔偿法》只适用于政府雇员的职务活动，而职务活动是指"不超出职责界限的活动"，从而免除了行政机关应承担的责任。而实践中公务员发生越权行为的情形比较复杂，有的可能是对法律所授职权的理解错误，有的可能是执行了行政机关的意志所致。所以，将所有的越权行为推定为个人行为显然是不合理的，事实上现代大多数国家立法均确认公务员一定范围内的越权行为仍属于公务行为，所以职权标准亦有疏漏。

第四，按名分划分。即凡是以行政主体的名义进行活动时，其行为属于公务行为，凡不是以行政主体的名义而是以自己的名义进行活动的行为属于个人行为，但当公务员假借行政主体的名义进行活动时，名分标准即失去了作用。

第五，按行为目的划分。即凡涉及社会公共利益的行为是公务行为，凡为了满足自己利益所为的行为为个人行为。法国多采用这一主张。但对行为目的的判断往往带有主观性。

从上述分析可以看出：时间、地域、身份、目的等都难以单独作为公务行务的认定标准，但如果将它们全部作为标准可能又会出现互为矛盾的情形，因此，选择能够反映公务行为本质的主要标志作为认定标准是合适的，需要将主要标准综合起来加以判断。

【案情介绍】

公务行为的判断

李某系某市铁路公安分局的警察。一日中午下班后李某到饭店去吃饭，期间邻桌两伙人为争座位吵起来，并动起了手，其中一人掏出尖刀将对方一人刺伤。李某见状，即抽出手枪欲上前捉拿凶手。打架的两伙人见有警察过来，便四散逃走。李某心急，一脚被椅子绊倒，手枪碰地，扳机抠响。子弹打在地上反弹起来将旁观者赵某击伤。

赵某经医院治疗痊愈后，找到李某要求赔偿。李称自己是执行公务，其责任应当由所属机关承担，不应由个人承担。赵某即找到李某所在铁路公安分局，要求赔偿。铁路公安分局也认为不应由自己承担责任。赵某于是向该市的人民法院提起行政诉讼。

在诉讼中，对李某行为是否属于公务行为有两种不同意见，一种意见认为李某的行为属于个人行为，因为其是在下班时间回家途中所为的行为，执行公务应是在上班期间；另一种意见认为李某是铁路警察，其行为属于公务行为，因为虽然李某的行为是在下班途中所为，但就其行为内容来说是在履行警察的职责。

【法律问题】

本案中，警察李某的行为属于公务行为，还是个人行为？

【参考结论】

李某的行为属公务行为。

国家公务员由于双重身份而导致了双重行为，即公务行为与个人行为。公务行为由国家承担责任，个人行为则由公务员个人承担责任。在实务中，通常把以下四种因素作为区分公务行为与个人行为的标准：时间；岗位；职责；命令。如果其行为既无命令、批示、指示或委托依据，又非在上班时间、工作场所实施或不能证明与其职责有关，则应认为该行为是个人行为。上述因素应当综合考虑，并不存在绝对的、唯一的标准。其中的核心是"与执行职务有关"。本案李某的行为是典型的公务行为，因为人民警察具有维持秩序、打击违法犯罪的法定职责。

3. 公务行为的认定

公务行为是指行政公务人员以行政主体的名义，行使职权实施的行为以及与职权牵连的行为。公务行为的构成必须具备程序要件和实体要件。

程序要件是构成公务行为必须具备的形式上的条件，在现代社会，公务行为的形式要件包括两个方面：

（1）公务标志。能让人们从外表上分辨出公务员的身份是至关重要的，所以现代大多数国家都为公务员配发了制服，但制服只能让人区别是否属于公务员，而不能区别实施执行公务行为时是公民身份还是公务员身份，譬如面对一个迎面走来的警察，你只能确定他是一名警察，但无法确定他此时是否是在执行公务，因为公务员并没有被限于执行公务时才能穿制服，这样制服就起不到识别公务员身份的作用了。为此，行政法上要求公务员在执行公务时还应当表明其身份。

（2）表明身份。表明身份是指公务员在执行公务行为时应当向当事人表明或通过动作及公务标志说明他具有某种行政职权并已开始行使行政职权的行为，声明一般应当向相对人告知其所代表的行政主体的名称，若以动作或公务标志表明身份足以达到使相对人相信其代表某行政主体执行公务的程度，则无须声明。

以公务标志及表明身份作为公务行为的形式要件已为我国立法所明确规定，如我国《行政处罚法》第三十四条规定，执法人员当场作出行政处罚决定的，应当向当事人出示执法身份证件；《公共场所卫生管理条例》第十三条规定，公共场所监督员执行任务时，应佩带证章，出示证件；《植物检疫条例》第三条规定，植物检疫人员进入车站、机场、港口、仓库以及其他有关场所执行植物检疫任务，应穿着检疫制服或佩带检疫标志。

实体要件是指构成公务行为所必须具备的实质性要件。

由于公务行为是公务员代表国家行使行政职权的行为，因此，是否享有行政职权应当成为判断是否为公务行为的实质要件。公务员的非职权行为肯定不是公务行为，而在其职权范围内的行为显属公务行为无疑，但公务员逾越其职权范围的行为是公务行为还是个人行为呢？对这一问题的认识经历了一个发展过程，早期不少国家只将公务员职权范围内行为作为公务行为，公务员超越职权的行为一律属于私人行为，由公务员个人承担责任；而现代国家立法上则有条件地承认公务员表明身份后的越权行为为公务行为，由国家承担由此引起的法律后果。由于并非公务员所有的越权行为都属公务行为，那么，行政法必须解决的是：当公务员的越权行为超出了怎样的限度后该行为就不再属于公务行为呢？这是目前行政法上尚未完全解决的一个问题。这个限度应以行为与职权的牵连程度为标准，当行为在地域管辖权、事务管辖权、层次管辖权方面全部逾越时，该行为即彻底丧失了公务行为的性质，如果只是部分逾越的话，即认定为公务行为。

【案情介绍】

原告：张某

被告：某县市场监督局

张某用自行车驮着两筐白菜到农贸市场上去出售。到农贸市场之后，张某因为急于出售，便没有到指定的摊位，而是在存放自行车处叫卖。这时，在农贸市场执勤的市场监督管理员王某以张某未在指定摊位出售为由，将张某的秤杆和秤砣拿走。张某便赶到市场监督局市场办公室去索要自己的秤杆和秤砣，王某不给。张某便抓起王某脱在地下的鞋子，说："你不给我秤，我便把你的鞋子拿走。"王某急忙往回抢鞋，双方拉拉扯扯，厮打在一起。很快，其他市场监督管理人员也赶过来帮王某一起厮打。在厮打过程中，张某全身多处受伤，不得不住院治疗，共花去医药费千余元。张某出院后，要求市场监督局赔偿其医疗费1 500元，误工补贴2 000元，精神损失和其他费用4 000元，总计人民币7 500元。该县市场监督局调查后认为，本案中王某和其他几位肇事者的伤害行为与市场监督局无关，属个人行为，故市场监督局对张某的赔偿请求不予受理。张某不服，遂向县人民法院提起诉讼，请求行政赔偿。

县人民法院受理此案后，在该案归于哪一类案件上发生了意见分歧。一种意见认为本案属于民事赔偿案件，王某和其他执法人员对张某的伤害行为属于个人行为，对他们个人的违法行为，市场监督局不应该承担赔偿责任；而另一种意见则认为该案属于行政赔偿案件，王某的行为属于执法行为，对行政机关行使职权的行为，行政机关应该负责，而不应该只由王某一人负赔偿责任。该县人民法院最后认定该案属于行政赔偿案件，判决市场监督局向张某赔偿医疗费1 500元、误工补贴费2 000元，同时驳回张某的精神赔偿请求。

【法律问题】

如何认定王某的行为？公务行为如何认定？

【参考结论】

王某的行为属于公务行为，县人民法院以行政赔偿程序审理此案也是正确的。

本案涉及的问题主要有三个：一是张某不在指定地点销售白菜的行为是否违法；二是王某对该行为是否有处罚权，以及王某的处罚行为是否合法；三是王某及其他管理人员对张某的伤害行为是属于个人行为，还是公务行为。

第一个和第二个问题都比较好解决，张某不在指定的地点销售，显然属于违法行为，该事实十分明确。同时，王某作为市场管理人员对该违法行为也具有处罚的权力。但是，有处罚权并不等于该处罚权可以任意行使，在该案中，我们可以看到王某的处罚行为明显违反了法定程序，正确的做法应该是，先进行说服教育，等张某拒不执行时再进行依法强制。第三个问题是该案的关键所在，也是在法庭审理中争议最多的地方。要辩明该案到底应该适用民事赔偿还是行政赔偿，关键在于辩明市场监督管理员王某的行为是属于个人行为，还是公务行为。公务员的公务行为是指国家公务员基于行政职务关系以行政主体的名义实施的行政行为，在这种情况下，该行为所产生的法律后果由公务员所属的行政主体承担，因此而引起的赔偿诉讼属于行政赔偿；而公务员的个人行为则是指与公务无关的个人行为，在这种情况下，法律后果由公务员自身承担，因此而引起的赔偿诉讼属于民事赔偿。区分公务行为和个人行为的关键是看该公务员和行政主体之间是否存在行政职务关系，该公务员是否在代表该行政主体行使行政职权，凡是国家公务员行使其所任职务上的职权而发生的行为都属于公务行为，而与职权无关的行为则属于个人行为。

以此标准观之，在该案中，王某的行为属于公务行为，县人民法院以行政赔偿程序审理此案也是正确的。因为：第一，王某属于市场监督管理人员，和市场监督局之间存在行政职务委托关系。第二，王某对张某的处罚行为显然是行使行政权力的行为，因为个人的行为显然不具有单方性和强制力。第三，张某是以市场监督局的名义进行的处罚，并且张某的秤杆和秤砣也是被没收到了市场监督局。第四，王某的行为发生在执勤过程当中，伤害和争执也是因为处罚行为而引起，并且是发生在办公场所。因而，王某的行为属于执行职务的公务行为，市场监督局应对此承担赔偿责任。

【要点集成】

《中华人民共和国国家赔偿法》（以下简称《国家赔偿法》）第二条、第三条第（三）项。

公务员的个人行为和公务行为在理论上比较容易区分，但在现实中有时非常难以分辨。一般而言，区分公务行为和个人行为，以下因素值得考虑：

（1）时间要素。公务员在上班和执行任务期间实施的行为，通常视为公务行为，而在下班和非执行任务期间实施的行为，则通常视为个人行为。

（2）名义要素。公务员的行为是以其所属的行政主体的名义作出的，通常视为公务行为；非以其所属的行政主体的名义作出的，通常视为个人行为。

（3）公益要素。公务员的公务行为涉及公共利益的，同公共事务有关的，通常视为公务行为；不涉及公共利益，与公共事务无关的，通常视为个人行为。

（4）职责要素。公务员的行为属于其职责范围的，通常视为公务行为；超出其职责范围的，通常视为个人行为。

（5）命令要素。公务员按照法律、法规规定或者行政首长的命令、指示以及委托实施的行为，通常视为公务行为；无命令和法律根据的行为，通常视为个人行为。

（6）公务标志要素。公务员佩带或出示能表明其身份的公务标志实施的行为，通常视为公务行为，反之则属于个人行为。

第四节　法律、法规、规章授权的组织

1. 法律、法规、规章授权组织的含义

法律、法规、规章授权的组织是指依照具体法律、法规和规章的授权而行使特定行政职能的非国家机关组织。首先，它是非国家机关组织，不具有国家机关的地位，在非行使法律、法规、规章授权时，它只是一般的民事主体。其次，它行使的是特定的行政职能而非一般行政职能，其范围通常是有限的。最后，它行使的职能为具体法律、法规和规章所授，而不是行政组织法所授予的，这种授权通常是有期限的。[1]

2. 法律、法规、规章授权组织的种类

法律、法规、规章授权组织的种类主要有以下几类：

（1）行政机构。具有行政主体资格的行政机构主要有两类：一类是内部机构；另一类是派出机构。

（2）企业单位。如中国银行属于国有企业，但它可以根据法律、法规的授权发行外币债券，当中国银行经授权从事上述活动时，它便成为行政主体。

（3）事业单位。如各类普通高等学校，根据法律、法规的授权颁发学位证书和毕业证书行为时，即成为行政主体。

（4）社会组织、社会团体。如工会、妇联、律师协会等。在有授权情况下，可以行使相应法律、法规所授之行政权力，管理相应的行政事务。

（5）基层群众性自治组织。我国的村民委员会、居民委员会不是国家行政机关，而是基层群众性自治组织，但它们可以根据法律、法规的授权，办理一些行政事务。

此外，一些决定的技术检验、鉴定机构，一些群众性治安保卫组织以及某些私人组织也可根据相应法律、法规、规章授权而成为特定的行政主体。

3. 法律、法规、规章授权组织的法律地位

法律、法规、规章授权组织的法律地位主要体现在以下三个方面：

第一，法律、法规、规章授权组织在行使法律、法规所授职权时，享有与行政机关相同的行政主体地位。

第二，法律、法规、规章授权组织以自己的名义行使法律、法规所授职权，并就行使所授职权的行为对外承担相应的法律责任。

第三，法律、法规、规章授权组织在执行其本身的非行政职能时，不享有行政权，也不具有行政主体的地位。

---

[1]　姜明安主编：《行政法与行政诉讼法》，北京：北京大学出版社、高等教育出版社 1999 年版。

法律、法规、规章授权组织在没有依法获得明确的行政授权以前，一般是不能够以自己的名义执法的。在获得行政授权以后，这些被授权组织因享有有关法律、法规所明确授予的行政职权，就能够以自己的名义实施行政行为，并独立承担法律责任，所以，获得行政授权的组织在行政法上具有独立的行政主体的法律地位。它既能够以行政复议被申请人的身份参加行政复议活动，又能够以行政诉讼被告的身份参加行政诉讼活动。

被授权组织的条件包括：首先，被授权组织应当是依法成立的；其次，被授权组织内部有熟悉有关法律、法规、规章和业务的工作人员，即有行使所授公共行政管理职权所需要的人员；再次，被授权组织还应有条件组织进行相应的技术检查或技术鉴定；最后，被授权组织还应当是从事公共管理职能的组织。

【案情介绍】

为庆祝某自治州建州 20 周年，某州政府所在地的市政府要求市政府办公室做好有关工作。为此，市政府办公室以自己的名义发布了有关市容卫生、文明礼貌和清理、整顿秩序的通告，要求全市各行各业各单位和全市市民切实遵守执行。

【法律问题】

该通告行为合法吗？为什么？

【参考结论】

该通告行为是不合法的。理由如下：

第一，该市政府办公室只是其所在市政府的内部机构或办事机构，不具有行政主体资格，没有以自己的名义对外实施行政行为的权利能力和行为能力，不能针对外部相对人实施行政行为。因此，以自己的名义发布的要求全市各行各业各单位和全体市民遵守执行通告的行为是主体不合法的行政行为。

第二，该通告行为是针对外部行政相对人的，并为其设定了义务，其合法主体应当是该市人民政府。当然，市政府可委托其办公室实施该行为，但该市政府办公室在实施该行为时应以市政府的名义而不是以自己的名义进行。该市政府办公室的通告行为，即使有市政府的委托，因未以市政府的名义进行，也是不合法的。作为内部机构的市政府办公室，如果有法律、法规的授权，也可以以自己的名义对外实施行政行为，但在本案没有这种法律、法规、规章授权。因此，从这一角度看，市政府办公室的通告行为也是不合法的。

行政机构是构成国家行政机关的内部各单位，是为行政机关行使行政权服务的，不能以自己的名义独立对外行使行政权。但是行政机构可以根据法律、法规的授权，成为行政主体。

第五节　受委托组织

一、行政授权和行政委托的区别

与行政授权密切联系的是行政委托，行政授权产生被授权组织，而行政委托则产生受委托的组织。在行政活动中，有时行政机关可能将某项行政管理事项委托某个社会团体、组织甚至个人行使，由此产生了行政委托。行政委托与行政授权有诸多相似之处，但两者在行政法上的地位截然不同，有必要加以说明。

所谓行政授权，是指法律、法规将某项或某方面行政职权的一部分或全部授予行政机关以外的组织，被授权组织以自己的名义行使行政管理职权，并由自己对外承担法律责任。所谓行政委托，是指行政机关在自己的职权范围内，将某一行政管理权委托给依法成立的管理公共事务的事业组织行使，被委托组织不能以自己的名义而只能以委托机关的名义行使受托职权，其委托行为产生的法律后果也由委托机关承担。

行政授权和行政委托的区别主要有：第一，行政授权必须有法律、法规的明文授权规定为依据。行政委托也必须依法进行。只要不违背法律精神和法律目的，即可实施委托。第二，行政授权必须符合法定的方式。行政委托的法定方式，都是行政主体在行政管理活动中，以较具体的委托决定来进行的，有关行政委托的事项范围、职权内容、委托时间、委托人和被委托人之间的关系等，都将在委托决定中予以明确。第三，行政授权的法律后果，使被授权的组织取得了所授予行政职权的主体资格，成为该项行政职权的法定行政主体。行政委托的对象可以是另一行政主体，也可以是其他社会组织，但均不会因此而发生职权及职责的转移，被委托组织也不能因此而取得行使被委托职权的行政主体资格。可见，行政授权和行政委托是两个不同的法律概念，特别是在其行使权力的法律根据、法定方式和法律效果方面有着根本性的区别。

二、受委托组织的法律地位

受委托组织的法律地位体现在：不具有行政法上的独立的主体资格和法律地位，它们不是行政主体。这主要基于以下两方面的原因：一方面，受委托组织的权力来源于行政机关的委托，而受委托的组织对于委托关系中所获得的权力是不能独立行使的；另一方面，受委托组织只能以委托的行政机关的名义行使职权，其行为的效果亦归属于委托的行政机关。因而，受委托组织不具有行政诉讼被告的主体资格，当其所作的行政行为引起诉讼时，被告应是委托的行政机关而非受委托的组织。

三、受委托组织的条件

关于受委托组织必须具备的条件或者说受委托组织应具备的资格，我国法律上没有统一规定而分散规定在单行的法律、法规中，如我国《行政处罚法》，依据《行政处罚法》

第十八条和第十九条的规定，行政机关依照法律、法规或者规章的规定，可以在其法定权限内委托符合本法第十九条规定条件的组织实施行政处罚。行政机关不得委托其他组织或者个人实施行政处罚。受委托组织必须符合以下条件：①它是依法成立的管理公共事务的事业组织；②具有熟悉有关法律、法规、规章和业务的工作人员；③对违法行为需要进行技术检查或者技术鉴定的，应当有条件组织进行相应的技术检查或者技术鉴定。

【案情介绍】

《扬子晚报》报道，"您好，这里是南京市城市管理行政执法局语音警告系统，您的手机（电话）因违反了南京市城市管理有关法规，现对您的手机（电话）实施违章警告，请您速往某某大队接受处理"。南京市城市管理行政执法局近日悄悄推出了一种俗称"呼死你"的语音警告系统，可以任意设定频率向街头"牛皮癣"上留下的手机和电话发出上述语音提示，直至该手机和电话关机或停机。

记者在南京市鼓楼区城市管理行政执法大队看到，只要一台电脑和一部电话相连，在电脑里输入对方电话号码，然后点击"开始"，就可以轮番拨打对方电话，拨打频率可以自行设计，一分钟一次或者数分钟一次都可以，对方只要接听手机或者电话，就会听到上述语音警告。据该大队大队长汪明法介绍，"牛皮癣"是久治难愈的城市管理顽症，严重影响城市市容市貌，城管部门过去采取了多种办法，包括请电信部门对"牛皮癣"上留下的手机和电话进行停机处理等，但因种种原因都难以奏效。

因此，城市管理行政执法部门又与南京一家高科技开发公司合作，共同开发研制了这种名叫"ICM–2003"的信息化城市管理系统。实施后效果非常好，半个月来仅鼓楼区城市管理行政执法大队就用此系统"骚扰"了600余部手机和电话，城管部门回访发现，其中不少手机和电话因不胜其烦已停机了，最起码是关机而不能再联系"业务"了。

据介绍，城管部门使用这种对付"牛皮癣"的新手段，已得到电信、无线电委员会等部门授权和同意。

【法律问题】

在"呼死你"系统案中，试分析城管部门使用这种对付"牛皮癣"新手段的权力。

【参考结论】

首先得明确电信部门和无线电委员会是什么性质的部门，电信部门是以经营电信业务的公司，在公司法上称为国有有限责任公司即企业，而无线电委员会是具有管理职责的行政职能部门，只有行政管理职能而无行政执法权的行政机关。既然一个是企业，一个是无行政执法权的行政机关，有无权利授权和同意城管部门使用行政干预方式来限制通信自由的权利呢？公民的通信自由不受任何非法的侵犯，任何企业及任何行政机关（排除国家安全机关、公安机关和检察机关等）都无权超越《宪法》的规定来授权和同意城管部门使用这种对付"牛皮癣"的新手段的权利。

"授权"的逻辑前提是有权而且这种权利依法可以委托其他合法主体行使。小广告主使用其电话是其行使《宪法》规定的通信自由权和依电信服务合同享有的合同权利的方式，是合法的权利，应受法律的保护。查处违法小广告应该是市场监督管理部门、城管部门等的职权。电信部门和无线电委员会的"授权和同意"是没有依据的。

第六节　行政相对人

一、行政相对人的含义和特征

行政相对人是指在行政管理法律关系中与行政主体相对应的另一方当事人，也即处于被管理地位上的、其权益受到行政主体的行政行为影响的个人或组织。行政相对人具有以下特征：

第一，行政相对人在行政管理关系中具有相对性，也即任何个人或组织只有在行政管理法律关系中，才具有行政相对人的地位。如果不是处于行政管理法律关系中，而是处于其他法律关系中，就不具有行政相对人的地位，不能成为行政相对人。另外，我们说某一组织是行政相对人，通常是指它在某一具体行政法律关系中为行政主体的相对方。

第二，行政相对人在行政管理法律关系中，也是行政法律关系主体。行政法学理论引进行政相对人概念的重要意义就在于，不再把被管理一方的公民或组织作为单纯的管理对象、管理客体，而是作为行政法律关系主体一方，从而具有行政法律关系主体地位。作为行政法律关系主体的一方的行政相对人在行政法律关系中既承担义务，又享有权利。如同行政主体在行政法律关系中，既享有权利，又承担义务一样。

第三，行政相对人在行政救济中具有主动性。从某种意义上讲，在行政管理法律关系中，行政相对人确有义务接受行政主体的管理，因而具有某种"被动性"。但在行政救济中，行政相对人则处于主动地位。行政相对人认为自己的合法权益受到行政主体的侵害，可以按照法律规定向行政复议机关提出复议申请，或向法院提起行政诉讼。

第四，行政相对人具有广泛性和法定性。国家行政管理的广泛性，决定了行政相对人的广泛性。可以说，任何个人或组织在一定条件下都可成为行政相对人。当然，个人或组织在成为何种管理关系中的相对人，享有哪些权利，承担哪些义务具有法定性。当行政相对人的合法权益受到行政主体的侵害时，可以依法提起行政复议或提起行政诉讼使自己依法享有的权利获得法律救济和保障，同样，当行政相对人违法或不履行法定义务时，将受到法律追究甚至受到相应的法律制裁。

二、行政相对人的分类

由于行政相对人具有广泛性，为了把握各类行政相对人的特征，有必要对各种不同的行政相对人加以区分。对行政相对人可以从不同角度作不同的分类。

1. 内部行政相对人与外部行政相对人

这是根据行政相对人所对应的行政主体的类型来划分的。与内部行政主体相对应的是内部行政相对人，与外部行政主体相对应的是外部行政相对人。

划分内部行政相对人与外部行政相对人的意义在于，这两种行政相对人构成不同行政行为的对象，同时他们享有的行政法权利和应承担的行政法义务不尽相同。如依我国现行法律规定，内部行政相对人不能成为行政诉讼的原告。

2. 个人类行政相对人与组织类行政相对人

这是根据行政相对人的状态来划分的。我国公民、在中国境内的外国人（包括无国籍人）属于个人类行政相对人；国家机关、企业单位、事业单位、社会团体、在中国境内的外国组织、其他非法人组织等属于组织类行政相对人。后者还可以进一步分为法人类行政相对人和非法人类行政相对人。

划分个人类行政相对人与组织类行政相对人的意义在于，在一定条件下，不同类型的行政相对人对行政主体的行政行为具有对应关系，如限制人身自由的行政行为只能针对个人，而不能针对组织。

3. 国内行政相对人与国外行政相对人

这是根据行政相对人的涉外因素来划分的。国内行政相对人是指中国的各种组织和公民，国外行政相对人是指在中国境内的外国组织和外国人。

划分国内行政相对人与国外行政相对人的意义在于，从总体上讲，所有行政相对人，包括国内的、国外的行政相对人都平等地受我国行政法律规范的制约，但在个别情况下，有的行政行为针对国内行政相对人，而有的行政行为针对国外行政相对人，如驱逐出境只适用于外国行政相对人。在某些情形下，外国行政相对人的行为还受到特殊约束，如根据《行政诉讼法》第九十九条规定，外国法院对中华人民共和国公民、组织的行政诉讼权利加以限制的，人民法院对该国公民、组织的行政诉讼权利，实行对等原则。第一百条规定，外国人、无国籍人、外国组织在中华人民共和国进行行政诉讼，委托律师代理诉讼的，应当委托中华人民共和国律师机构的律师。

三、行政相对人的确认

1. 行政相对人确认的意义

行政相对人的确认具有如下重要的法律意义：

（1）能确定行政相对人作为行政法律关系主体的法律地位。行政相对人是指以自己的行为参加到行政法律关系中，与行政主体相对应的一方当事人，能享有行政法权利，并承担行政法义务。

（2）能区分内外行政法律关系。若为外部行政相对人，其与行政主体之间形成的法律关系即为外部行政法律关系；若为内部行政相对人，其与行政主体之间形成的法律关系即为内部行政法律关系。

（3）能确认行政复议的申请人、行政诉讼的原告、国家赔偿请求人。行政相对人若对行政行为不服，能以自己的名义申请行政复议，提起行政诉讼并获得国家赔偿。

2. 行政相对人的具体判定标准

行政相对人的具体判定标准主要是根据其是否受到行政行为影响，也就是说行政行为能否影响其权利、义务，若能影响其权利、义务，则为行政相对人，若不能影响其权利、义务，则其不能成为行政相对人。受行政行为能影响的人，称为有利害关系的人，能成为行政相对人，利害关系包括直接利害关系和间接利害关系。

四、行政相对人的范围

在我国，行政相对人的范围非常广泛，具体有以下几类：

1. 国家组织

国家组织包括国家行政组织与其他国家组织，它们在一定条件下可以成为行政相对人。

（1）国家行政组织。国家行政组织是行政机关和行政机构的总称，它是我国行政活动的主要承担者，因而也是我国行政主体的最基本部分。但它们在一定条件下也可能成为行政相对人，即当国家行政组织在某种行政法律关系中处于被管理者的地位时，它就成为行政相对人。

（2）其他国家组织。国家组织除了国家行政组织以外，还有国家权力机关、审判机关、检察机关、军事机关、监察机关等国家组织。各种国家组织都有自己特殊的职能，如国家权力机关主要行使国家立法权和监督权；人民法院行使国家审判权；人民检察院行使国家检察权；军事委员会行使军事指挥权；监察组织行使对公职人员的监督权。它们在行使自己的职权时，不受行政机关的领导和监督，也不可能成为行政相对人。但它们进行非职权性活动，而这些活动又属于行政主体的管辖范围时，则处于外部行政相对人地位。

2. 社会组织

（1）企业单位。企业单位是指直接从事工农业生产、交通运输和商品流通等活动，产生的价值可用货币表现，以盈利为目的，实行独立经济核算的经济组织。企业单位在民事法律关系中以民事主体一方的身份出现，在行政法律关系中则以行政相对人的身份出现。企业单位作为行政相对人的法律地位，是通过它与政府之间的法律关系体现出来的。

（2）事业单位。事业单位是指为国家创造和改善生产条件，促进社会福利，满足人民文化、卫生等需要，其经费实行预算拨款而设置的不以盈利为目的的组织。它在所从事活动的性质、目的以及经费来源上区别于企业单位。事业单位作为行政相对人的法律地位，是通过它们与政府之间的法律关系体现出来的，这种关系也是由宪法和有关法律规范确定或确认的。

（3）社会团体

社会团体是指社会成员本着自愿的原则，为了一定的目的依团体章程而依法组成的集合体。它主要包括人民团体、社会公益团体、文艺工作团体、学术团体、宗教团体等，社会团体的活动主要是按照自己的章程依法进行。政府对社会团体一般没有直接的领导关系，但对社会团体的成立有权进行审批，对社会团体活动有权进行监督，对社会团体之间的纠纷有权进行调解和处理，对社会团体的合法权益和活动负有保护职责。社会团体的行政相对人法律地位也是通过它与政府之间的法律关系体现出来的。

3. 中华人民共和国公民

根据《宪法》第三十三条第一款的规定，中华人民共和国公民是指具有中华人民共和国国籍的人。公民在行政法律关系中一般以行政相对人身份出现。

4. 外国组织和外国人

外国组织和外国人可以成为我国行政法律关系中的行政相对人。

（1）外国组织。外国组织包括外国政治组织、经济组织和文化组织等。外国组织成为我国的行政相对人通常以其在我国境内为前提条件，因为我国的主权原则决定了所有在我国境内的外国组织，都必须遵守我国的宪法和法律，服从我国政府的管理和监督，因此，理所当然成为我国的行政相对人。同时，我国政府也有责任保护所有外国组织在我国境内的一切合法活动和合法权益。

（2）外国人。外国人包括外国公民和无国籍人，与外国组织成为我国行政相对人的前提条件一样，外国人成为我国的行政相对人也通常以其在中国境内为前提条件。我国《宪法》第三十二条第一款明确规定："中华人民共和国保护在中国境内的外国人的合法权利和利益，在中国境内的外国人必须遵守中华人民共和国的法律。"2012 年公布的《中华人民共和国出境入境管理法》（以下简称《出境入境管理法》）对外国人在中国的行政法地位作了具体规定和阐述。第三条规定，国家保护中国公民出境入境合法权益。在中国境内的外国人的合法权益受法律保护。在中国境内的外国人应当遵守中国法律，不得危害中国国家安全、损害社会公共利益、破坏社会公共秩序。

作为行政相对人的外国人，与作为行政相对人的我国公民相比，在享受具体的行政法权利和承担行政法义务方面是不完全相同的。这主要表现在：外国人不享有我国公民所享有的所有权利，如担任公职的权利。外国人也无须承担我国公民必须承担的所有义务，如服兵役的义务。但外国人必须履行附加的特别义务，如外国人在中国境内旅游必须经过特别的法律程序。对外国人可以适用某些特别的行政处罚措施，如公安部门可以对违反《出境入境管理法》的外国人处以限期出境或驱逐出境的处罚等。

确立外国人在我国行政法上的行政相对人地位，其意义在于：一方面，意味着他们必须服从我国政府的管理，体现了我国的主权原则；另一方面，意味着我国政府对外国人在中国境内的合法活动和合法权益负有保护的职责，体现了对他们合法权益的保护。

五、行政相对人的法律地位

行政相对人的法律地位通过其在行政法律关系中的权利和义务体现出来。

1. 行政相对人的权利

行政相对人的权利是指由行政法律规范规定的，在具体的行政法律关系中能为一定行为和要求行政主体履行一定义务的权利，这种权利是宪法赋予当事人的基本权利在行政法律关系中的具体表现。在具体的行政法律关系中，行政相对人的权利同时表现为行政主体的义务。因此，行政相对人的权利和行政主体的义务是相辅相成的。

根据我国有关行政法律规范以及行政法的发展趋势，行政相对人享有下列行政法的权利：

（1）行政参与权，行政相对人有权依法参与国家行政管理，并有权依法参与相应的行政程序活动。

（2）行政知情权，行政相对人有权依法了解相关的行政信息，除非法律、法规有特别的规定。

（3）行政申请权，行政相对人有权依法律规定提出申请许可，申请获奖等权利。

（4）行政受益权，行政相对人有权依法从行政主体处获得某种应得的利益的权利。

（5）行政保护权，行政相对人有权依法要求相应行政主体在其职责范围内保护自己的合法权益的权利。

（6）行政监督权，行政相对人有权依法对国家行政机关及其工作人员的违法失职行为提出建议、批评、控告、揭发的权利。

（7）行政救济权，行政相对人认为行政机关及其工作人员的行政行为侵犯了其合法权益，有权依法申请行政复议、提起行政诉讼，并有权依据《国家赔偿法》申请行政赔偿的权利。即使行政主体的行政行为合法，但使行政相对人的合法权益受到损失，行政相对人也有权依法获得相应补偿。

2. 行政相对人的义务

行政相对人作为行政法律关系主体一方既享有一定的权利，同时必须承担一定的义务。行政相对人在行政法上应承担的义务具体表现为：

（1）遵守行政法律规范的义务。行政法律规范是形成行政法律关系的前提，行政相对方的义务由行政法律规范进行规定。只有行政相对方自觉遵守行政法律规范，才能保持正常的行政秩序。

（2）接受和服从行政管理的义务。行政相对人对行政主体的行政行为必须服从，即使认为行政主体的行政行为不合法或不合理，在行政行为经过法定程序变更或撤销之前，行政相对人不得拒绝执行。行政相对人接受管理还包括依法接受行政机关行政处罚、人民法院行政裁判以及执行有关行政决定等。

（3）协助行政管理的义务。行政协助从某种意义上来讲，是行政相对人的权利。但从行政主体对行政事务管理角度讲，行政协助应该是行政相对人的义务，即行政相对人对行政主体依法实施的行政行为有义务支持并加以配合。

3. 行政相对人法律地位的未来发展

就历史发展进程而言，行政权早于行政相对人权利；历史上曾经存在过凌驾于社会之上支配整个社会的行政权力，这种权力往往不受法律约束，不依程序统治社会，因此"公民"概念是在一定历史条件下产生的。行政相对人具有权利，并具有行政法律关系主体资格，是同现代行政法的产生相联系的。现代行政法的发展趋势是逐步提高行政相对人的法律地位，并使他们的权利得到充分的法律保障。在法制健全的国家，凡是法律、法规所不禁止的行为，行政相对人应有权去做，不受行政权的限制、取消与制裁。相反，行政权的运行则受严格限制，凡是法律、法规未明文规定的，都不得去做，否则将构成违法、越权。而且，行政权在对待行政相对人的权利方面还应注意平等性、公正性，即行政机关应平等关怀和公正对待所有社会成员。

总之，行政权与行政相对人的关系实质上是国家权力与公民权利之间的关系，现代行政法，包括行政组织法应着眼于增强保障行政相对人权利的力度，重视设定和保障行政相对人权利，提升行政相对人的法律地位，从而促进我国行政法治化、民主化的实现。

【案情介绍】

甲市人民政府在召集有关职能部门、城市公共交通运营公司（以下简称城市公交公司）召开协调会后，下发了甲市人民政府《会议纪要》，明确：城市公交公司的运营范围，界定在经批准的城市规划区内；城市公交公司在城市规划区内开通的线路要保证正常运营，免缴交通规费，在规划区范围内，原由交通部门负责的对城市公交公司违法运营的查处，交由建设部门负责。《会议纪要》下发后，甲市城区交通局按照《会议纪要》的要求，中止了对城市公交公司违法运营的查处。

田某、孙某和王某是经交通部门批准的三家运输经营户，他们运营的线路与《会议纪要》规定免缴交通规费的城市公交公司的两条运营线路重叠，但依《会议纪要》，不能享受免缴交通规费的优惠。三人不服，向法院提起诉讼，要求撤销《会议纪要》中关于城市公交公司免缴交通规费的规定，并请求确认市政府《会议纪要》关于中止城区交通局对城市公交公司违法运营查处的相关内容违法。

【法律问题】

（1）甲市人民政府《会议纪要》所作出的城市公交公司免缴交通规费的内容是否属于行政诉讼受案范围？为什么？

（2）田某、孙某和王某三人是否具有原告资格？为什么？

（3）田某、孙某和王某三人提出的确认甲市人民政府中止城区交通局对城市公交公司违法运营查处的相关内容违法的请求，是否属于人民法院的审理范围？为什么？

【参考结论】

（1）该《会议纪要》属于行政诉讼受案范围。本案中《会议纪要》作出的规定不属于行政指导行为，也不属于抽象行政行为。

根据《行政诉讼法》第二条规定，行政诉讼受案范围是行政行为。第十三条规定，法院不受理针对行政法规、规章或者行政机关制定、发布的具有普遍约束力的决定、命令即抽象行政行为提起的行政诉讼。所以法院的受案范围仍然限于具体行政行为，虽然能够提起对规范性文件的附带审查，但是这种请求必须以对具体行政行为的起诉为前提。具体行政行为，是指具有国家行政职权的机关和组织及其工作人员在实施行政管理活动、行使行政职权中就特定事项对特定的公民、法人和其他组织的权利义务作出的行政行为。

会议纪要用于记载与传达会议情况和议定事项。会议纪要所记载、传达的会议情况和议定事项，是与会者及其组织领导者的共同意志的体现，是会议成果的结晶，集中反映了会议的精神实质。会议纪要并非标准的法律文书，其是否具有法律上的执行力，还是仅具有指导性，应当具体认定。在本案，《会议纪要》是甲市人民政府下发的，接收该《会议纪要》的单位均为市政府管辖下的部门或公司，它们当然得贯彻执行。据此，该《会议纪要》具有强制执行力。

甲市人民政府《会议纪要》所作出的城市公交公司免缴交通规费的内容，针对的对象是特定的，而且只能一次适用，不属于抽象行政行为，构成具体行政行为。

（2）田某、孙某和王某三人具有原告资格。甲市人民政府的决定直接影响到了田某、孙某和王某三人的公平竞争权。具体行政行为涉及公民、法人或者其他组织公平竞争权的，可以提起行政诉讼。

根据《行政诉讼法》第十二条第一款第八项规定，公民、法人或者其他组织认为行政机关滥用行政权力排除或者限制竞争的，可以提起行政诉讼。竞争关系的存在是公平竞争权存在的基础。在理论上，狭义的竞争关系，是指商品或服务之间具有替代关系（相同或者近似的商品或服务）的经营者之间的相互争夺交易机会的关系。

本案中，田某、孙某和王某三人运营的线路与《会议纪要》规定免缴交通规费的城市公交公司的两条运营线路重叠，这意味着田某、孙某和王某三人与城市公交公司存在狭义竞争关系。市政府《会议纪要》授予城市公交公司免缴交通规费的优惠，使得城市公交公司处于竞争的优势地位，而"公平"要求行政机关行使行政权力遵循合理性的原则，实施行政行为时平等地对待同等条件的竞争者，权衡和比较不同的利益。综上，甲市人民政府《会议纪要》影响到了田某、孙某和王某三人的公平竞争权，田某、孙某和王某三人为该行政行为的行政相对人，具有原告资格。

（3）田某、孙某和王某三人提出的确认甲市人民政府中止城区交通局对城市公交公司违法运营查处的相关内容违法的请求不属于人民法院的审理范围。该请求涉及甲市人民政府对建设局和交通局的职能调整，属于政府对行政机关之间的职权分配，不属于司法审查的范围。

根据《最高人民法院关于适用〈中华人民共和国行政诉讼法〉的解释》第一条第二款第五项，内部行政行为不属于行政诉讼受案范围。所谓内部行政行为，是基于上级与下级、组织与个人之间领导与被领导关系或其他的隶属关系，在行政机关内部就内部事务进行的管理活动，比如，行政机关就机构建制、工作程序、规章制度、后勤事务进行的管理及对公务员进行的奖惩、任免活动均属于内部行政行为。《会议纪要》关于对城市公交公司违法运营查处权的转移的规定属于内部行政行为，不属于人民法院受案范围。

第二编　行政行为与行政程序

第四章　行政行为

【课前引例】

重庆"最牛钉子户"案

重庆"钉子户"事件真正进入公众视野始于 2007 年 3 月初网上各大论坛流行的"史上最牛的钉子户"的帖子。此后，通过记者的调查报道，"钉子户"事件的全貌得以展现在人们面前。

事件所涉房屋地址为重庆杨家坪鹤兴路 17 号。杨家坪鹤兴路片区地处九龙坡区商业核心地段，紧邻杨家坪步行商业区和轻轨杨家坪站，有住宅 204 户、非住宅 77 户。住宅户全部为非成套住宅，无厨房无厕所，无天然气和下排系统，其中有 159 户面积不足 35 平方米，最小的不足 8 平方米。该片区 80% 的房屋系二十世纪四五十年代前修建，多数为穿透夹墙等简易结构建筑，年久失修，危旧破烂。经专业技术部门鉴定，72% 的建筑系危房，并多次发生火灾和垮塌事故，近十年来被市、区两级列为消防安全、房屋安全重点监控及整改片区，安全隐患极为严重。同时，该地段是连接步行商业区内外的重要通道，人、车流量较大，在未实施拆迁以前，人行道路狭窄且破损严重，最窄处不足 1 米，导致交通拥堵，广大群众急切盼望对该片区实施改造。市、区人大代表和政协委员也多次呼吁政府加大力度，为消除该片区安全隐患、确保人民群众的人身和财产安全、提升杨家坪中心区域城市形象，而早日对鹤兴路进行彻底改造。

按照杨家坪步行商业区城市建设总体规划，2004 年重庆智润置业有限公司与重庆南隆房地产开发有限公司以联建的方式启动了对该片区的改造，开发建设"正升百老汇广场"项目。该项目原批准用地面积为 2.35 万余平方米，其中实施杨家坪环道、大件路、轻轨、公交换乘站等市政设施建设用地约 1 万平方米，办公、商用、住宅综合建设用地为 1.3 万余平方米。该项目建成后，对提升城市形象、完善城市功能、繁荣杨家坪商业圈具有十分重要的意义。2004 年 8 月 31 日，开发商取得拆迁许可证，启动拆迁。此后经过开发商和被拆迁户协商，至 2006 年 8 月，该片区 281 户中有 280 户接受了安置补偿方案，同意拆迁。但 17 号房屋业主杨武与开发商虽经多次协商，仍未能达成一致意见。2007 年 1 月 11 日，开发商向重庆市九龙坡区房管局（以下简称房管局）申请行政裁决。当日，房管局即裁决被拆迁方在 15 日内自行搬迁并将房屋交由开发方拆除。

但杨武并没有按该裁决书履行义务，房管局遂于 2007 年 2 月 1 日向九龙坡区人民法院提交了《先予强制执行申请书》，申请法院强制拆迁。法院受理该申请，于 3 月 19 日举行听证会后作出《重庆市九龙坡区人民法院非诉行政执行裁定书》，裁定杨武在 2007 年 3 月 22 日前履行房管局裁决书第三项所确定的义务，即自行搬迁并将房屋交付拆迁人拆迁，逾期不履行法院将依法强制执行。但杨武并没有履行该裁定，经法院多次组织协商仍未与开发商达成协议。3月30日，法院发出执行公告：责令被执行人杨武在4月10日前自行搬迁，若到期仍不履行，法院将择期依法实施强制拆除。

4月2日下午，在九龙坡区委负责人进行相应工作的前提下，开发商和被拆迁人杨武的代理人吴苹在九龙坡法院的主持下，最终达成异地产权调换安置的和解协议：杨武位于鹤兴路片区17号的房屋按照评估价价值为247万余元，此外开发商还得补偿杨武房屋装修费10万元、搬家费2万元和屋内设备费2 222元，总计近260万元。由于开发商提供的位于沙坪坝区的异地安置房价值为306万余元，故杨武需补足46万余元的结构价差。同时，双方还就因断水断电断交通给杨武造成的营业损失达成了赔偿协议，杨武获得90万元赔偿。协议达成的当天下午，杨武从开发商专门制作的梯子走下"孤岛"，当天晚上10点36分，"孤岛"在机器的轰鸣声中颓然倒塌。至此，旷日持久的拆迁矛盾终于化解，备受关注的重庆"钉子户"事件以和解的方式成功解决。

【法律问题】

（1）本案所涉及的"拆迁"从行政法的角度来看，是一种什么性质的行政行为？是否属于行政征用行为？

（2）本案中涉及了哪些法律关系？各是什么性质的法律关系？

【参考结论】

对任何案件来说，我们只有把它的性质认识清楚，才能准确无误地适用法律。

城市房屋拆迁活动的法律属性是什么？是国家行为还是民事行为？为了公共利益的需要，由国家对私有房屋征收或对国有房屋征用，属国家行为；为了非公共利益，系房地产项目开发或以旧城改造或土地储备名义搞的房地产开发，均属民事行为。

城市房屋拆迁的法律属性应从其活动本身来分析。城市房屋拆迁活动分作几个阶段来进行，这几个阶段前后相接、相辅相成。第一阶段：在城市国有土地上划定规划区。第二阶段：房屋所在地的市、县人民政府下发建设项目批准文件、建设用地规划许可证、国有土地使用权批准文件。第三阶段：拆迁人向被拆迁房屋所在地的市、县人民政府拆迁管理部门申请领取房屋拆迁许可证。第四阶段：房屋拆迁管理部门发布房屋拆迁公告。第五阶段：拆迁人实施房屋拆迁。

在这里，我们要着重分析第五个阶段。拆迁人实施房屋拆迁活动的法律属性是什么？从拆迁人实施房屋拆迁的活动来看，我们又可以将其划分为几个步骤：第一步，拆迁人与被拆迁人订立拆迁补偿协议；第二步，拆迁人对被拆迁人给予补偿、进行安置；第三步，拆迁人实施房屋拆迁活动。在这三个步骤中，从表面来看，似乎都是拆迁人与被拆迁人之间的民事活动或拆迁人自己的民事活动，但我们深入地进行分析，真实情况是这样的吗？城市房屋拆迁的本质是征收，而征收只能是国家行为，除了国家之外，任何单位、组织和个人均不得为之。既然对公民私有房屋和集体土地所有权的征收是国家行为，协议就只能由国家与公民和集体经济组织签订，对公民财产和集体土地所有权征收的补偿、对被拆迁人的安置也只能由国家来承担。

从以上分析中我们可以得出结论：对房屋进行具体拆迁活动的第一、第二两个步骤只是徒具民事活动的外形，其实质仍是国家的公权行为。唯一纯属民事行为的就只有第三个阶段——对被征收的房屋进行拆迁，但就是该民事活动，法律的天平也是朝拆迁人倾斜的，并且在拆迁人背后站着的也是政府部门。拆迁补偿安置协议订立后，被拆迁人或者房屋承租人在搬迁期限内拒绝搬迁的，拆迁人可以申请人民法院申请强制执行。从对城市房屋拆迁几个阶段的分析，我们已经不难得出结论：城市房屋拆迁的法律属性是国家行为而不是民事行为。

第一节　行政行为概述

一、行政行为的概念与内涵

1. 行政行为的概念

行政行为这一概念来源于大陆法系国家。一般认为，德国行政法学鼻祖奥托·迈耶是这一概念的首创者之一。奥托·迈耶所倡导的行政行为是与民事行为相对应的概念，他认为，行政行为是指行政机关运用公共权力，对具体行政事务适用法律、作出决定的单方行为。① 这一概念后来最早由法国学者成功地植入了行政法学领域，第二次世界大战以后在行政法理论界得到普遍应用，并逐渐成为大陆法系行政法学所普遍接受和广泛使用的法学范畴。如今，行政行为这一概念不仅被大陆法系国家以及受大陆法系影响的国家广泛采用，也被英美法系国家作为学术概念使用。

在中国大陆，行政行为这一概念自 20 世纪 80 年代初正式使用②，现在亦被学界广泛采用和认同。行政行为在行政法学中居于核心地位，我国现有的行政法学理论基本上是围绕着行政行为建立其体系的。1989 年通过并于 1990 年 10 月 1 日正式施行的《行政诉讼法》首次以立法的形式采纳"具体行政行为"的概念，使"行政行为"一词不再仅仅是行政法学上的学术概念，而且成为制定法上的法律术语。

2. 行政行为的内涵

行政行为的内涵包括以下五大要素：

（1）主体要素。行政行为是行政主体的行为。需要强调的是，这种主体要素并不意味着该行为必定由行政机关或法律、法规授权组织亲自实施，而是要求归属性考虑。行政机关中的公务员、被授权组织中的公务人员以及受委托组织及其人员皆可以成为行政行为的实施主体。换言之，无论是由行政机关或被授权组织直接以自己的名义（名义主体）作出的，还是由行政机关通过受委托组织或者行政公务人员作出的，只要该行为归属于行政主体，则均不影响行政行为的构成。非行政主体的行为不能构成行政行为，或者表现为其他法律行为或者表现为"不存在的行政行为"。在行为的主体限定上，行政行为与民事行为具有明显的区别，行政行为的主体是有限的，而民事行为的主体则可以是任何有民事行为能力的组织或者个人。

---

① 翁岳生：《行政法与现代法治国家》，台北：三民书局 2015 年版。
② 王珉灿主编：《行政法概要》，北京：法律出版社 1983 年版。

（2）职权、职责要素或称权力要素。行政行为必须是行使行政权的行为，或者说基于行政权而作出的行为。这一行使行政权的行为，或者表现为行政职权行为本身，或者表现为基于一定的行政职权而作出的与之相关联的行为。非行使行政权行为则属于民事行为或者个人行为、组织的内部行为等，而不属于行政行为。

（3）法律要素。学界一般将行政行为理解为具有行政法律意义和产生行政法律效果的行为，有学者将这种行为所产生的行政法上的效果仅限于外部（即行政机关系统外部）效果或对外部的直接效果。[1] 行政行为的法律要素应包括以下两个方面：

①行政法律规范要素。学界多用"合法"或"依法"要件来限定行政行为，这实则是对合法行政行为的界定。行政行为是否合法，并不影响行政行为的构成，不能只认为合法的行政行为才是行政行为。无论是合法行政行为还是违法行政行为，都属于行政行为范围。

②法律效果要素。法律效果既可以指直接法律效果，也可以指间接法律效果，即行政主体所为的直接产生法律效果和间接产生法律效果的行为皆可属于行政行为。如行政处罚、行政许可等行为直接产生一定的权利与义务，当然属于行政行为。而另一类如通知、证明、鉴定、调查、检查等行为，对当事人的权利与义务并无直接影响，却是行政主体作出其他行政行为不可缺少的（如行政处罚决定前的检查、调查取证行为）过程，也应属于行政行为范畴。后一类行为尤其是证明、鉴定等行为，往往决定了相应行政处理的方向，因而同样具有法律意义或效果，它虽不直接产生法律效果，却间接影响当事人的权利与义务。当然，对于那些完全不发生法律效果的行为如天气预报，则不能归入行政行为范围。[2]

（4）目标要素。行政行为的目的在于实现国家行政管理的目标，其表现形式、内容和程序都必须符合国家行政管理的要求。

（5）意思表示要素。行政行为的含义还应当包括行政行为的意思表示要素。法律行为都是法律主体有意识的活动，行政行为作为一种活动、一种受法律调控的行为，也必须具有意思表示这一基本要素。意思表示是法律行为的基本构成要素，一项法律行为至少包含一项意思表示；行政行为能否成立以及能否产生一定的法律效果，皆取决于行政主体所作的意思表示。行政行为的意思表示包括行政主体的意志和客观外在的行为表现两个方面，两个方面的统一从而构成了行政行为。意思表示包括"意思"和"表示"两个方面，客观行为即"表示"，它本身就应属于意思的一个方面。因此，不能将客观行为视为独立于意思表示的一个要素。至于意思表示是否真实或欠缺，并不影响行政行为的构成。

基于以上分析，我们将行政行为定义为：行政主体代表国家行使行政职权所作出的能够直接或间接产生行政法上法律效果的行为。这里必须指出的是，行政行为既包括合法的行政行为，也包括违法的行政行为和无效的行政行为。对违法的行政行为，相对人有权依法对之申请行政复议、提起行政诉讼直至要求行政赔偿。

依据上述定义，行政行为可作如下理解：行政行为是法律行为而非事实行为，必须由法律调整；行政行为一般是单方行为非双方或多方行为，传统意义上的行政行为就是单方

---

① 张树义主编：《行政法学》，北京：中国政法大学出版社1995年版。

② 杨建顺：《关于行政行为理论与问题的研究》，《行政法学研究》1995年第3期。

行为；行政行为不等同于行政法上的行为，后者范围广泛，包含了前者；行政行为不等同于行政机关的行为，行政机关有不同法律身份，因而行为性质也有所不同，只有当行政机关行使行政职权时所作行为才是行政行为，显然后者范围比前者宽；行政行为是职务行为，即直接行使行政职权行为，而非个人行为或与职务相关事实行为；行政行为包括合法行政行为与违法行政行为。

二、行政行为的特征和内容

1. 行政行为的特征

（1）从主体上看，行政行为是由行政主体作出的。在实践中，它既可能表现为行政主体直接作出行政行为，也表现为行政主体通过其工作人员作出行政行为，但无论哪种情形，行政行为的法律效果均归属于行政主体。

（2）从性质上看，行政行为是一种职权行为，或者说是一种公务行为，它是行政权运用和行使的外在表现形式，所体现和执行的是国家的意志。

（3）从效果上看，行政行为是一种能够直接或间接引起行政法上法律效果的行为。所谓直接或间接引起法律效果，是指行政行为的作出，能够对行政相对人直接或间接产生法律上的影响，能够引起行政相对人权利和义务的产生、变更或消灭。一般来说，抽象行政行为的法律效果是间接的，具体行政行为的法律效果有些是直接的，如行政处罚；当然有些具体行政行为的法律效果也是间接的，如行政鉴定，它不对行政相对人的权利、义务直接产生影响，但它对影响行政相对人权利、义务的其他行政行为的作出具有决定作用，因而，它们同样是具有法律意义的行政行为。

2. 行政行为的内容

行政行为的内容是指行政行为在作用于行政相对人时所产生的影响，任何行政行为都具有一定的内容，行政行为的内容主要有：

（1）设定权利。设定权利是指行政机关依法赋予或确认行政相对人某种权利或利益。设定权利有两种形式：一种是依行政机关的职权设定，如行政机关依法赋予某群众组织在一定范围内维持社会治安的权利等；另一种是由行政相对人提出申请，经行政机关审批而授予的权利，如授予商标权、专利权等。

（2）设定义务。设定义务是指行政机关依法要求相对人为一定行为或不为一定行为，如税务机关要求行政相对方依法纳税，渔政行政主管部门要求行政相对人不得在禁渔区捕捞等。

（3）撤销权利。撤销权利是指行政机关依法撤销行政相对人某种既得的或已设定的权利、利益，如商标管理机关依法撤销商标专用权、专利管理机关依法撤销专利权等。

（4）免除义务。免除义务是指行政机关依法免除行政相对人负有的作为或不作为的义务。免除作为义务一般称为"免除"，如税务机关在特定情况下依法免除纳税人的全部或部分税款。免除不作为义务一般称为"许可"，如新闻管理机关在特定情况下允许记者在原先禁止摄影的场合或区域摄影等。

（5）赋予能力或资格。赋予能力是指行政机关依法赋予行政相对人某种权利能力或行为能力，如批准某社会团体的成立等。

（6）剥夺能力或资格。剥夺能力是指行政机关依法取消行政相对人原先由行政机关赋予的权利能力和行为能力，如法人设立许可的撤销、社会团体设立许可的撤销等。

（7）变更法律地位。变更法律地位是指行政机关依法对行政相对人原有的法律地位加以改变。这种情况主要有：对行政相对人原有法律地位因撤销一部分权利义务而缩小其范围；对行政相对人原有法律地位因设定新的权利义务而扩大其范围；前者如对行政相对人应纳税款的减少；后者如对某种团体委以一定的行政管理权等。

（8）确认行政相对人的法律地位或某一行为合法。这是指行政机关依法对行政相对人尚未得到国家认可的法律地位或行为的合法性予以确认的行为，如证明公民的婚姻状况、公司的注册等。

以上是行政行为的主要内容。除此之外，行政行为还有其他内容，如赋予特定物以某种特定的法律性质等。总之，行政管理的广泛性决定了行政行为的内容也是纷繁丰富的，而且一个行政行为可能会涉及多项内容，产生多种法律效果，但行政行为各项内容并不是相互排斥的。

3. 行政行为与相邻行为的区别

（1）行政行为与民事行为。民事行为是指能够引起民事法律关系产生、变更或消灭的行为，是私法行为；而行政行为是指行政主体行使行政职权的行为，是公务行为。两者在理论上的界限是清楚的，但在实践中，特别是在有些政企不分或政企合一的场合，行政机关所实施的行为的性质有时难以准确认定。

（2）行政行为与行政机关的行为。由于人们常把行政机关视作行政主体，因而，也常把行政机关的行为视作行政行为，这是一种误解。由于行政机关具有多种不同的法律身份，因而，其行为的性质亦各不相同：当它以民事主体的身份出现时，其行为的性质为民事行为；当它以司法主体如公安机关以刑事侦查机关身份出现时，其行为的性质为司法行为；当它在一定场合以行政相对人的身份出现时，其行为的性质为行政法上行政相对人的行为。

（3）行政行为与行政法上的行为。行政法上的行为简称行政法行为，是指行政法规范和调整的行为，它既包括行政主体的行政行为，也包括行政相对人的行为，如申请许可证和执照的行为，纳税、交纳罚款的行为等是行政相对人的行为。因此，行政行为仅是行政法行为的一部分而不是全部。

（4）行政行为、职务行为、职务相关行为及职务中的行为。行政行为是指职务行为，是行政主体及其工作人员直接执行职务的行为；职务相关行为是指虽不是职务行为，但这种行为的发生与职务行为有关联，如非法拘禁、违法使用警械等行为；而职务中的行为是指行政主体的工作人员发生在执行职务中的各种行为，它可能是职务行为，也可能是职务相关行为，还可能是与执行职务无关的个人行为，区分它们之间的界限在国家赔偿法上具有重要意义。

三、行政行为的分类

行政行为依据不同标准可以进行不同的分类，主要有以下几类：

1. 行政立法行为、行政执法行为与行政司法行为

这是以行政行为的性质为标准所做的分类。

行政立法行为是指行政主体制定、发布普遍性行为规则的行为，是抽象行政行为的一部分。行政执法行为是指行政主体将法律法规的一般规定适用于具体的行政相对人，并与行政相对人发生行政法律关系的行为。行政司法行为是指行政主体以第三人的身份受理和裁决发生在特定双方当事人之间的争议纠纷的行为。

2. 抽象行政行为与具体行政行为

这是以行政行为的对象及行政行为的方式、方法为标准所做的划分。

抽象行政行为是指行政主体针对不特定的多数人实施的具有普遍约束力的一种行政行为。具体行政行为是指行政主体针对特定的人与特定的事实施的一种行政行为。抽象行政行为通常被反复适用，而具体行政行为只能适用一次，不能被反复适用。

3. 内部行政行为与外部行政行为

这是以行政行为作用的对象为标准所做的划分。

内部行政行为是指行政主体对其内部事务实施管理所作的行政行为。《行政诉讼法》明确为行政机关对其工作人员的奖、惩、任、免行为，体现了行政机关的自我管理，内部行政行为不能直接对外部行政相对人产生法律效力。外部行政行为，又称公共行政行为，是指行政主体对行政主体之外的被管理的公民、法人及其他组织所作出的行政行为。

内部行政行为与外部行政行为的区别：

第一，行为对象不同。内部行政行为针对行政机关系统内部上下级之间、行政机关与公务员之间的关系而作出一种行政行为；外部行政行为则正好相反，是由行政机关对没有行政隶属关系、行政职务关系的法人或其他组织或公民个人作出一种行政行为。

第二，救济途径不同。内部行政行为只能通过内部行政程序进行申诉而获得救济；外部行政行为除了可以申诉进行救济外，还能通过行政复议、行政诉讼、国家赔偿来寻求救济。

划分内部行政行为与外部行政行为的意义在于明确它们不同的救济途径。在行政法上，内部行政行为主要由行政组织法规范和调整，外部行政行为主要由行政行为法规范和调整；在行政诉讼中，只有外部行政行为才能成为司法审查的对象，内部行政行为引起的争议，我国目前尚不能诉诸司法解决。

【案情介绍】

申请人：胡某

被申请人：某县公安局

胡某是公安局的民警，王某是胡某的朋友。王某因与邻居郑某存在矛盾，便请胡某去教训一下郑某。胡某到郑某家之后发现只有郑某一人在家，便开始以公安民警的身份进行盘问，提出一些令郑某十分难堪的问题，从而引起郑某的反感。当郑某索要胡某的民警证件时，胡某不予理睬。郑某要求胡某立即离开，并准备拨打报警电话。胡某上前抓住郑某就打，直打得郑某连声求饶为止。当天夜里，县公安局接到了郑某的报案，连夜派人到郑某家调查了案件情况。经鉴定，郑某已构成轻微伤。很快，县公安局对胡某作出了处理：

行政拘留 10 日，同时给予降级处分。胡某不服，向该县人民政府申请行政复议。

胡某提出行政复议申请之后，县人民政府经过依法审查，受理了胡某就县公安局对其作出的行政拘留 10 日的处罚决定所提出的复议申请，而没有受理胡某就县公安局对其作出的行政降级处分所提出的行政复议申请。[①]

【法律问题】

县人民政府的做法是否正确？

【参考结论】

县人民政府的做法正确。因为行政拘留 10 日属于行政处罚，而降级则属于行政处分，两者在性质上具有根本的不同。

一方面，《中华人民共和国行政复议法》（以下简称《行政复议法》）第六条第（一）项明确规定，对行政机关作出的警告、罚款、没收违法所得、没收非法财物、责令停产停业、暂扣或者吊销许可证、暂扣或者吊销执照、行政拘留等行政处罚决定不服的，可以提起行政复议。因而，该县公安局对胡某作出的行政拘留 10 日的决定是外部行政行为，属于行政复议的范围，该县人民政府应该依法受理，做法是正确的。

另一方面，《行政复议法》第八条第一款规定，不服行政机关作出的行政处分或者其他人事处理决定的，依照有关法律、行政法规的规定提出申诉，从而将行政处分排除在了行政复议的范围之外。按照《公务员法》的规定，降级属于行政处分。该县人民政府不受理胡某就行政处分所提出的复议申请也是正确的，因为该县公安局对胡某降级处分是内部行政行为，不是我国《行政复议法》规定的行政复议的范围。

【要点集成】

《行政复议法》第六条第（一）项、第八条。

本案在理论上涉及行政处罚和行政处分的区别与联系。行政处罚，是指行政机关或其他行政主体依法对违反行政法规或法律，但尚未构成犯罪的行政管理相对人实施的制裁。而行政处分则是国家行政机关根据行政管理法律规范对隶属于它的国家工作人员所给予的一种行政制裁行为。

行政处罚和行政处分都属于行政法律制裁的范畴，都是由行政主体作出的一种单方面的行政行为，但是，二者也存在着明显的区别：

第一，两者的性质不同。行政处罚是一种外部行政法律制裁行为；行政处分是一种内部行政法律制裁行为。

第二，两者的实施主体不同。行政处罚是按行政管辖关系由国家行政机关及法定授权组织实施，只有法律明确授权的行政机关才享有此权；行政处分则是按行政隶属关系由国家行政机关实施，一般的行政机关都享有对其所属公务人员作出行政处分的权力。

第三，两者针对的对象不同。行政处罚是针对行政相对人而言的，其对象是一切违反行政法律规范的公民、法人或其他组织；而行政处分则是针对行政机关内部公务人员而言的，其行政处分对象仅限于有轻微违法失职行为或违反内部纪律行为的国家机关内部工作

---

① 蒋新苗、吕岩峰主编：《行政法学案例分析解题指南》，长沙：湖南人民出版社 2001 年版。

人员等。

第四，两者的法律救济不同。行政处罚法给予行政相对人两种法律救济手段：行政复议和行政诉讼。而行政处分的行政相对人只能依据法定隶属关系向内部行政机关提出申诉。在该案中，胡某的两个申请之所以一个得到受理，而另一个没有得到受理就是因为这一点。行政处罚和行政处分除了这些差别之外，还存在着法律依据、处罚形式和轻重程度等许多不同，因而两者不能混淆。

根据《行政复议法》第八条的规定，行政处分和其他人事处理决定不属于行政复议的受案范围。同时，《行政诉讼法》第十二条也把行政机关对其工作人员的奖惩、任免等决定排除在了行政诉讼的受案范围之外。那么，当行政机关的工作人员受到行政处分时该如何寻求救济呢？对此，《公务员法》作出了明确规定：公务员对涉及本人的人事处理不服的，可以自知道该人事处理之日起三十日内向原处理机关申请复核；对复核结果不服的，可以自接到复核决定之日起十五日内，按照规定向同级公务员主管部门或者作出该人事处理的机关的上一级机关提出申诉；也可以不经复核，自知道该人事处理之日起三十日内直接提出申诉。公务员申诉的受理机关审查认定人事处理有错误的，原处理机关应当及时予以纠正。公务员认为行政机关及其领导人员侵犯其合法权益的，可以依法向上级行政机关提出控告。行政机关因错误的人事处理对公务员造成名誉损害的，应当赔礼道歉、恢复名誉、消除影响；造成经济损失的，应当依法给予赔偿。

4. 羁束行政行为与自由裁量行政行为

这是以行政行为受法律、法规拘束的程度为标准所做的划分。

羁束行政行为是指法律、法规在适用条件、内容、方式、程序方面都有明确、具体、详细规定，行政主体依照法律法规的羁束规定所作出的行政行为，这种行政行为的特点在于行政主体在作出行政行为时不能掺杂自己的主观意志。

自由裁量的行政行为是指法律、法规在内容、方式、程序或适用条件方面规定了一定的范围或幅度，行政主体可以在法定的范围或幅度内根据行政管理的实际情况，通过自己的主观判断而作出的行政行为。

羁束行政行为与自由裁量行政行为分类的理论意义在于：它是区分行政行为合法性与合理性的重要标准。因为自由裁量的行政行为在法定范围或幅度内都是合法的行为，如有失公允，那仅仅是行政行为的失当而不是违法，即为该行政行为具有合法性，但不具有合理性。自由裁量的行政行为只有当其越出了法定的范围或幅度时才是违法的行政行为。

羁束行政行为与自由裁量行政行为分类的实践意义在于：自由裁量行为不具有行政诉讼的可诉性。在行政诉讼中，人民法院只能审查行政行为的合法性，而不能审查行政行为的合理性，但其例外情形是：当行政处罚行为显失公正时，人民法院可以审查并可予以变更。

5. 终局行政行为与非终局行政行为

终局行政行为是指行政主体所作的行政行为，依照法律的规定当事人不能请求法律救济，即不能申请行政复议，不能提起行政诉讼的行政行为，该行政行为是终局的；非终局行政行为是指行政主体所作的行政行为，当事人不服，可以通过申诉、申请行政复议或提起行政诉讼获得救济。

划分终局行政行为与非终局行政行为的意义在于法律明确规定的终局行政行为不具有可救济性。

6. 依职权行政行为与依申请行政行为

这是以行政主体是否可以主动作出一定行政行为为标准所做的划分。

依职权的行政行为是指行政主体依法律、法规所规定，无须行政相对人申请而主动作出的行政行为，如税收征收、行政处罚；依申请的行政行为是指行政主体根据行政相对人申请所作出的行政行为，这类行政行为如没有行政相对人申请，行政主体不能主动为之，如行政许可。

依职权行政行为与依申请行政行为的划分对判断行政主体的不作为及延迟作为具有重要作用。

除上述基本分类以外，行政行为还可依实施行政行为的权力的来源不同分为依职权的行政行为、依授权的行政行为和依委托的行政行为；依行政行为所涉及的行政相对人的权利义务的不同分为实体行政行为和程序行政行为；依行政行为是否须具备一定的程序和方式分为要式行政行为与不要式行政行为等。

对于行政行为分类的科学程度反映了行政法学研究的成熟程度。

四、行政行为的构成要件

1. 行政行为的一般构成要件

行政行为的一般构成要件就是指一切行政行为必须具备的主客观要素。行政行为的一般构成要件主要包括以下四项：

（1）存在行政主体，即行政行为须为行政主体所为的一种行为。

（2）存在行政相对人，即行政行为必须是行政主体对公民、法人和其他组织等行政相对人作出的一种行为。

（3）为了行政目的，即行政主体针对行政相对人所实施的行政行为必须是为了公共利益的维护，行使了行政权力，具有行政管理的目的。

（4）存在明确的意思表示，即行政主体通过各种外在形式能表现该行政行为为其意思表示，如在行政行为载体的法律文书中签章等。

以上为行政行为的一般构成要件，只有同时具备这四个要件，行政行为才告成立，否则，行政行为都不能成立，这种情形称为"行政行为的不存在"。

2. 特定行政行为的构成要件

除了行政行为的一般构成要件外，不同的行政行为也必须具有其特别要求的构成要件，下面主要介绍抽象行政行为与具体行政行为的构成要件。

（1）抽象行政行为的构成要件。

抽象行政行为除了必须具备行政行为的一般构成要件外，还应具备以下要件：

①经有权机关讨论决定。《国务院组织法》第四条规定，国务院工作中的重大问题，必须经国务院常务会议或国务院全体会议讨论决定。《地方各级人民代表大会和地方各级人民政府组织法》第六十条规定，享有规章制定权的地方人民政府制定规章，"须经各该级政府常务会议或者全体会议讨论决定"。当然，这里主要指国务院制定行政法规的行为

和享有规章制定权的地方人民政府制定规章的行为是行政立法行为。因为行政立法具有立法性，为了保证行政立法的民主性、科学性，所以法律规定行政立法必须经相应会议讨论决定。但必须注意的是，由于行政立法具有行政性，为了贯彻行政首长负责制原则，行政立法在经相应会议讨论决定后，须由行政首长决定是否签署发布。

至于行政立法以外的抽象行政行为，不一定以相应行政机关正式会议讨论决定为必要条件。有些非立法性抽象行政行为，如行政主体制定其他行政管理规范性文件的行为要经正式会议讨论决定，如政府常务会议；有些非立法性抽象行政行为由相应行政机关的非正式会议讨论决定，如办公会议；还有的非立法性抽象行政行为，不必经相应机关的任何会议讨论决定而直接由行政首长签署。

②经行政首长签署。行政首长签署是所有抽象行政行为成立的必备要件，行政立法行为与非立法性抽象行政行为的区别主要在于：行政立法行为必须经相应机关的正职行政首长签署，如《国务院组织法》第五条规定，国务院发布行政法规由总理签署，国务院部委规章和地方人民政府规章也要经相应机关行政首长签署才能对外发生法律效力；而非立法性抽象行政行为既可由正职行政首长签署，也可由主管相应行政事务的副职行政首长签署。

③公布。公布是所有抽象行政行为成立的必备要件。其中，行政立法行为必须以行政首长令发布，并在法定刊物登载，如《国务院办公厅关于改进行政法规发布工作的通知》第三条规定："经国务院总理签署公开发布的行政法规，由新华社发稿，《国务院公报》《人民日报》应当全文刊载。"国务院部委和地方规章一般以相应部门的正式文件发布，其中比较重要的则登载于《国务院公报》《法制日报》等刊物。地方人民政府规章则以相应地方政府的正式文件发布，其中比较重要的则登载在相应的地方重要报刊上。非立法性抽象行政行为可以以一般行政公文的形式发布，既可在正式出版物上登载，也可以布告、公告、通告等形式在一定的公共场所或行政办公场所张贴，或通过广播电视等媒体播放。

（2）具体行政行为的构成要件。

具体行政行为除了必须具备行政行为的一般构成要件外，还应具备以下要件：

①具体行政行为是行政主体作出的。行政行为一般是行政主体以行政决定的形式作出，尽管这种行政决定有时在名称上不一定称为"行政决定"，如许可证的颁发与拒绝。不管行政决定的形式如何，它都是行政主体向行政相对人作出的一种可产生法律效力的意思表示，而这种意思表示是行政行为成立的必要条件。

②具体行政行为已经送达行政相对人。行政主体作出正式行政决定后，必须在一定期限内将行政决定文书送达行政相对人。行政送达的方式有当面送达、留置送达、邮寄送达和公告送达。

③行政决定文书已经行政相对人受领。行政主体作出正式行政决定后应在法定期限内将行政决定文书送达行政相对人，并通过一定方式确认行政相对人已经受领，具体行政行为才算正式成立。

确认行政相对人受领的规则与送达规则相对应。当面送达的，受送达人签收即视为受领；留置送达的以送达人将行政决定文书留置于受送达人住所，并在回执上注明受送达人拒收理由、日期，即视为行政相对人受领；邮寄送达以回执上注明的收件日期视为行政相对人受领日期；公告送达则以公告确定的一定期限届满的日期视为行政相对人受领日期。

具体行政行为一般经过上述三道程序，也即具备了决定、送达、受领三个要件才能正式成立，从而对外产生法律效力。

【案情介绍】

2013 年 8 月 25 日上午，年届花甲的章某来到上海南郊某大型超市购物。他在选购了部分物品后，向出口处走去。超市保安发现其所携物品还未付账，便将其当"贼"带至超市保安部听候处理。按超市规定，章某将被处以所携物品价格 10 倍以上的罚款。最后章某向超市支付了 1 300 元才得以脱身，超市收钱后却没有出具相关的收款凭证。第三天，章某再次来到超市，要求超市方面出具罚款凭证，超市方只给了一张内容为"按特定价格购买商品赔偿"的收据。章某认为超市保安以自己未付款为由，乘机威胁并责令其交出携带的 1 300 元的行为已非法侵占了自己的财产权利，也严重损伤了一个年近花甲老人的自尊，更使自己的精神受到了伤害。于是，章某便于 2015 年 8 月 22 日，将超市诉至上海市闵行区法院，提出了要求其返还 1 300 元，并赔偿精神伤害费 10 000 元和差旅费 127 元的诉讼请求。

【法律问题】

超市"偷一罚十"的规定是否合法？

【参考结论】

在超市或书店中，人们可以经常见到这类"偷一罚十"的告示，对于其存在似已给予了一定的认可，但是依据《行政处罚法》第八至十四条的规定，只有法律、法规和规章可以设定行政处罚，而只有具有一定职权的行政主体才能够实施行政处罚。这意味着从法律上说，商家的这一行为并没有任何的依据，其所作出的处罚行为缺乏法律的授权。

我们可以从行政行为的构成要件这一角度对这一问题进行具体分析。

行政行为的构成要件是该行政行为生效的前提，行政行为尚未成立，效力的开始便无从谈起，但行政行为的成立并不意味着该行政行为合法。

行政行为的一般成立要件包括：①行为主体是行政主体，具有行政权能。行政行为是行政主体的行为，从形式上考察，如果行为的主体不具有行政主体资格，则其行为不可能是行政行为。因此，行为主体具有行政主体资格是行政行为成立的第一要件。②要存在行政相对人，即公民、法人或其他组织。③行为本身具有行政管理的内容，这是行政权的实际运用。行政行为必然是行政主体行使行政权力的行为。因此，权力的行使和行政职能的运用是行政行为的内容。某些具备行政主体资格的行政机关虽然作出了行为，但是并没有行政管理的内容，也不是行政行为。④行为主体有凭借国家行政权力产生、变更或消灭某种行政法律关系的意图，并有追求这一效果的意思表示。这是行政行为成立的主观方面的要件。⑤行政行为的意思表示必须为作为行政行为特定对象的公民、法人或其他组织实际受领。受领的基本形式是行政机关向其送达行政决定的形式。由上我们可以看出，首先，商家并非行政主体，不享有进行处罚的行政职权，商家并不具备行政行为成立的行政主体资格要件，因而不得非法剥夺他人的财产权利；其次，商家的"偷一罚十"的规定不具备法律效力，商家不具有行政处罚权，不享有行政权力，无权作出行政处罚，其规定只能被看作一种民间的惯例，而不能依据这一所谓店规对他人进行行政处罚，因为商家与顾客的法律地位是平等的，不具有谁惩罚谁的属性。即便是有小偷偷窃货物，商家也不能以非法手段对待他，而只能遵循法定的程序将其送到公安机关接受处理，以提起民事诉讼的方式要求赔偿。

五、行政行为的合法要件

行政行为的合法要件是指行政行为应该具备的法律、法规规定的各种条件。已经成立的行政行为未必是合法的行政行为，不具备合法要件的行政行为将有可能被法律规定的有权机关予以撤销和宣布无效。

迄今为止，很多教科书在谈到行政行为的要件时，往往将行政行为的构成要件与行政行为的合法要件不加区分，这种不加区分的直接后果会导致人们对行政行为的合法问题的理解出现偏差。实际上，行政行为的构成要件与行政行为的合法要件是两个不同的概念。行政行为的构成要件如上所述是指行政行为具备了相应要件后正式对外生效。而行政行为的合法要件是指行政行为所具有的不至于被有权机关撤销或者宣布无效的要件。一个已经成立的行政行为并不一定就是合法的行政行为，违法的行政行为一旦成立也能对外产生法律效力。在有关国家机关通过复议、诉讼或其他法定程序确定其无效之前，行政相对人也要受该行政行为的约束。我国行政复议、行政诉讼中原则上不停止原行政行为的执行，即是其典型表现。

因此，行政行为的构成实际上是法律对行政行为合法性的一种假设，至于行政行为是否合法，不是由行政相对人来判断，而是由有权国家机关来判断的，这是确保国家行政管理稳定性、连续性的需要。

行政行为的合法要件主要包括：行政主体无瑕疵，即行政主体拥有作出行政行为的权限；行政相对人无瑕疵，即行政相对人必须具有接受该行政行为的法律效果的合适资格；目的和内容无瑕疵，即关于具体事实的法律规制必须是可能的、可以确定的、合法的及适当的；程序和形式无瑕疵，行政行为的意思表示应当是真实的、完整的和确定的。

简言之，行政行为的合法必须具备以下几方面的要求：行政行为的行为主体，即行政主体是合法成立的，具备合法性；行政行为的内容必须是合法的；行政行为的程序必须是合法的；行政行为的形式必须是合法的。具体分析如下：

1. 行政行为主体合法

行政行为的直接实施者是行政主体，因此，不具备相应行政主体资格的其他任何国家机关、社会团体、社会组织、企事业单位都无权作出行政行为。行政行为主体合法的具体要求是：

（1）作出行政行为的组织必须享有行政主体的资格，非行政主体作出的行为不属于行政行为，因而不具有行政行为的效力。

（2）作出行政行为的主体必须具有法定职权。行政主体必须在自己法定的职权范围内作出特定的行政行为，若超出了自己的职权范围，则其行为是无效的，此即越权无效。

（3）行政行为必须是具有国家公务员身份的国家公务人员的职务行为，这一条件要求代表行政主体从事行政行为的人员必须是与国家建立了职务关系或行政委托关系的公务人员，只有这种公务人员职务的行为才能构成行政行为。非公务人员的行为或公务人员的非职务行为均不能构成行政行为。

2. 行政行为内容合法

行政行为内容合法是指行政行为的内容要符合法律规定，行政主体必须在职权范围内作出该行政行为，并符合法律的目的。这里的合法应作广义的解释，它既包括行政行为必须依法律、法规等明确规定作出，同时也包括行政行为必须适当、明确、符合社会公共利益。行政行为如果违反法律规定，超越职权或者滥用职权、明显不符合公共利益，都不能成为合法的行政行为。行政行为内容合法的具体要求包括：

（1）行政行为有事实根据，证据确凿。即行政行为内容必须有事实根据，而且有充足的证据予以证明。

（2）行政行为内容合法。即行政行为的内容是根据法律、法规、规章和行政规范性文件的明确规定作出的，或者说行政行为正确适用了法律、法规、规章和其他行政规范性文件。

（3）行政行为内容适当。即行政行为的内容符合实际，公正可行。

（4）行政行为符合立法目的和公共利益。行政行为不仅在内容上符合法律等规范性文件的明确规定，还必须符合法律的目的，符合社会公共利益。

【案情介绍】
宁德市五洲广告公司不服宁德市城建监察大队征收商业广告占用费案

1996 年 8 月 1 日，原告宁德市五洲广告公司申请审批在宁德饭店屋面上（104 国道边）设置"雪津啤酒"的商业广告牌。1996 年 12 月 4 日，宁德市建委发出宁建办〔1996〕77 号文通知被告宁德市城建监察大队停止办理占用、挖掘城市道路的审批和收费工作，并于 1997 年 1 月 10 日审批同意原告设立该广告。1997 年 3 月 21 日，被告宁德市城建监察大队根据闽价〔1994〕房字 199 号文件和福建省行政事业性收费许可证 037 号规定，向原告发出宁监催〔1997〕1 号收费通知，征收原告广告占用费 69 984 元，并限定原告于 1997 年 4 月 4 日之前一次性缴纳。原告不服，诉至法院。

原告诉称：被告发出的收费通知是具体行政行为；被告对该广告的收费不具有管辖权，是超越职权和滥用职权；被告收费标准超过了国家计委、国家工商局《关于做好〈广告服务收费管理暂行办法〉实施工作有关事项的通知》第七条规定的按广告费 30% 收取的标准。

被告辩称：收取商业广告占用费不属于其职权范围，其收取原告商业广告费不是行政职权行为，而是事业性收费，且有宁德市物价委员会颁发的收费许可证为合法依据。法院审理认为，被告是行政执法机关，其发出的收费通知是涉及原告履行义务的单方具体行政行为；但被告收取广告占用费既无法定管辖权，也无依法委托授权，属越权行为。法院最后判决撤销被告收费通知。①

---

① 国家法官学院、中国人民大学法学院编：《中国审判案例要览》（1998 年经济审判暨行政审判案例卷），北京：中国人民大学出版社 1998 年版。

【法律问题】

（1）被告作为该项行政收费的征收主体是否适格？

（2）被告发出的收费通知是否是具体行政行为？

【参考结论】

（1）本案中的宁德市城建监察大队是事业单位，不是行政机关，其能否作为行政主体，则取决于具体的授权法规定。根据《福建省城市建设监察条例》（1994 年 7 月 15 日福建省人大常委会通过，1994 年 9 月 1 日起施行）第二条、第十条、第二十二条的规定，城建监察大队是地方性法规授权的执法主体，具有行政主体资格。依据《行政诉讼法》第二十六条规定，宁德市城建监察大队是本案适格被告。但根据《福建省城市建设监察条例》第十条规定，被告除对未经有关行政主管部门批准，在城市规划区内挖取沙、石、土等行使行政处罚权外，不能行使其他行政职权。因此，收取城市道路占用费不是被告法定职权范围。同时，《城市道路管理条例》第六条规定，县（市）建委主管本行政区域内的城市道路管理工作。福建省建委依福建省物价委员会、财政厅《关于核定城市道路占用收费标准的通知》作出规定，县级以上（含县级）地方人民政府城市建设行政主管部门是城市路政主管机关，负责城市道路占用收费管理工作，各级城建部门可以授权下属事业单位具体负责城市道路占用收费工作。据此，在 1996 年 10 月 1 日以前，被告以宁德市建委的名义进行城市道路占用收费管理工作。1996 年，宁德市建委以宁建办〔1996〕77 号文明确规定："从 1996 年 10 月 1 日起，因特殊情况需要占用、挖掘城市道路的，审批、收费权收归建委统一审批和收取占道费和挖掘修复费。"因此，宁德市建委与被告之间的行政委托关系已经于 1996 年 10 月 1 日终结。被告征收原告商业广告占用费既无法定职权，也无法定授权或委托，属于越权行政行为，违反了征收主体法定原则。

（2）结合本案来看，被告城建监察大队是地方性法规授权成立的事业单位，具备一定的行政权能，体现在《福建省城市建设监察条例》第五条规定的五项职权中，是行政执法主体。被告未征求原告同意而单方面向原告发出收费通知，针对特定的事项向原告规定明确的权利义务内容，发出收费通知行为已具备行政权运用的特征。通知内容规定的原告不按时缴纳将承担滞纳金及相关法律责任已经产生行政法律行为后果，具有公定力、确定力和执行力等效力。该通知以书面形式作出，意思表示真实、明确、完整。因而已具备行政行为构成要件，是典型的具体行政行为。

但是，以通知形式作出的具体行政行为，如前所述，从行为主体角度来看并不具备合法要件，即被告不具有收取商业广告费这一事项的管辖权，是越权行为。因为，行政行为构成要件中行政权能的存在及行政权的实际运用并不是指行为主体运用自己法定权力，而可能是超出自己管辖权外的行政权的行使运用。而自己管辖权外的行政权力可能是经过接受合法委托而得，也可能是完全的越权行使，在后一种情况下，构成越权行政行为，应当依法撤销。本案正属于后一种情况。

综上所述，从行政行为的构成要件角度分析，被告向原告发出的收费通知行为是具体的行政征收行为，法院认定结论是正确的。但由于被告依法不具有该事项的法定管辖权，也未依法获得其他行政机关的委托，因而违反了行政征收主体法定原则，是行政越权行为，法院依法撤销该收费通知的判决是正确的。

【要点集成】

该案涉及被告作为该项行政征收的行政主体是否具有合法资格问题。行政征收的重要特点和原则之一是征收主体法定。行政征收主体法定，是指实施某一具体行政征收行为的行政主体必须是相关法律、法规或规章规定享有该项征收职权并能承担相应职责的行政机关或法律、法规或规章授权的组织。行政征收权也可以以法律、法规、规章或其他规范性文件委托，但征收主体资格不发生转移。

该案还涉及行政行为的构成要件，即被告向原告发出的收费通知是否为一个具体行政行为。行政行为的构成要件包括行政权能的存在、行政权的实际运用、法律效果的存在以及意思表示形式的存在四个方面。本案被告的收费通知法律效果客观存在且有明确的意思表示，问题的关键是该通知是否属于一种行政权的运用并能体现出行政权能存在。但行政权的运用并不意味着该行政主体具有相应行政职权，这在越权行政行为中尤其如此。

（1）行政征收主体法定。

行政主体是指依法拥有独立的行政职权，能代表国家，以自己的名义行使行政职权以及独立参加行政诉讼，并独立承受行政行为和行政诉讼效果的社会组织。

由此，行政征收主体也仅仅是在实现行政征收行政权能中的各级征收执行性组织。但对于各级各类征收，在我国必须由具有法律、法规或规章规定，或获得法律、法规、规章授权的组织具体执行实施，即行政征收遵循征收主体法定原则。这一原则要求：

其一，行政征收主体必须是合格的行政执法机构，是依据组织法或法律、法规、规章授权法成立的公共组织，具有一定的行政人员编制，具备数量和质量合格的行政执法人员和执法技术设备。

其二，行政征收主体必须依法享有行政事务管辖权，行政征收主体只能根据法律、法规、规章规定或授权，在法定征收职权范围内实施行政征收行为。

其三，行政征收主体可以将征收权委托给合格的其他企事业单位组织实施，但委托必须有法律、法规或规章的授权规定，行政委托行为不发生主体资格转移，受委托组织行使行政征收时仍需以委托主体的名义进行，其行为效果由委托主体承担。

（2）行政行为的构成要件。

本案被告在答辩状中辩称，由于收取商业广告占用费不是其行使行政职权的范围，属于事业性收费，不是行使行政职权，因而所发出的收费通知不属于行政执法范畴，不是具体行政行为。在这里，被告混淆了行政行为的构成要件与合法要件。行政行为的构成要件，是指构成一个行政行为所必须具备的条件，是从性质上区别行政行为与非行政行为的标准，也是认定一个案件是行政案件还是非行政案件，是适用行政法规范还是非行政法规范的标准。行政行为的构成要件主要有以下四项：行政权能的存在、行政权的实际运用、法律效果的存在和表示行为的存在。行政权能是实施法律、作出行政行为的一种权利能力或资格，可以随组织的成立而产生，也可以在组织成立后被赋予。只有具备行政权能的组织或者个人才能实施法律和作出行政行为，也只有具备行政权能的组织或个人所作的行为才有可能是行政行为。其中，行政权是行政行为公定力、确定力、拘束力和执行力的根据，行政行为必须是行使行政权的行为，只有享有行政权能并实际运用行政权所作出的行为才是行政行为。同时，行政行为必须是一种法律行为，即行政行为必须产生了为行政相对人设定、变更或消灭某种权利、义务等内容的法律效果才具有法律意义而构成行政法律行为。行政行为也是行政主体的一种意志，行政行为必须是行政主体的一种表现于外部的、客观化了的意志。

行政行为合法要件是指合法行政行为所必须具备的法定条件。关于行政行为合法要件，主要包括行政主体合法、行为权限合法、行为内容合法、行为程序合法和行为形式合法五个方面。广义的行为主体合法包括行为权限合法，即行政行为必须是由依法成立、具备一定人员编制及行政技术设备的合法执法机构行使或委托行使法定事务管辖权范围内的管理或服务行为。行政行为内容合法要求行政行为具有事实根据和法律依据，意思表示真实、完整和确定，行为目的符合立法本意和法律宗旨、原则等。行政行为程序合法要求行政行为既要符合行政程序的基本原则，又要符合行政程序的具体制度。行政行为形式合法是指行政行为必须具备法律、法规、规章所要求的形式。

3. 行政行为程序合法

行政程序与行政实体之间有着密不可分的关系。因此，行政行为必须依照法定程序作出才能有效。行政行为的程序合法要件包括：

（1）行政行为符合法定步骤和顺序。行政行为的步骤是指行政行为必须经过的过程、阶段和手续。行政行为的顺序是指行政行为各步骤的先后顺序，法律、法规为行政行为明确设定了步骤和顺序时，行政行为必须严格遵守法定步骤和顺序。

（2）行政行为符合法定时限。为了确保行政行为的效率，法律、法规一般要对行政行为作出明确的时限要求。如果行政行为未在法定时限内作出，即意味着该行为违法。

4. 行政行为形式合法

行政行为必须符合法定的方式和形式。如法律、法规为行政行为设定了明确的方式时，行政行为必须符合法定方式，否则不具有行政行为的合法要件。

六、行政行为的生效规则

行政行为成立后，且具有行政行为的合法要件，该行政行为何时生效呢？这就是行政行为的生效规则问题。

行政行为的生效规则主要包括：

（1）即时生效，指行政行为一经做出立即发生法律效力。

（2）受领生效，又称"直接送达生效"，指行政行为必须经特定的行政相对人受领后才发生法律效力。

（3）告知生效，又称"公告生效"，指行政行为针对的行政相对人居所不明时，采用公告、通报等方式告知有关行为内容，一般附有时间，时间一到该行政行为即发生法律效力。

（4）附条件生效，指行政行为的生效附加有条件，只有条件成立时才发生法律效力。

【案情介绍】

黄某之母病逝后，黄某欲将其埋葬于本村翁某等人承包的耕地内，双方就此发生纠纷。村镇工作人员亦多次劝阻黄某，告知他在耕地内建坟墓是违法行为。但黄某认为其多年前过世的父亲也是埋在这里的，将其母与其父合葬是天经地义，并开始挖穴造墓。黄某所在镇人民政府作出处理决定：黄某的行为严重违反了《土地管理法》第三十六条关于禁止用耕地建坟的规定，依照国务院《殡葬管理条例》关于已占耕地的坟墓，应限期迁出或就地深埋的规定，要求黄某应在 8 月 20 日前将其母坟墓迁移至公墓区。逾期不迁移的，镇政府将强制执行，由此产生的一切费用和后果由黄某承担。

【法律问题】

（1）镇政府行政行为的内容有哪些?

（2）现有法律中没有授予镇人民政府强制迁移坟墓的执行权，其行为是否无效?

【参考结论】

（1）镇政府的行政行为包含两项内容：①黄某负有将其母坟墓迁移至公墓的义务。②在前项内容无法实现的情况下，镇政府将进行强制迁移。

（2）该行政行为有效。

因为第二项内容是第一项内容的执行。行政行为的效力很大程度上取决于其内容如何，由于第一项内容中，黄某确实违反国家有关法律、法规，责令黄某迁坟是有效的。而第二项中，由于镇政府行使强制迁坟没有法律依据，属于违法内容，但这项内容的违法并不影响第一项内容有效，除去第二项内容，并不影响整个行政行为的成立。根据行政行为的四个效力内容规定，即行政行为的公定力、确定力、拘束力与执行力，该行政行为仍有效。

【要点集成】

行政行为的构成要件与行政行为的合法要件具有不同要求，已经成立的行政行为不一定合法。如果一个行政行为包括了几方面的内容，在部分内容违法的情况下，是否影响整个行政行为效力，主要取决于其中违法内容和合法内容的关联性。

七、行政行为的效力

1. 行政行为效力的内容

行政行为的效力是指行政行为所发生的法律上的效果和作用，行政行为的效力内容包括哪几个方面，国内学者有三效力说：即认为行政行为有确定力、约束力、执行力三种效力。此后有四效力说：即有公定力、确定力、约束力、执行力。还有五效力说：先定力、公定力、确定力、约束力、执行力。我们认为，将行政行为的效力内容归结为以下四种效力比较完整与妥当。

（1）公定力。

公定力是指行政行为一经作出，便在法律上推定是合法有效的，行政主体和行政相对人双方都必须保证行政行为内容的实现。它只是一种推定，并不是最终的法律效力，它可以依法经有权机关对行政行为进行变更或撤销。行政行为即使违法，在由有撤销该行为权限的机关将其撤销前，任何人都不得否定其拘束力。承认行政行为的公定力同承认政府存在的合法性紧密联系，同时，也同保护社会公共利益、保障行政法律关系的稳定性密切联系。不过，行政行为的公定力不是无限的，对于那些普通人都能判断为严重违法的行政行为，即无效行政行为来说，则不应该承认其有公定力。

（2）确定力。

确定力是指行政行为一经作出，非依法定的方式和程序，不得任意变更或撤销，行政主体和行政相对人双方都得遵守。任何国家机关非依法不得变更、撤销与废止该行政行为；行政相对人如果超过行政复议和行政诉讼期限，也不得对该行政行为的效力提出异议；在行政复议、行政诉讼期间，非经法定程序，也不得停止对该行政行为的执行。

行政行为的确定力，一方面是针对行政主体的，对行政主体具有不可改变力，其目的在于防止行政主体反复无常，随意变更、撤销、废止已经作出的行政行为，从而导致行政相对人权益受到损害；另一方面，对行政相对人来说，它具有不可争力，若在法律规定的救济期限内不提出行政复议或行政诉讼，即意味着必须执行已经作出的行政行为。

行政行为的确定力并不是绝对的，而是相对的，即行政行为有效成立后，即假定其合法。这种假定可以在法定期限内以一定事实和证据予以推翻，行政相对人如认为相应行政行为违法，可以在法定期限内申请行政复议或提起行政诉讼，通过行政复议或行政诉讼的途径要求撤销或变更原行政行为。行政主体或有关行政主体的上级行政机关如发现已经作出的行政行为违法或不当，可以依法撤销或改变。

（3）拘束力。

拘束力也称约束力，是指行政行为生效以后，行政主体和行政相对人都必须遵守，其他国家机关和社会成员也必须予以尊重的效力。对生效的行政行为，行政相对人应当服从并履行行政行为规定的义务，行政主体非依法定的程序不得任意改变或撤销，其他国家机关也不得以相同事实和理由再次受理并处理该同一案件。

行政行为的拘束力包括两个方面：一方面，对作出行政行为的行政机关自身具有约束力。行政行为有效成立后，无论是作出该行政行为的行政机关，还是该行政机关的上级机关或下级机关，在该行政行为被合法撤销或变更之前，都要受其约束；另一方面，对行政相对方具有约束力。行政行为有效成立后，作为行政相对方的所有个人或组织都要受该行为的约束，不能作出与该行为相抵触或违反该行为有关要求的行为，行政相对方必须完全地、实际地履行行政行为所设定的义务。正因为行政行为拘束力同时拘束了行政主体和行政相对人，也称为行政行为的"双重拘束性"。因此，它在行政行为效力中居于重要地位，通常人们所说的行政行为的效力就是指这种拘束力。

（4）执行力。

执行力是指行政行为生效后，行政行为内容具有完全实现的效力。对行政机关而言，行政行为有效成立后，其必须执行行政行为内容；对行政相对人而言，也必须履行行政行为所确定的内容。如果行政相对人拒绝履行或拖延履行，行政主体可以依法采取相应的强制措施，强制行政相对人实现行政行为的内容或者依法申请人民法院强制执行。

行政行为的执行力是与其拘束力紧密联系的：一方面，拘束力是执行力的前提，另一方面执行力是拘束力的保障。行政行为的执行力与民事行为的执行力有所区别，民事行为虽然也有拘束力，如合同双方当事人通过合同行为确定的双方义务，双方必须履行。但当一方不履行合同义务时，另一方就不能自行采取强制措施，而只能诉诸法院，请求法院追究违约方的责任，以确保权利人的合法利益。

行政行为公定力、确定力、拘束力、执行力存在的原因在于，行政机关的行政行为是代表国家而作出的，其目的是维护公共利益，因而具有国家意志性。正是公共利益的需要，使行政行为的公定力、确定力、拘束力、执行力构成一个整体，以保证行政行为的法律效力得以实现。

2. 行政行为的无效、撤销、变更与消灭

（1）行政行为的无效。

与行政行为的效力密切相关的还有行政行为的无效、撤销、变更与消灭。行政行为的无效是指行政行为从作出开始，在法律上就是不发生法律效力的，相对人有权拒绝服从、履行且不承担任何法律责任。无效行政行为给相对人造成损害的，无时效限制，随时可以请求救济。

一般认为下列情形行政行为是无效的：行政行为具有重大且明显的违法情形的；行政主体不明确或明显超越其行政职权范围的行政行为；行政主体受胁迫作出的行政行为；行政行为的实施将导致犯罪的；没有可能实施的行政行为。

（2）行政行为的撤销。

行政行为的撤销是指行政行为存在违法或明显不当时，有权机关依法定的方式和程序取消其法律效力。行政行为的效力自撤销之日起自始无效；如没有依法撤销，行政行为就一直发生法律效力，直至行政行为内容实现。

（3）行政行为的变更。

行政行为的变更是指行政行为不适当时，由有权机关对其内容、依据或形式的进行改变，使其具有新的法律效力。这其实是以新的行政行为取代旧行政行为，使旧行政行为失去法律效力。

（4）行政行为的消灭。

行政行为的消灭是指行政行为因某种法律事实的出现而丧失法律效力，包括自然丧失与人为丧失。自然丧失包括：行政行为对象消失；行政行为期限届满；行政行为履行完毕。人为丧失是指由于行政行为的客观情况发生变化而导致行政主体解除行政行为成立时并无瑕疵的行政行为的效力。它必须是基于公共利益的需要才能作出，又称"行政行为的废止"。

【案情介绍】

平山县劳动就业管理局不服税务行政处理决定案

原告河北省平山县劳动就业管理局（以下简称就业局）不服河北省平山县地方税务局（以下简称地税局）的税务处理决定，向河北省平山县人民法院提起行政诉讼。

原告诉称：本局是承担政府行政职能的就业管理机构，收费属于行政经费预算外的资金，因此本局不是纳税义务人。被告令本局纳税，在遭到拒绝后又以行政处理决定对本局罚款。该处理决定适用法律错误，程序违法，请求人民法院予以撤销。

被告辩称：原告虽然是承担着部分政府行政职能的就业管理机构，但是属于自收自支的事业单位，应当依法纳税。原告未及时纳税，应当受到处罚。人民法院应当维持本局的行政处理决定。

平山县人民法院经审理查明：原告就业局是承担着部分政府行政职能的就业管理机构。从 1994 年 1 月至 1996 年 10 月，该局收取劳务管理费等共计 57 万元。1996 年 11 月 29 日，被告地税局向就业局发出限期申报纳税通知书，后又两次发出限期交纳税款 3 万余元的通知，就业局均未按期履行。12 月 13 日，地税局依据《税收征收管理法》第四十六条（2015 年新修改的《税收征收管理法》第六十八条对此条作了修改）关于"从事生产、经营的纳税人、扣缴义务人在规定期限内不缴或者少缴应纳或者应解缴的税款，经税务机关责令限期缴纳，逾期仍未缴纳的，税务机关除依照本法第二十七条的规定采取强制措施追缴其不缴或者少缴的税款外，可以处以不缴或者少缴的税款五倍以下的罚款"的规定，以平地税字第 1 号税务处理决定，对就业局作出处以应缴未缴的营业税、城建税、教育费附加的 3 倍罚款计 9 万余元。就业局不服，提起行政诉讼。1997 年 3 月 12 日，平山县人民法院经审理，以程序违法为由撤销地税局的税务处理决定。一审宣判后，双方当事人均未上诉，判决发生法律效力。[①]

【法律问题】

平山县人民法院以程序违法为由作出撤销判决是否正确？

【参考结论】

在本案中，除了有关原告是否有纳税义务的争议以外，法律问题主要集中于被告地税局作出行政处罚是否遵守法定程序，这里就涉及对行政处罚的程序性规定的理解。行政行为尽管是行政主体单方面的意思表示，但行政行为内容的实现最终仍依赖于行政相对人对行政行为的满意程度或所持态度。行政程序中不仅注重行政行为的实际效果，而且还强调了利益受影响的相对人对行政行为的理解力，从而使行政行为具有可接受性。

（1）行政决定的"不成立"与行政决定的成立要件。

我国《行政处罚法》第四十一条规定："行政机关及其执法人员在作出行政处罚决定之前，不依照本法第三十一条、第三十二条的规定向当事人告知给予行政处罚的事实、理由和依据，或者拒绝听取当事人的陈述、申辩，行政处罚决定不能成立；当事人放弃陈述或者申辩权利的除外。"据此，行政相对人即享有法律赋予的知情权、陈述和申辩权。但在这里，"行政处罚决定不能成立"容易引起歧义，即行政处罚决定的"不成立"是否指其不具备行政决定的成立要件。一般而言，行政决定的成立要件，是指构成一个行政决定所必须具备的条件，是从性质上区别行政决定与其他行为或非行政决定的标准。行政决定的成立要件有以下四个：行政权能的存在、行政权的实际运用、法律效果的存在和表示行为的存在。在本案中，平山县人民法院认为，被告地税局作为县级人民政府的税务行政管理机关，有权对自己在管辖范围内发现的税务违法行为进行处罚，但是这种处罚必须依照《行政处罚法》的规定进行。而被告地税局在作出行政处罚决定前，未将作出行政处罚决定的事实、理由及法律依据告知当事人，并告知当事人依法享有陈述和申辩、申请行政复议和提起行政诉讼的权利。对此，能否将被告地税局未履行告知义务，视为表示行为的不

---

① 案情详见《平山县劳动就业管理局不服税务行政处理决定案》，《中华人民共和国最高人民法院公报》1997 年第 2 期。

存在？显然，行政主体只有将自己的意志通过语言、文字、符号或行动等行为形式表示出来，并告知行政相对人后，才能成为一个行政决定。但是，如果行政主体将行政决定的内容以书面形式送达当事人，但是没有告知其事实、理由及法律依据和其他程序性权利，这就只能视为在表示行为上的瑕疵，而不能将其视为表示行为的不存在。

我们认为，这里的"不成立"，应当理解为无效。不成立是指没有构成一个行政决定，不成立的行政决定绝非行政决定，因而行政相对人也不能对它提起诉讼。如果一个行政处罚决定因未遵循法定程序，而使相对人丧失诉权并非《行政处罚法》的立法目的。否则，对不成立的行政决定，法院不应受理，更不应作出判决。总之，我们认为上述立法和解释中所称的"不成立"的行政决定，只是无效的行政决定，而并非行政决定没有构成。

（2）如何理解"较大数额的罚款"。

一般来说，听证作为公民参与国家管理活动的方式之一，有立法听证、行政听证和司法听证。比如行政处罚听证和价格听证，就属于行政听证。行政听证的实行，使行政相对人有机会参与行政过程，尽管这种参与对形成行政行为的实际作用也许很小，但可以增强行政相对人对行政主体的信任感和与行政主体进行合作的精神，减少行政相对人对行政行为的抵触和因行政行为而引起的纠纷。

本案中，平山县人民法院认为，被告地税局在作出数额较大的罚款处罚决定之前，没有告知当事人有要求听证的权利。我国《行政处罚法》第四十二条规定，行政机关作出责令停产停业、吊销许可证或者执照、较大数额罚款等行政处罚决定之前，应当告知当事人有要求举行听证的权利；当事人要求听证的，行政机关应当组织听证。被告地税局在关于多少为数额较大的问题上提出异议，那么，对"较大数额的罚款"的理解就成为判定被告地税局是否履行法定义务的标准。

关于较大数额的罚款，在《行政处罚法》中并没有作出具体的规定，这主要是考虑到具体界定何为较大数额会产生立法的滞后性问题，而且全国各地的经济条件不一，以及各个行政部门的特点和情况也不尽相同。因而，较大数额的具体标准一般由单行法律、法规、规章来作补充性规定。

结合本案来看，被告地税局于 1996 年 12 月 13 日对就业局作出处以应缴未缴的营业税、城建税、教育费附加的 3 倍罚款计 9 万余元。而国家税务总局在《税务行政处罚听证程序实施办法（试行）》中作出对法人或者组织罚款 1 万元以上为数额较大的界定。这个实施办法已经于 1996 年 10 月 1 日起施行。因此，被告地税局应当据此履行就业局有权申请听证的告知义务。

（3）结论。

在本案中，被告地税局作出行政处罚时未履行告知义务，而且对于作出较大数额的罚款的处罚，相对人有申请听证的权利，也未予以足够的尊重。因此，平山县人民法院以程序违法为由作出撤销判决是正确的。

第二节　抽象行政行为

一、抽象行政行为的含义、特征及种类

1. 抽象行政行为的含义

抽象行政行为是指行政机关针对不特定对象制定和发布具有普遍约束力的行为规范的一种行政行为。抽象行政行为的最基本性质和功能是就某一事项预先设置人们之间权利义务模式，它为行政法律关系的产生、变更和消灭提供法律前提和可能性。它包括两方面：一是行政机关制定，发布行政法规、行政规章的行为；二是行政机关制定、发布具有普遍约束力的行政决定、行政命令的行为，前者称为行政立法行为，后者称为非立法的抽象行政行为，也称为制定其他行政管理规范性文件的行为。

2. 抽象行政行为的特征

抽象行政行为是与具体行政行为相对应的概念。抽象行政行为是指行政主体针对普遍的、不特定的对象作出的可重复适用的一种行政行为。具体行政行为是指行政主体针对特定的对象和特定的事项作出的，影响其权利、义务的一种行政行为。

与具体行政行为相比，抽象行政行为具有以下特征：①行为的规范性，即抽象行政行为对人们的行为具有规范指引作用；②对象的普遍性，指抽象行政行为是针对不特定对象的；③效力的普遍性和持续性，指抽象行政行为是可以被反复适用的；④准立法性，即抽象行政行为具有立法性质，是一种准立法行为。

3. 抽象行政行为的种类

抽象行政行为有以下种类：

（1）行政立法行为，包括制定行政法规、行政规章的行为。根据我国《立法法》规定，国务院有权制定行政法规；国务院各部门有权制定部门规章；省、自治区、直辖市人民政府及设区的市的人民政府有权制定地方政府规章。

（2）其他抽象行政行为，即制定其他行政管理规范性文件的行为，是指规章以下的规范性文件，如行政决定、命令等行为。

二、行政立法行为

1. 行政立法的含义和性质

（1）行政立法的含义。

行政立法到目前为止仅是一个学理概念，而非法律条文的专门术语。从宪法所确立的立法权意义上，常将行政立法理解为最高国家权力机关制定行政法律的活动。从法律文件性质上，常将行政立法理解为国家权力机关和国家行政机关制定调整行政关系的法律、法规及行政规章的活动。在形式意义上，通常将行政立法理解为行政机关制定行政法规及行政规章的活动。我们这里所讲的行政立法是形式上的，是指行政机关依照法定权限和法定

程序制定、发布行政法规及行政规章的活动。

（2）行政立法的性质。

行政立法行为既具有立法性质，是一种从属立法行为，或者一种准立法行为，又具有行政性质，为抽象行政行为的一种。

行政立法行为的立法性质表现在：

第一，行政立法行为所产生的行政法规及行政规章具有法的一般特征，即法普遍性、规范性和强制性。所谓普遍性，是指行政法规和行政规章是针对不特定对象的，是可以反复适用的。所谓规范性，是指行政法规及行政规章对人们的行为具有规范作用。所谓强制性，是指行政法规及行政规章对其规范和调整范围内的组织和个人具有强制力。

第二，行政立法必须遵守行政立法程序。行政机关制定行政法规及行政规章必须经过起草、征求意见、会议审议、会议通过、签署、公布等立法程序。

行政立法具有立法的性质，为一种从属立法行为，即从属于宪法、法律，不得与宪法、法律相抵触。因此，作为从属立法，行政立法又不同于权力机关的立法，二者之间有着明显的区别：

第一，立法主体不同。权力机关立法的主体是公民选举的人民代表机关，而行政立法的主体是人民代表机关的执行机关即行政机关。

第二，立法的客体不同。权力机关立法的客体一般是有关国家政治、经济、文化生活的重要问题，而行政立法的客体一般是有关国家社会、经济、文化事务的行政管理问题。

第三，所立之法的效力不同。权力机关所立之法律的效力次于宪法的效力，而行政立法所立之行政法规和行政规章，其效力要低于法律，内容不得与法律相抵触，地方政府规章还不得与地方性法规相抵触。

第四，立法程序不同。权力机关立法的程序比行政立法程序正式、严格，更注重民主性。行政立法的程序相对简便、灵活，更注重于效率。

第五，立法的形式不同。权力机关的立法一般以法律的形式颁布。行政立法一般以条例、规定、办法等颁布。

行政立法的行政性表现在：行政立法的主体是行政机关；行政立法所规范和调整的对象是行政管理事务或与行政管理有关的事务；行政立法的主要目的是执行和实施权力机关制定的法律，实现行政管理职能。

行政立法虽然具有行政的性质，但它与其他具体行政行为之间又存在着明显的区别：

第一，行为主体不同。享有行政立法权的行政机关是法律特别规定的，不是所有行政机关都享有行政立法权，但所有行政机关都有权实施一定的具体行政行为，无须法律特别加以规定。

第二，行为的对象不同。行政立法针对的对象是普遍的，是针对不特定的人和事的。而具体行政行为针对的对象是个别的，是针对特定的人和事的。

第三，行为的时间效力不同。行政立法所立之法能多次适用，在没有被撤销或被废止之前，都必须遵照执行。而具体行政行为的效力通常是一次性适用的，不能多次反复适用。

第四，行为的程序不同。行政立法的程序比较正式、严格，形式也比较规范，而具体行政行为的程序相对行政立法行为而言比较简单、灵活，形式也多样。

2. 行政立法行为的特征

行政立法行为具有以下特征：

（1）行政立法的主体是特定的行政主体。根据我国《立法法》规定，享有行政立法权的主体有国务院、国务院各部门以及省、自治区、直辖市人民政府和设区的市的人民政府。

（2）行政立法是从属性立法，是权力机关立法的延伸。行政立法不得与宪法、法律等上位法相抵触。

（3）具有很强的适应性和针对性。行政立法主要是对行政管理领域所产生的社会关系进行规范和调整的。

（4）具有多样性和灵活性。因为我国行政立法主体的多样性及地位的多层次性，决定了我国行政立法的效力、形式等具有多样性和灵活性。

3. 行政立法的法定种类

根据我国《立法法》规定，我国行政立法包括以下几类法定的种类：

（1）行政法规，由国务院制定和发布，一般命名为"条例、规定、办法"。

（2）行政规章，主要包括两种：一种是部门规章，由国务院的各部、委员会、直属机构、国家局制定；另一种是地方政府规章，由省、自治区、直辖市人民政府和设区的市的人民政府制定。

4. 行政立法的程序

根据法律、法规和规章规定，我国行政立法行为一般应遵守以下程序：编制立法规划；起草；征求意见；协调和衔接；审查；审议通过；签署和审批；发布和备案。

三、制定其他行政管理规范性文件的行为

1. 其他行政管理规范性文件的含义与特征

这里所讲的其他规范性文件，是指除行政法规、行政规章以外的行政管理规范性文件，这种规范性文件在我国行政管理中占有非常重要的地位，行政机关的大量行政行为是直接根据这种规范性文件作出的。目前，人们对这种规范性文件的理解有两种：一种是指各级各类国家行政机关，为实施法律、执行政策，在法定权限内制定的除行政法规和行政规章以外的具有普遍约束力的决定、命令及行政措施的行政行为，是介于行政立法和具体行政行为之间的一种抽象行政行为。另一种理解认为，其他行政管理规范性文件是指没有行政法规和行政规章制定权的国家行政机关为实施法律、法规、规章而制定的具有普通约束力的决定、命令、行政措施的行政行为。

我们认为上述两观点中，第一种观点更为可取，它符合我国《宪法》及地方组织法的规定。《宪法》第八十九条规定，国务院可以根据宪法和法律规定行政措施、发布决定和命令；第九十条规定，国务院各部委可以根据法律和国务院的行政法规、决定、命令，在本部门的权限内发布命令、指示。《地方各级人民代表大会和地方各级人民政府组织法》第五十九条规定，县级以上的地方各级人民政府执行本级人民代表大会及其常委会的决议，以及上级国家行政机关的决定和命令，规定行政措施，发布决定和命令；第六十一条

规定，乡、民族乡、镇的人民政府执行本级人民代表大会的决议和上级国家行政机关的决定和命令，发布决定和命令。

根据这一理解，其他行政管理规范性文件具有以下特征：

（1）制定主体的广泛性。根据宪法和地方组织法的规定，其他规范性文件的制定主体除享有行政立法权的行政机关外，其他不享有行政立法权的行政机关也可在各自的职权范围内制定相应的行政管理规范性文件。

（2）效力的多层次性与从属性。其他行政管理规范性文件的效力与其制定主体相对应，从上到下呈现出多层次性的特点，并从属于相应行政机关制定的行政法规和行政规章。

（3）表现形式的多样性。其他行政管理规范性文件的形式多种多样，常见的形式有行政措施、决定、命令、指示、指令、决议、布告、公告、通告等。

（4）具有一定的规范性和强制性。其他行政管理规范性文件也是人们必须遵守的行为规则，所有组织和个人都必须遵守。

2. 制定其他行政管理规范性文件的行为与行政立法、抽象性行政行为、具体行政行为的关系

（1）制定其他行政管理规范性文件的行为与行政立法的关系。

制定其他行政管理规范性文件与行政立法有着密切的关系，两者都是行政机关的抽象行政行为，而且从形式上看，两者都具有规范性、重复适用性等特征，但两者也存在着以下主要区别：

①制定主体范围不同。制定其他行政管理规范性文件的主体范围比行政立法的主体范围更加广泛，几乎所有国家行政机关都可成为其他行政管理规范性文件的制定主体，而行政立法的主体则是由宪法和法律明确规定的特定国家行政机关。

②效力大小不同。行政法规和行政规章的效力大于其他行政管理规范性文件的效力，制定其他行政管理规范性文件不能与行政法规、行政规章相抵触、相违背。

③可予规范的内容不同。其他行政管理规范性文件无权直接为行政相对人设立权利和义务，行政法规、行政规章可以在法定权限内对行政相对人设立某些权利和义务。

④制定的程序不同。制定其他行政管理规范性文件的程序比较简易，行政立法的程序比较严格，行政立法必须遵守比较正式的行政立法程序。

（2）制定其他行政管理规范性文件与抽象行政行为的关系。

抽象行政行为包括行政立法行为和制定其他行政管理规范性文件的行为，而制定其他行政管理规范性文件的行为只是抽象行政行为中的一部分。从数量上讲，其他行政管理规范性文件多于行政法规和行政规章。在实践中，其他行政管理规范性文件对行政法规和行政规章也起到了必要的和有效的执行作用，在一定条件下还起到补充的作用。

3. 制定其他行政管理规范性文件与具体行政行为的关系

制定其他行政管理规范性文件是抽象行政行为的一种，在其效力范围内，其他行政管理规范性文件对相应的行政相对人具有普遍约束力，同时也是行政机关作出某些具体行政行为的直接依据，而其他行政管理规范性文件的内容要通过具体行政行为的实施来实现。

【案情介绍】

孙志刚案

2001年毕业于武汉科技学院艺术设计专业的大学生孙志刚,案发前任职于广州达奇服装公司。2003年3月17日晚上,孙志刚在前往网吧的路上,因未携带任何证件被广州市天河区黄村街派出所民警李耀辉带回派出所对其是否为"三无"人员进行甄别。孙志刚被带回后,辩解自己有正当职业、固定住所和身份证,并打电话让成先生"带着身份证和钱"去保释他。于是,成先生和另一个同事立刻赶往黄村街派出所,到达时已接近晚上12点。但成先生被警方告知"孙志刚有身份证也不能保释"。李耀辉未将情况向派出所值班领导报告,于是孙志刚被作为拟收容人员送至广州市公安局天河区公安分局待遣所。3月18日晚孙志刚称有病被送往市卫生部门负责的收容人员救治站诊治。3月19日晚至3月20日凌晨孙志刚在该救治站206房遭连续殴打致重伤,3月20日,孙志刚死于这家收容人员救治站。医院在护理记录中认为,孙志刚是猝死,死因是脑血管意外,心脏病突发。而法医的尸检结果表明:孙志刚死亡的原因,是背部大面积的内伤。而当晚值班护士曾伟林、邹丽萍没有如实将孙志刚被调入206房及被殴打的情况报告值班医生和通报接班护士,邹丽萍甚至在值班护理记录上作了孙志刚"本班睡眠六小时"的虚假记录,导致孙志刚未能得到及时救治。

2003年6月27日上午9时40分,广东省高级人民法院对孙志刚被故意伤害致死案作出终审判决,驳回乔燕琴等12名犯故意伤害罪被告人的上诉,维持原判。此前,广州市中级人民法院于6月9日对孙志刚被故意伤害致死案作出一审判决:以故意伤害罪,判处被告人乔燕琴死刑,李海婴死刑、缓期2年执行,钟辽国无期徒刑。其他9名被告人也分别被判处3年至15年有期徒刑。

2003年5月14日,华中科技大学法学院的俞江、中国政法大学法学院的腾彪和北京邮电大学文法学院的许志永三位法学博士以中国公民的名义,将一份题为"关于审查《城市流浪乞讨人员收容遣送办法》的建议书"传真至全国人大常委会法制工作委员会,建议全国人大常委会对收容遣送制度进行违宪审查。三位博士指出,根据《宪法》第三十七条规定,中华人民共和国公民的人身自由不受侵犯。任何公民,非经人民检察院批准或者人民法院决定,并由公安机关执行,不受逮捕。禁止非法拘禁和以其他方法非法剥夺或者限制公民的人身自由,禁止非法搜查公民的身体;《行政处罚法》第九条规定,限制人身自由的行政处罚,只能由法律设定;《立法法》第八条和第九条规定,对公民政治权利的剥夺、限制人身自由的强制措施和处罚,只能制定法律。因此,1982年由国务院颁布的收容遣送办法及其实施细则中限制公民人身自由的规定,违反了《宪法》、《行政处罚法》和《立法法》。所以建议对《城市流浪乞讨人员收容遣送办法》进行合宪性和合法性审查。国务院总理温家宝6月18日主持召开国务院常务会议,审议并通过了《城市生活无着的流浪乞讨人员救助管理办法(草案)》,同时废止1982年5月发布的《城市流浪乞讨人员收容遣送办法》。

【法律问题】

警察收容审查所赖以存在的《城市流浪乞讨人员收容遣送办法》是否违法、违宪?如果其违法或违宪，公民如何挑战其合法性？又有何途径可供选择？

【法律链接】

《宪法》

第三十七条 中华人民共和国公民的人身自由不受侵犯。

任何公民，非经人民检察院批准或者决定或者人民法院决定，并由公安机关执行，不受逮捕。

禁止非法拘禁和以其他方法剥夺或者限制公民的人身自由，禁止非法搜查公民的身体。

《立法法》

第八条 下列事项只能制定法律：

…………

（五）对公民政治权利的剥夺、限制人身自由的强制措施和处罚；

…………

第九条 本法第八条规定的事项尚未制定法律的，全国人民代表大会及其常务委员会有权作出决定，授权国务院可以根据实际需要，对其中的部分事项先制定行政法规，但是有关犯罪和刑罚、对公民政治权利的剥夺和限制人身自由的强制措施和处罚、司法制度等事项除外。

第九十七条 改变或者撤销法律、行政法规、地方性法规、自治条例和单行条例、规章的权限是：

（一）全国人民代表大会有权改变或者撤销它的常务委员会制定的不适当的法律，有权撤销全国人民代表大会常务委员会批准的违背宪法和本法第七十五条第二款规定的自治条例和单行条例；

（二）全国人民代表大会常务委员会有权撤销同宪法和法律相抵触的行政法规，有权撤销同宪法、法律和行政法规相抵触的地方性法规，有权撤销省、自治区、直辖市的人民代表大会常务委员会批准的违背宪法和本法第七十五条第二款规定的自治条例和单行条例；

…………

《行政处罚法》

第九条 法律可以设定各种行政处罚。

限制人身自由的行政处罚，只能由法律设定。

【参考结论】

孙志刚事件是 2003 年度"十大宪法性事件"之一，该案之所以引起全国人民的关注，不仅因为孙志刚这个刚毕业的大学生无辜丧命，更在于人们对实行了二十多年的收容遣送制度的不满与质疑。孙志刚案虽然只是一个人的遭遇，却折射出中国法制建设中许许多多的问题：从社会治安的管理一直到中国的宪法发展以及宪政建设。所以，有必要进行更充分和更深入的讨论。

收容遣送制度 20 世纪 50 年代初就有，当时主要是收容国民党散兵游勇、妓女、吸毒者和流浪乞讨人员等，到 1982 年才由立法的方式确立为制度。1982 年确立后又延续了二十多年。社会治安的维护、公共利益的保护、国家权益的实现，使得这个制度在制定当初有其合理性。当它演变成治安管理制度时，情况有所失控。现实社会生活中，收容站侵犯公民合法权益的事情屡屡发生。然而《行政处罚法》和《立法法》相继出台之后，都确立了有关限制人身自由的强制措施和处罚只能由法律来规定的原则，此时《城市流浪乞讨人员收容遣送办法》不仅不具有当初的合理性，也失去了其存在的合法性。

在我们判定收容审查办法是违宪、违法的前提下，普通公民有什么渠道可以对该办法要求有权国家机关进行审查呢？根据《立法法》，公民认为行政法规、地方性法规、自治条例和单行条例同宪法或者法律相抵触的，可以向全国人民代表大会常务委员会书面提出进行审查的建议，由常务委员会工作机构进行研究，必要时，送有关的专门委员会进行审查、提出意见。在这里，公民只能提起要求审查的建议，并不一定能够启动合宪性审查的程序，而且从目前来看，还没有公民的合宪性审查的建议启动审查程序的实例。除了公民提出合宪性审查的建议之外，国务院也可以自我审查并废止该办法，而《城市流浪乞讨人员收容遣送办法》的废止就是这样做的。全国人大常委会可以主动对该办法进行审查，最高人民法院、最高人民检察院以及军事委员会还可以向全国人大常委会提出审查的要求，然后由全国人大常务委员会工作机构分送有关的专门委员会进行审查、提出意见。

第三节　具体行政行为

一、具体行政行为的概念

相对于抽象行政行为，具体行政行为的主要性质和功能是将抽象行政行为所设置的权利义务规则在现实中运用。它是指行政主体针对特定对象所作的，能够引起具体行政法律关系产生、变更和消灭并直接产生法律效果的行政行为。

在抽象行政行为与具体行政行为的关系上，通常抽象行政行为是具体行政行为的依据。抽象行政行为规定行政主体在何种条件下可以与行政相对人发生行政法律关系，而具体行政行为则将这种规定具体化，使某种行政法律关系实际产生、变更和消灭。行为对象的特定性及直接影响行政相对人的权利和义务分别是具体行政行为的形式和实质的两大特征。抽象行政行为可以反复适用，而具体行政行为的法律效力则是一次性适用。

特定对象如何理解？对象包括人和事，特定人是没有异议的，但特定事比较复杂。特定事既可能指向单个或一定数量的个人或组织，也可能涉及无数的人或组织，即不确定的人，因此，只有两者都是特定时，即不仅强调特定的事，而且强调特定的人，才可以称为特定对象。

具体行政行为，被称为"行政法的核心和关键规范"，因为一切行政法律最终都要通过具体行政行为才能发生作用，才有实际意义。依法行政，建立行政法治，最终将通过具体行政行为才得以落实。但是，对具体行政行为的研究，又是行政法学中的难点，因为具体行政行为可以说是整个行政法领域中最活跃、最多变的部分，又最富有地域、行业以至时代的特点，内容繁杂而形式极多，从理论上加以概括和总结，虽然困难较大，但对行政法理论丰富及行政法治实践具有重要意义。

二、具体行政行为的特征

具体行政行为的特征可以通过与抽象行政行为进行比较来获得认识。抽象行政行为与具体行政行为存在以下区别：

第一，行为对象不同。抽象行政行为，行为对象是不特定的人群，具有不可确定性和普遍约束力；而具体行政行为的行为对象是有确定指向性的，行为只对特定对象产生约束力。

第二，能否反复适用不同。抽象行政行为在法定效力内是可以反复应用的，在时间上有跨度；而具体行政行为只能应用一次，没有时间上的跨度。

第三，影响行政相对人权利、义务的方式不同。抽象行政行为是间接影响行政相对人的权利与义务，只静止的规定人们的行为规则、权利与义务；而具体行政行为是对抽象行政行为的执行，是动态的、直接的，使人们的权利、义务发生变化。

第四，行为程序不同。抽象行政行为遵循立法程序，一般有征求意见及公布程序；而具体行政行为没有此程序，它更强调调查、听证和作出处理程序。

第五，是否具有溯及力不同。抽象行政行为不具有溯及力，但具有向后的效力，即抽象行政行为出来以前的事务它不调整，只调整出来以后的行政管理事务；而具体行政行为具有前溯性，只有先出现了需要行政管理的事务，才随后出现具体行政行为对之进行的调整。

【案情介绍】

某市原有甲、乙、丙、丁四家定点屠宰场，营业执照、卫生许可证、屠宰许可证等证照齐全。1997年国务院发布《生猪屠宰管理条例》，该市政府根据其中确认并颁发定点屠宰标志牌的规定发出通告，确定只给甲发放定点标志牌。据此，市工商局将乙、丙、丁三家屠宰场营业执照吊销，市卫生局也将乙、丙、丁三家屠宰场卫生许可证吊销。乙、丙、丁三家屠宰场对此不服，找到市政府，市政府称通告属于抽象行政行为，需遵守执行。乙、丙、丁三家屠宰场遂提起行政诉讼。

【法律问题】

（1）市政府的通告属于何种类型的行政行为？理由是什么？

（2）谁是此案的被告？理由何在？

（3）此案乙、丙、丁是否有权提起行政诉讼？理由是什么？

（4）颁发定点屠宰标志牌属于何种性质的行为，工商局和卫生局能否据此吊销乙、丙、丁三家屠宰场的营业执照及卫生许可证？

【参考结论】

（1）市政府的通告属于具体行政行为。本案中市政府发布的通告，明确确定只给甲发放定点标志牌，而该市原有甲、乙、丙、丁四家定点屠宰场，这就意味着剥夺了乙、丙、丁三家屠宰场的屠宰资格。可见，该通告是针对定点屠宰这一特定的事和甲、乙、丙、丁这一特定的人作出的，侵害了乙、丙、丁三家屠宰场的公平竞争权，属于典型的具体行政行为。

（2）市政府、市工商局、市卫生局均可成为本案的被告。

根据《行政诉讼法》第十二条第（八）项规定，行政相对人认为行政机关滥用行政权力排除或者限制竞争的，可以依法向人民法院提起行政诉讼。本案中由于市政府行使行政权力所作出的行政行为导致了市场竞争的排除，侵犯了乙、丙、丁的合法权益，乙、丙、丁可以依据《行政诉讼法》第二十六条规定，以市政府为被告向人民法院提起行政诉讼。

另外，乙、丙、丁还可以根据《行政诉讼法》第十二条第（一）项以及第二十六条规定，以市工商局、市卫生局为被告向人民法院提起行政诉讼。

（3）乙、丙、丁可以提起行政诉讼。

因为市工商局对乙、丙、丁作出的吊销营业执照行为，以及市卫生局对乙、丙、丁作出的吊销卫生许可证行为属于行政处罚行为，属于人民法院行政诉讼的受案范围。

（4）颁发定点屠宰标志牌是行政许可行为，具体而言是属于资格许可行为，即赋予行政相对人从事某种活动的资格的许可。既然颁发定点屠宰标志牌的行为是资格许可行为，未获得该牌的企业就不得从事生猪屠宰的经营活动，市工商局、市卫生局就有权据此吊销其执照与许可证。但本案中，由于市政府的行为违法，所以，工商局、卫生局就不得据此吊销乙、丙、丁的执照与许可证。

三、具体行政行为的分类

对具体行政行为的分类可以更加深入的了解与把握各种不同具体行政行为的特点与构成，有效地指导行政执法行为。按照不同的标准，可以将具体行政行为分为不同的种类。

按行政机关是否以当事人的申请作为开始具体行政行为的条件，可将具体行政行为划分为依职权的行政行为和依申请的行政行为。

（1）依职权的行政行为。行政机关可以主动实施，无须向行政相对人申请，如行政处罚，即行政主体主动依其职权作出的一种主动的或积极的具体行政行为。

（2）依申请的行政行为。行政机关必须以行政相对人的申请为前提，如工商机关颁发营业执照的行为，即行政主体依据行政相对人的申请，并通过审查后作出的一种被动的或消极的具体行政行为。

按具体行政行为的性质划分，可将具体行政行为分为设定权利或者义务的行为，剥夺、限制权利或撤销义务的行为，变更权利或义务的行为，行政不作为。

（1）设定权利或者义务的具体行政行为。包括赋予权利能力和行为能力的行为，如颁发营业执照可以使一个新的民事主体诞生；设定某一权利或义务的行为，如对甲公民发放房屋产权证书等行为。

（2）剥夺、限制权利或撤销义务的具体行政行为。对公民、法人和其他组织已有的能力或权利，行政机关可以剥夺，如吊销某企业的营业执照；也可以限制，如海关扣留某走私嫌疑人是限制其人身权利，扣留他的进出境物品，是限制其行使财产权利；卫生局责令某企业停产整顿，是限制其经营权利。对公民、组织应承担的义务，行政机关可以撤销，如税务机关因某国有企业确有困难，根据其申请决定免除其应缴纳的所得税等行为。

（3）变更权利或义务的具体行政行为。对公民、法人和其他组织已有的权利或已经承担的义务，行政机关可以变更，如在发放了土地所有权证后，考虑到有不合理因素，又决定将其中一部分土地划给邻村所有，再如，税务机关根据某企业的申请减少了其应缴纳的税款等。

（4）行政不行为，或称行政不作为。行政机关对于自己应当履行的职权不履行，称不行为或不作为。不作为不是否定行为，否定行为是已经作为了，比如公民甲申请营业执照，某工商局决定驳回，不予批准，这是否定行为。如果该工商局不予答复，不作决定，这是不作为。行政机关不作为也是一种具体行政行为。

按具体行政行为受法律约束的程度，可将具体行政行为分为羁束的具体行政行为、裁量的具体行政行为。

（1）羁束的具体行政行为，受法律、法规严格的约束，只能依照法律、法规的规定执行，毫无裁量的余地，如税务机关征税，不能自由创设税种。

（2）裁量的具体行政行为，法律、法规规定一个幅度，行政机关在此幅度内斟酌，其意志参与其间。如治安管理处罚法规定，罚款 200 元以下。

按具体行政行为与当事人之间的权益关系，可分为授益的具体行政行为和负担的具体行政行为。

（1）授益的具体行政行为是指行政主体对特定的行政相对人授以一定利益的一种具体行政行为。

（2）负担的具体行政行为是指行政主体对特定的行政相对人苛以一定负担的一种具体行政行为。

按具体行政行为是否需要具备法定的形式，分为要式的具体行政行为与非要式的具体行政行为。

（1）要式的具体行政行为，是指行政主体作出的必须以一定的法定方式或形式表现出来的一种具体行政行为。

（2）非要式的具体行政行为，是指行政主体作出的不必以一定的法定方式或形式表现出来的，可以任意方式或形式表现出来的一种具体行政行为。

第四节　依职权行政行为

一、依职权行政行为的概念

依据"行政行为是否可由行政主体主动实施"为标准，可将具体行政行为分为依职权行政行为（又称主动行政行为、积极行政行为）和依申请行政行为（又称被动行政行为、消极行政行为）。

依职权行政行为是指行政主体根据其职权而无须行政相对人申请就能主动实施的行政行为，也称主动行政行为和积极行政行为。

依职权行政行为包括行政处罚行为、行政强制行为、行政征收行为、行政征用行为等。

二、行政处罚

1. 行政处罚的含义

行政处罚是指特定的行政主体对违反行政管理法律、法规尚未构成犯罪的行政相对人所给予的一种行政制裁。其特征如下：行政处罚的主体是法定的行政主体；行政处罚的对象是违反行政管理法律、法规但尚未构成犯罪的行政相对人；行政处罚的目的是制裁违法行为，以维护公共利益和社会秩序。

2. 行政处罚的种类

行政处罚的种类可分为法学理论上的种类、《行政处罚法》规定的种类与其他法律规范规定的种类。

（1）法学理论上的种类。

①人身自由罚。人身自由罚是指行政机关实施的在短期内限制或剥夺公民人身自由的行政处罚。自劳动教养制度在 2013 年 12 月 28 日被废除以后，我国当前还有行政拘留这一种人身自由罚形式。行政拘留也称治安拘留，是对违反治安管理的人，依法在短期内限制其人身自由的一种行政处罚 。

②财产罚。财产罚是指使被处罚人的财产权利和利益受到损害的一种行政处罚。主要表现为没收其非法占有的财物和金钱，或使其缴纳一定数额的金钱，即没收违法所得、没收非法财物和罚款。财产罚主要适用于以下情形：有经济收入的公民、有固定资产的法人或者组织所实施的违法行为；在从事以营利为目的的经营活动中实施的违法行为；行为人实施违法行为所造成的危害后果，可以通过剥夺其财产予以补偿。

③行为（能力、资格）罚。行为罚是行政主体对违反行政法律规范的行政相对方所采取的限制或剥夺其特定行为能力或资格的一种行政处罚行为。行为罚包括责令停产停业，暂扣或吊销许可证、执照两种形式。

④申诫（精神、声誉）罚。申诫罚是行政机关依法对违反行政法律规范的行政相对人给予的谴责和警诫，主要形式为警告和通报批评。申诫罚是对行政相对人精神上的惩戒，影响行政相对人的声誉而不涉及其他实体权利，其目的在于引起违法者精神上的警惕，以避免其再犯。

（2）《行政处罚法》规定的种类。

《行政处罚法》规定的行政处罚的种类有：警告、罚款、没收违法所得或非法财物、责令停产停业、暂扣或吊销许可证营业执照、行政拘留。

（3）其他法律规范规定的种类。

其他法律规范规定的种类包括：通报批评、限期出境、驱逐出境等。

3. 行政处罚的原则

（1）行政处罚法定原则。

行政处罚法定原则是指行政主体实施行政处罚必须严格依据法定的行政处罚的权限、种类、幅度及程序作出。具体来讲，行政处罚法定原则的具体要求如下：

①处罚设定权的法定性。行政处罚设定权必须由法律明确规定，只有《行政处罚法》明确规定的主体享有行政处罚设定权。

②实施行政处罚的行政主体及其职权是法定的。行政处罚是一种行政权力，除法律、法规、规章规定有处罚权的行政机关以及法律、法规、规章授权的组织外，其他机关或者组织不得行使。另外，法定主体行使处罚权时必须遵守法定的职权范围，不得越权或者滥用权力。

③行政处罚的种类、内容和程序是法定的。我国《行政处罚法》只规定了警告、罚款、没收违法所得或非法所得财物、责令停产停业、暂扣或吊销许可证营业执照、行政拘留这些处罚种类，行政机关不得自己创设新的行政处罚种类。行政机关违反法定程序作出的行政处罚决定无效。比如，符合听证条件的当事人要求听证而不举行听证的，处罚无效。

④被处罚行为的法定性。行政处罚必须有法律、法规或者规章依据，即法无明文规定不处罚，受处罚行为是法定的。凡法律、法规、规章没有规定予以行政处罚的行为，均不受处罚。行政主体对于法定应予行政处罚的行为，应当依法定处罚种类和内容进行处罚。

（2）处罚公正、公开原则。

处罚公正原则是指行政处罚的设定和实施必须与行政相对人的违法事实、性质、情节以及社会危害程度相当。行政机关在处罚中对受罚者用同一尺度平等对待。处罚公开原则是指行政处罚的依据、过程及结果必须公开。行政机关对于有关行政处罚的法律规范、执法人员身份、主要事实根据等与行政处罚有关的情况，除可能危害公共利益或者损害其他公民、法人或其他组织的合法权益并由法律、法规特别规定的以外，都应向当事人公开。

（3）处罚与教育相结合原则。

行政处罚是法律制裁的一种形式，但又不仅仅是一种制裁，它兼有惩戒与教育的双重功能。行政处罚的目的是纠正违法行为，减少和消除违法行为，教育当事人自觉守法，处罚只是手段而不是目的。因此，行政机关在实施行政处罚时要将处罚与教育相结合。需要指出的是，处罚与教育相结合，既不意味着可以以行代刑，也不意味着可以以教代罚。

（4）保障行政相对人权利原则。

保障行政相对人权利原则是指对行政机关实施行政处罚时的内部活动和外部活动进行有效的监督和制约，防止滥用处罚权，从而保障行政相对人合法权益。

（5）职能分离原则。

职能分离原则具体体现在：行政机关对违法行为的调查与审理分离；作出罚款决定的机关与收缴罚款的机构分离；听证主持人与调查检查人员分离。此外，行政机关执法人员当场作出的行政处罚决定向所属行政机关备案的规定，也体现了监督制约原则的要求。

（6）一事不再罚原则。

一事不再罚原则是指针对一个违法行为，两个以上的行政机关不能根据同一法律规范进行处罚；而且，两个以上的行政机关不能适用不同法律规范作出同一种类的处罚。

（7）处罚折抵刑罚原则。

处罚折抵刑罚原则是指行政相对人已被行政拘留后又被判处拘役或有期徒刑的，处罚日应抵刑期；如已罚款后又被判处罚金的，应当折抵。

（8）追诉时效原则。

追诉时效原则是指违法行为在2年内未被发现的，不再给予行政处罚，从违法行为发生之日起计算；违法行为有连续或继续状态的，从行为终了之日起计算。

4. 行政处罚的设定权

（1）法律可以设定所有行政处罚种类，特别是人身自由的处罚只能由法律设定。

（2）行政法规可以设定除限制人身自由以外的其他处罚种类。

（3）地方性法规可以设定除人身自由与吊销企业营业执照以外的处罚种类。

（4）行政规章可以设定警告或一定数额罚款的处罚种类：国务院部、委员会或直属机构的部门规章设定的罚款数额由国务院批准；地方政府规章设定的罚款数额由省级人大常委会批准。

5. 行政处罚的执行程序

行政相对人对行政处罚不服的，可以申请行政复议或提起行政诉讼，不停止行政处罚的执行。执行程序主要包括以下内容：

（1）针对罚款，实施罚缴分离原则，由指定的金融机构收取。

（2）强制执行。强制执行包括自行强制执行和申请人民法院强制执行两种程序。行政相对人到期不缴纳罚款的，行政机关可以每日按罚款数额的百分之三收取缴滞纳金，将查封、扣押的财物拍卖或者将冻结的存款划拨抵缴罚款。只有法律有明确规定，行政机关才可以自行强制执行，否则只能申请人民法院强制执行。

（3）当场收缴罚款。当场收缴罚款的适用条件是：20 元以下罚款；不当场收缴事后难以执行的；在边远、水上、交通不便地区，当事人向指定的银行缴纳罚款确有困难，经当事人提出的。其执行程序是：必须出具省级财政部门统一制发的罚款收据，否则当事人有权拒绝缴纳；应自收缴罚款之日起 2 日内上交到所属行政机关；行政机关应自收到罚款之日起 2 日内缴付到指定的金融机构。

【案情介绍】

郭甲是运煤司机，一日运煤经过 309 国道某交通检查站时，执勤人员宋丙（身着交通警察制服，佩带执勤袖章）向郭甲走过来，递给了郭甲一张处罚决定书，说："交 20 块钱再走。"

郭甲接过处罚决定书，见上面印的全部内容是：根据有关规定，罚款 20 元。决定书印着某省某市交通大队的印章。郭甲对宋丙说："为什么要罚我？"宋丙说："你超载。"郭甲辩称："我只拉半车煤，怎么就超载？"宋丙不耐烦地说："让你交你就交，啰唆什么。"郭甲说："不说清楚，我就不交。"这时，宋丙又递过一张处罚决定书，并说："就你这态度，再罚 20 块。"郭甲怕争辩下去，又要罚款，只好交了 40 块钱离去，宋丙未出具收据。

【法律问题】

本案中的行政处罚行为哪些地方违反了行政处罚法的规定？

【参考结论】

本案中交通检查站执勤人员宋丙对司机郭甲实施罚款的行政处罚违反了行政处罚法的规定，具体体现在以下几个方面：

第一，罚款决定没有事实根据。行政机关实施行政处罚，是以当事人确实存在违法行为为前提的，违法行为的构成又以存在违法事实为条件。因此，作出行政处罚，必须首先查明当事人是否有违法事实。《行政处罚法》第三十条明确规定，对于违反行政管理秩序的行为，依法应当给予行政处罚的，行政机关必须查明事实，违法事实不清，不得给予行政处罚。本案中宋丙对郭甲所实施的罚款行为，没有对事实进行查实，是在没有事实依据的情况下作出的处罚。

第二，未向当事人郭甲说明理由和告知权利，直接给予处罚。《行政处罚法》第三十一条规定，行政机关在作出行政处罚决定之前，应当告知当事人作出处罚决定的事实、理由及依据，并告知当事人依法所拥有的权利。本案中宋丙未对郭甲说明任何事项，就直接交付了罚款决定书。

第三，不听取郭甲的陈述和申辩。根据《行政处罚法》第六条和第三十二条的规定，当事人有权进行陈述和申辩。行政机关必须充分听取当事人的意见，对当事人提出的事实、理由和证据，应当进行复核；当事人提出的事实、理由或者证据成立的，行政机关应当采纳；行政机关不得因为当事人申辩而加重处罚。本案中宋丙不仅不听取郭甲的申辩，反而因郭甲的申辩对其加罚20元。

第四，处罚决定书的内容不符合《行政处罚法》的规定。《行政处罚法》第三十四条第二款规定，当场处罚的行政处罚决定书应当载明当事人的违法行为、行政处罚依据、罚款数额、时间、地点以及行政机关名称，并由执法人员签名或者盖章。本案是适用简易程序，即当场处罚程序进行的罚款，其处罚决定书只有罚款数额和行政机关印章两项，其他事项没有载明；决定书中"根据有关规定"字样不能作为处罚依据，处罚依据应明确具体，写明根据哪部法律、法规的哪一条款。

第五，实施行政处罚没有告知行政相对人申请行政复议与提起行政诉讼的权利。对行政处罚不服，行政相对人有权申请行政复议或者提起行政诉讼。在行政处罚过程中，执法人员应告知当事人申请行政复议和提起行政诉讼的权利，以及申请行政复议或者提起行政诉讼的期限。《行政处罚法》第三十九条规定，行政处罚决定书中应载明不服行政处罚决定，申请行政复议或者提起行政诉讼的途径和期限。本案中行政处罚决定书中没有载明此项内容，宋丙也未口头告知郭甲。

第六，当场收缴罚款未向行政相对人郭甲出具收据。《行政处罚法》第四十九条规定，行政机关及其执法人员当场收缴罚款的，必须向行政相对人出具省、自治区、直辖市财政部门统一制发的罚款收据；不出具财政部门统一制发的罚款收据的，行政相对人有权拒绝缴纳罚款。本案中宋丙收缴了郭甲当场缴纳的40元罚款后，未向郭甲出具省级财政部门统一制发的收据。

因此，行政机关进行行政处罚，必须以事实为根据，以法律为准绳，并依法定程序进行。事实不清，或者没有法定依据，或者不遵守法定程序的，行政处罚无效。

三、行政强制

行政强制包括行政强制措施和行政强制执行。

1. 行政强制措施

行政强制措施是指行政机关在行政管理过程中，为制止违法行为、防止证据损毁、避免危害发生、控制危险扩大等情形，依法对公民的人身自由实施暂时性限制，或者对公民、法人或者其他组织的财物实施暂时性控制的行为。

行政强制措施不是以制裁违法为目的，而是以实现特定行政管理目标为直接目的：它可以针对违法行为人作出，也可以对合法行为人作出；即时强制的目的是预防或制止违法（不法）行为的发生或继续，使行政管理秩序稳定、正常运行或为了保全证据。

《行政强制法》规定的行政强制措施的种类有：限制公民人身自由；查封场所、设施或者财物；扣押财物；冻结存款、汇款；其他行政强制措施。

据此，行政强制措施可以作以下具体分类：行政强制检查；行政查封、扣押、冻结；强行留置与盘问；强制传唤与讯问；强行约束；强制带离；强制戒毒；强制治疗；交通管制等。

根据《行政强制法》的规定，行政机关实施行政强制措施应当遵守下列程序：实施前须向行政机关负责人报告并经批准；由两名以上行政执法人员实施；出示执法身份证件；通知当事人到场；当场告知当事人采取行政强制措施的理由、依据以及当事人依法享有的权利、救济途径；听取当事人的陈述和申辩；制作现场笔录；现场笔录由当事人和行政执法人员签名或者盖章，当事人拒绝的，在笔录中予以注明；当事人不到场的，邀请见证人到场，由见证人和行政执法人员在现场笔录上签名或者盖章。

此外，当情况紧急，需要当场实施行政强制措施的，行政执法人员应当在 24 小时内向行政机关负责人报告，并补办批准手续。行政机关负责人认为不应当采取行政强制措施的，应当立即解除。

依照法律规定实施限制公民人身自由的行政强制措施，还应当遵守下列规定：当场告知或者实施行政强制措施后，立即通知当事人家属实施行政强制措施的行政机关、地点和期限；在紧急情况下当场实施行政强制措施的，在返回行政机关后，立即向行政机关负责人报告并补办批准手续。

【案情介绍】

黄某在某市经营钢材销售生意，2015 年 4 月 4 日他与某钢铁厂签订了一份钢材买卖合同，价值 50 万元。合同约定，黄某应预先支付 15 万元，余额在货物交付后 5 日内一并付清。黄某自知暂无 35 万元的流动资金，但经营水泥生意的赵某曾在事先答应借款 40 万元资助黄某。然而赵某在一次意外中死亡，赵某的妻子拒绝借款给黄某。黄某找到曾与其有合作关系的多家公司借款，但只借到 10 万元的款项。于是，黄某与钢铁厂磋商，要求解除或变更合同，均遭到钢铁厂的拒绝。钢铁厂继续履行合同，并以合同约定的日期将钢材全部交付与黄某。黄某在约定的时间内，未将 35 万元的款项交付与钢铁厂。钢铁厂在多次催要货款未果的情况下，向该市的公安局报案。公安局接到报案后，以黄某涉嫌合同诈骗为由，将其拘留。并对黄某的营业场所采取了查封措施，催逼黄某尽快付清所欠钢铁厂的款项，否则将对黄某的财产进行拍卖并将追究黄某的刑事责任。①

---

① 李卫刚、徐文星主编：《行政法与行政诉讼法案例选评》，北京：对外经济贸易大学出版社 2007 年版。

【法律问题】

本案公安机关采取的是行政强制措施还是刑事强制措施？

【参考结论】

公安机关的拘留与查封行为，名义上是刑事案件的侦查行为，但对于其实质上究竟是什么性质的行为存在争议。一种观点认为，该行为是刑事侦查行为。黄某涉嫌合同诈骗是刑事案件，对其采取的行为应属刑事侦查行为，该措施为刑事强制措施。虽然，公安机关对黄某的行为认定为诈骗是错误的，但不能以事后的案件最终定性来否定公安机关先前行为的性质，这是两回事，在逻辑上是错误的。比如，公安机关将一个未带身份证明且貌似某通缉犯的甲拘留，事后发现甲不是该通缉犯便释放，但先前的拘留应当是刑事强制措施。另一种观点认为，该行为是行政强制措施。公安机关对黄某采取强制措施的目的是催逼黄某付清所欠钢铁厂的款项，其不属于《中华人民共和国刑事诉讼法》（以下简称《刑事诉讼法》）规定的刑事强制措施的适用条件，也未按《刑事诉讼法》的规定进行。公安部的《关于公安机关不得非法越权干预经济纠纷案件处理的通知》对此类行为已做了明确的禁止性规定。

我们倾向于第二种认识。公安机关担负着双重公法职能：一方面是行政职能，另一方面是刑事案件的侦查职能。对这两种职能的理解，我们认为，行政职能是公安机关作为行政机关当然享有的职能，即为公安机关的原始职能，而刑事侦查职能是经《刑事诉讼法》授权的"例外职能"。除了按照《刑事诉讼法》的"授权"规定行使刑事侦查职能之外，公安机关行使的其他公法职能均为行政职能。本案的公安机关以刑事侦查行为为名，用强制手段干预经济纠纷，不属于《刑事诉讼法》的规定，应为行政强制措施行为。

2. 行政强制执行

行政强制执行是指行政主体或人民法院对拒不履行行政法法定义务的行政相对人，采取相应强制措施，迫使其履行义务或达到与履行义务相同状态的活动。执行主体主要是行政机关和人民法院。

行政强制执行主要有以下种类：

（1）直接强制执行。包括人身强制和财产强制，如划拨存款、汇款，拍卖或者依法处理查封、扣押的场所、设施或者财物。

（2）间接强制执行。包括代履行和执行罚。代履行，指行政主体或第三人代替义务人履行行政行为所确立的可代替义务，并向义务人收取必要费用的强制执行措施。执行罚，又称强制金、罚金，指行政强制机关对拒不履行不作为义务或不可代替义务的义务主体，科以新的金钱给付义务，以迫使其履行义务的强制执行措施，最典型的形式为征收滞纳金。

【案情介绍】

某汽车销售有限公司不服城管大队强制拆除案

某汽车销售有限公司未经规划部门批准在密云县搭建违法建筑两间。该县城管大队经调查、取证、现场勘验、检查，并询问汽车销售有限公司法定代表人，确认汽车销售有限公司为违法建筑所有人。城管大队根据《北京市市容环境卫生条例》规定，报经县政府批准对上述违法建筑作出强制拆除决定书。之后，汽车销售有限公司的违法建筑被强制拆除。该汽车销售有限公司不服该强制拆除决定而诉至法院，声称城管大队所作强制拆除决定中确认的违法建筑不是自己公司所建，请求撤销该强制拆除决定。同时，汽车城诉称，城管大队对汽车销售有限公司作出的强制拆除决定所涉及的建筑是属于汽车城的，该决定侵犯汽车城合法权益，请求法院依法撤销城管大队作出的强制拆除决定，并由城管大队赔偿其经济损失 80 万元。

【法律问题】

本案的强制拆除行为是否合法？

【参考结论】

采取行政强制措施也是一种行政行为，因而，其合法性的判断标准也应当是《行政复议法》和《行政诉讼法》所确立的对行政行为的审查标准，即认定事实是否清楚；证据是否确凿；适用依据是否正确；程序是否合法。本案中，在发现未经规划部门批准的违法建筑后，城管大队经调查、取证、现场勘验、检查，并询问汽车销售有限公司法定代表人，才确认汽车销售有限公司为违法建筑所有人，符合认定事实清楚。《北京市市容环境卫生条例》第二十七条规定，对未经批准搭建的影响市容的建筑物、构筑物或者其他设施，责令限期拆除；逾期未拆除的，经区、县人民政府批准强制拆除，并可按照违法建筑物、构筑物的面积每平方米处 300 元以上 3 000 元以下罚款，其他设施可处工程造价一倍的罚款。城管大队依法作出强制拆除决定，程序合法，没有争议。此处城管大队的强制拆除是对违法行政相对人的财产的强制执行措施，由于"强制"其自身的内在侵益性，决定了它必须由法律、法规明确规定，采取行政强制措施的行政机关必须按照法定形式实施，不得任意创新或者更改。

四、行政征收与行政征用

1. 行政征收的含义

行政征收是指行政主体依法向行政相对人强制地、无偿地征集一定数额金钱或财物的行政行为。我国的行政征收体系由行政征税和行政收费组成。2004 年宪法修正案增加了两类：土地征收与企业征收。征收行为完全改变了财产的所有权关系，由行政相对人所有变为国家所有。

行政征收的程序包括：征收事项的登记；缴纳鉴定；缴纳申报；款项征收。

2. 行政征用的含义

对于行政征用的含义目前学术界还存在着争议。有学者认为，行政征用是指行政主体出于公共目的，为满足公共利益需要，依法强制转移相对人财产所有权或使用权，并给予合理补偿的一种行政行为。行政征用是一种独立的法律制度。行政征用与行政征收都是以公益为目的而以强制方式获取相对人的财产权益。

也有学者将行政征用视为行政征收的一种形式，将行政征用定义为：为了公共利益之目的，行政主体按照法律规定取得行政相对人的财产的单方行为。这里的财产既包括不动产如土地、房屋等，又包括动产。财产的性质不同，征用的法律后果也有所不同。对于不动产，行政征收的后果是取得该不动产的所有权，然后才能加以利用。例如，城市建设中的房屋征用、国家对文物的强制征购；对于动产，则既可以征用它的所有权，也可以只征用动产的使用权，所有权仍属于原主。

还有学者采用"公共征用"的术语，主张公共征用是行政主体为了公共利益的需要，依照法定程序强制征用行政相对人的财产或劳务的一种行政行为。这种界定在行政征用标的物上与前述两种定义有所不同，认为征用的客体除了行政相对人的财产外还应当包括劳务。这一界定比较接近于法国行政法中的"公用征调"的概念，不过法国的公用征调对于不动产只能取得使用权，而不能取得所有权。

上述关于行政征用的含义是学术上的探讨，在制度层面，行政征用主要表现为土地征用、劳务征用、强制征购、强行征调等。我国是在土地征用的范畴之内使用行政征用这一概念，即行政征用主要是指对劳动群众集体所有的土地进行征用。集体土地的征用是指国家为满足公共利益的需要，强制地将属于集体经济组织所有的土地收归国有。在我国土地征用中，下列土地的征用必须由国务院批准：基本农田；基本农田以外的耕地超过 35 公顷的；其他土地超过 70 公顷的。行政征用上述情形以外的土地的，由省一级人民政府批准，并报国务院备案。土地征用中的最低批准机关是县级人民政府。

3. 行政征用与行政征收的区别

第一，行政征用是有偿的，但不一定完全等价；行政征收一般是无偿的。

第二，行政征用既可以改变财物所有权，也可能只改变使用权；而行政征收是绝对地改变财物的所有权。

第三，行政征收的行政相对人非特定，范围广泛，行政相对人本身即有缴纳税费的法定义务；行政征用的行政相对人特定，范围局限，无缴纳义务，仅因"公益重于私益"而被迫作出特殊牺牲。

第四，行政征收是固定、经常的行政行为，是国家重要的财源途径，由法律对征收范围、标准、程序等作详细的规定；行政征用非固定，而是偶尔为之，是特定时期基于公益需要的特殊行为，法律一般只作原则、抽象的规定。

【案情介绍】

周某今年 37 岁，是四川省某县居民，她的第一个孩子已经 15 岁。2013 年 2 月，周某想超生第二胎而怀孕。同年 11 月 27 日，周某被所在镇的计生干部劝说去镇中心卫生院（以下简称卫生院）住院，施行引产手术。同月 29 日，周某与其夫在"引产手术同意书"上签字后，医院妇产科医生按照医疗操作规程为周某注射了一定剂量的"利凡诺"（一种引产药剂），施行引产手术。同日 15 时 30 分，产科医生在周某分娩过程中，见周某产下的是一活体女婴，随即采取引产补救措施，用"来苏尔"针注射胎儿头部。周某之夫见状，立即强行阻止，注射未完成，医生只完成了少部分药物注射，致使引产失败，周某产下一活体女婴。11 月 30 日，周某夫妇带着婴儿离开了医院，并于当日到附近的某县人民医院住院治疗，20 日后出院，用去医疗费用 2 300 余元。

2014 年 6 月 11 日，周某夫妇因计划外生育第二胎，被县计划生育局征收社会抚养费 18 万元。周某夫妇认为，本来是自愿去医院引产，由于卫生院的医疗过错，导致引产手术失败，给自己造成了医疗费和社会抚养费损失，便将卫生院告上了法庭，请求法院判令卫生院赔偿因引产手术失败给自己造成的社会抚养损失费 18 万元、治疗女婴所用去的医疗费 2 300 元。

【审理结果】

法院经开庭审理后认为，周某夫妇为了超生第二胎，计划外怀孕后不及时去做人工流产手术，直到怀孕 9 个月有余，经计生干部劝说才去做引产手术，周某夫妇的行为加大了手术的风险。由于医学科学的复杂性和人体个体的差异性，卫生院在首先保证周某生命安全的前提下，按照医疗安全规范使用引产药物和剂量，也不能排除足月胎儿被引出时有存活的可能，卫生院在对周某引产时所实施的医疗行为不存在医疗过错。其次，抚养女婴是周某夫妇的法定义务，计生部门征收的社会抚养费，是为了促进人口与资源的协调发展，与卫生院的医疗行为没有法律上的因果关系，因此，周某夫妇要求卫生院赔偿社会抚养损失费 18 万元的诉讼请求不予支持。但是，当周某分娩出一活体女婴时，女婴即享有了生命权，任何人都无权剥夺其生存的权利，卫生院采取补救措施，用"来苏尔"针注射胎儿头部，使女婴受到伤害，卫生院存在明显过错，周某夫妇为治疗女婴所损失的医疗费 2 300 元卫生院应当赔偿。

【法律问题】

引产失败医院应该补偿患者社会抚养费吗？

【参考结论】

这是一件有关行政征收的补偿的案件。行政征收的目的是将一定的财产收归国家所有，国家通过对征收所得的财产重新利用或者再次分配，以求得个人利益与公共利益的平衡，促进社会公众利益的顺利实现。所以，行政征收的缴纳义务人必须是影响到公共利益实现的特定的义务人，而且只有存在法律、法规规定的行政征收的特定事由，行政主体才能依法征收。如果行政相对人因为不是自己的原因而被征收一定数量的财物，那么有关公民、法人和组织就应该对缴纳义务人的损失作出补偿。

在本案中，涉及的行政征收行为是有关社会抚养费的征收。这个案件的特别之处在于，当事人已经去卫生院做引产手术，但是因为意外情况而导致手术失败，孩子诞生。卫生院在其中产生了重要影响。正是手术的意外失败，致使原本希望通过引产手术避免因计划外生育而缴纳社会抚养费的周某夫妇，成了县计划生育局征收社会抚养费的对象。在本案中，卫生院能否如周某夫妇所要求的，对其所缴纳的社会抚养费给予全额补偿呢？

全额补偿是不合理的，理由如下：

第一，周某夫妇本身存在重大过错。周某夫妇已经生育过一个孩子，按照当地计划生育政策，不属于准许生育第二个子女的情况。周某夫妇在明知自己不符合生育第二胎条件的情形下，没有积极采取避孕措施，而是千方百计想逃避计划生育政策的约束，生育第二个孩子，最后导致怀孕。在怀孕之后，所在镇的计生干部多次上门做工作，要求其遵守计划生育政策，及时采取措施中止妊娠，避免孩子降生。如果周某夫妇此时能够听从计生干部的劝告，及时采取相关措施，那么不仅中止妊娠的手段有多种可以选择，而且危险性和患者本人遭受的痛苦都会大大降低，成功率相对而言，也比较有保证。但是在本案中，周某夫妇在计生干部多次上门做工作的情况下，一直迟迟不肯采取中止妊娠措施，直到怀孕九个月有余才去做引产手术，周某夫妇本身的行为使手术风险大大增加。

第二，医疗手术本身的不确定性包含了手术可能失败的情形。在本案中，卫生院按照操作规程和常规用量给周某注射了引产药剂，就引产本身的过程来看，并无不当之处。但是人的个体具有差异性，不同的人对相同数量的药剂的耐受力和敏感程度不同。周某恰好属于那种对该种药耐受力较好的体质，常规计量并没有使其产生引产的效果，致使一个活体女婴诞生，所以周某本身也是导致引产失败的原因。

所以，导致周某第二胎出生的主要原因在于周某夫妇本身。但不可否认，卫生院对于手术失败也有一定责任，比如它应该事先检测患者对该种药的耐受程度，尽量避免因此带来引产失败的可能性。所以，卫生院在补偿周某夫妇因治疗女婴所损失的 2 300 元医疗费之外，也应该补偿一部分社会抚养费。但是社会抚养费缴纳的义务人没有变，仍然是周某夫妇。

第五节　依申请行政行为

一、依申请行政行为的概念与特征

依申请行政行为是指行政主体根据行政相对人的申请，经过法定的审核等程序而作出的一种行政行为。依申请行政行为只有在行政相对人提出申请的条件下行政主体方能作出，没有行政相对人的申请，行政主体便不能主动作出行政行为。

依申请行政行为又称消极行政行为或被动行政行为。

依申请行政行为具有以下特征：

（1）依申请行政行为是以行政相对人的申请为前提的。依申请行政行为必须以行政相对人的申请为前提，这是行政主体作出依申请行政行为的必要条件。

（2）依申请行政行为是授益性行政行为。依申请行政行为一般是行政相对人为了获得某种资格或权益，而向行政主体提出申请，以期得到行政主体准许，行政主体经过审核而确定是否准许的一种行政行为，因此，依申请行政行为是对行政相对人的一种授益性的行政行为。

（3）依申请行政行为必须依法作出。行政主体作出依申请行政行为必须严格依据法律、法规规定作出，要求权限合法、内容合法、程序合法。

（4）依申请行政行为是要式行政行为。行政主体作出依申请行政行为必须严格按照法律规定的形式作出，否则为无效的行政行为。

依申请的行政行为主要有行政许可行为、行政裁决行为、行政调解行为、行政确认行为、行政给付行为、行政奖励行为等。

二、行政许可

1. 行政许可的定义

行政许可是指在法律一般禁止情况下，行政主体根据行政相对人的申请，通过颁发许可证或执照等形式，依法赋予特定的行政相对人从事某种活动或实施某种行为的权利和资格的行政行为。

准许与拒绝都是行政许可制度中行政机关的行为方式，各自都有不同的内容和行政相对人。这样，对行政许可的含义应当有两种理解：第一种是狭义的，即仅从"许可"本身的字面来理解，它只是行政机关准许行政相对方获得某种权利或资格的一种行为，这是目前行政法学界通行的解释；第二种是广义的，即从整个行政许可制度的内涵来理解，它应是行政机关决定是否准许行政相对方获得某种权利或资格的行政行为，这里提出的"决定是否准许"，强调了行政许可机关的决定权力及其法律结果的多样性，它实际上包括了行政机关准许和拒绝这两种具体的行为内容及行为方式，概括了行政许可制度的整体内容。后一界定的行政相对人的范围既包括被许可获得某种权利或资格的公民、法人和其他组织，也包括未被许可获得某种权利或资格的公民、法人和其他组织。因此，从这一角度出发可以将行政许可界定为行政许可是指行政主体针对行政相对方的申请，依法决定是否赋予行政相对方从事某种活动的法律资格或实施某种行为的法律权利的行政行为。这不失为对行政许可内涵的一种新的探索，而且这种观点在认识行政许可内容、对象和方式以及保护行政相对人方面具有一定的积极意义。

2. 行政许可的特点

（1）行政许可是以法律的一般禁止为前提，即行政许可是打破法律的一般禁止，从而使行政相对人取得别人所不具有的特殊权利或资格。

（2）行政许可是依行政相对人申请的行政行为，行政主体不会主动颁发许可证或执照。

（3）行政许可一般是授益性行政行为，即它能使相对人从中获得利益。

（4）行政许可是要式行政行为，必须依一定的程序和格式文书形式予以批准和证明。

3. 行政许可的种类

依据不同标准，可将行政许可作如下分类：

（1）一般许可与特别许可。以许可的范围为标准，分为一般许可和特殊许可。一般许可是指对符合法定条件的申请人直接发放许可证，无特殊限制的许可，如申请驾驶执照的许可。特殊许可是指除符合一般许可的条件外，对申请人还规定有特别限制的许可，又称特许。特许是行政机关代表国家向被许可人授予某种权利或者对有限资源进行有效配置的管理方式，主要适用于有限自然资源的开发利用、有限公共资源的配置、直接关系公共利益的垄断性企业的市场准入，如出租车经营许可、排污许可等。

（2）排他性许可与非排他性许可。以许可享有的程度为标准，分为排他性许可和非排他性许可。排他性许可又称独占许可，是指某个人或组织获得该项许可后，其他任何人或组织均不能再获得该项许可。最具有代表性的是专利许可、商标许可。非排他性许可又称共存许可，是指可以为具备法定条件的任何个人或组织经申请获得的许可，大部分行政许可都是非排他性许可。

（3）独立证书许可与附文件许可。以许可能否单独使用为标准，分为独立的许可和附文件的许可。独立的许可，是指许可证已规定了所有许可内容，不需其他文件补充说明的许可。附文件的许可，是指由于特殊条件的限制，需要附加文件予以说明的许可。

（4）权利性许可与附义务许可。以许可是否附加必须履行的义务为标准，分为权利性许可和附义务的许可。权利性许可又称无条件放弃的许可，指申请人取得行政许可后，并不承担作为义务，可自由放弃被许可的权利，并且不因此承担任何法律责任。附义务的许可也称附条件放弃的许可，指被许可人获许可的同时，亦承担一定期限内从事该活动的义务，否则要承担一定法律责任的许可，其承担法律责任的方式一般表现为丧失被许可的权利。

（5）依《行政许可法》规定进行归纳的分类：①普通许可；②特别许可；③认可；④核准；⑤登记。其中特别许可（又称特许）有数量限制，其余许可没有限制。

4. 行政许可权的设定

指依法享有行政许可设定权的法律规范及国家机关。它体现了"法律优先原则"。全国人民代表大会及其常委会制定的法律和国务院制定的行政法规有行政许可设定权；地方性法规和部分地方政府规章有行政许可设定权，其中地方性法规包括民族自治条例和单行条例，以及省级和设区的市人民代表大会及其常委会，地方政府规章中仅限省级人民政府的地方政府规章有行政许可设定权。

【案情介绍】

没有及时年检的行政许可的效力问题

原告杨某，住某市虹山区。2012年7月21日，原告取得（01）卫食字第881006号某市食品卫生许可证，从事食品经营。该食品卫生许可证上刊有"食品生产经营者须知"，规定"已领取食品卫生许可证者，从次年起每年5月底前必须向原发证卫生行政部门申请办理验证。每五年全市统一更换食品卫生许可证。逾期不申请办理验证或换证者，其食品卫生许可证视为无效，并由原发证的卫生行政部门注销其食品卫生许可证"。杨某持证经营一年后，在规定的验证时间内，通过了2013年度的食品卫生许可证的验证。2014年4月底5月初，杨某收到虹山区卫生局下属卫生监督所发出的通知，要求杨某于2014年的5月9日全天至该所办理验证手续，杨某接通知后未在该日前往验证。同年10月27日，虹山区卫生局下属卫生监督所在当地报纸上刊登了包括杨某在内的虹山区574户未予验证的食品经营户被注销食品卫生许可证的公告。杨某因不服该注销行为，向人民法院起诉要求予以撤销。

【法律问题】

没有及时年检的行政许可还有效吗？

【参考结论】

行政许可是行政机关在一般禁止的条件下，准许相对人从事特定活动的行政行为。对于行政机关来说，行政相对人自身的条件和状况是确定其是否有资格获得行政许可的基本前提。但是一般而言，行政机关只能在作出行政许可决定之时，通过对相关材料的审查和情况的了解，来确定申请人的资质情况，并对符合条件的申请人授予行政许可。在行政许可作出之后，只能通过抽样调查、随机检查的方式对行政相对人实施行政许可的情况进行监督，涉及面比较有限。所以，不能保证相对人在取得行政许可之后一直能够符合行政许可的要求，依法实施行政许可规定的行为。另外，行政许可允许行政相对人能够从事一般人不能从事的特定活动，这就意味着一定程度的垄断，可能给被许可人带来丰厚的利润。在行政许可实施之后可能会有更有实力的行政相对人提出申请，由其从事该项活动更能够促进经济社会发展。如果没有一个重新确认资格的程序，会使得这些更有实力的行政相对人因为数量限制的原因，无法进入相关领域，无法发挥他们自身的长处。

因此，行政许可一般都有一定的期限。如果在规定的期限内相对人没有提出延续要求，若无法定事由没有提出延续要求，则其实施行政许可的资格就自动消失，行政机关应当依法予以注销。在这种情况下，可以引进新的行政相对人，保持经济社会的正常运行。另外，如果行政相对人在期限内提出延续要求，而行政机关在对其审核的过程中发现其已不具备继续实施行政许可的条件，如果通过整改、歇业仍然无法达到规定的要求，则行政机关可以作出不予延续的决定，从而使得其他符合条件的行政相对人来实施该项行政许可，实现优胜劣汰，促进公共利益的最大化。所以一般在行政许可的文件或者许可证上都会标明该项许可的期限，并提醒相对人在期限届满之前及时向行政机关提出延续请求，以免因为时间关系丧失继续实施行政许可的机会。

在本案中原告杨某作为行政许可的被许可人，应当知道该项行政许可的具体期限，况且其于 2013 年已经按照规定时限办理了验证手续。对于 2014 年度的验证手续，相对人没有依法提出申请。行政机关已经书面通知其在指定日期补办验证手续。杨某明知若不按时验证就会失去从业资格而仍未履行，行政机关以许可证超出有效期为由注销其继续从业的资格是符合法律规定的。

5. 行政许可的实施程序

行政许可的实施程序分为一般程序和特别程序。

（1）一般程序。依据《行政许可法》规定，我国行政许可的实施程序如下：

①行政许可的申请与受理。行政许可行为是依申请行政行为，行政相对人必须主动提出申请才可能获得行政许可，行政机关不可依职权主动作出行政许可。行政许可申请可以通过信函、电报、电传、传真、电子数据交换和电子邮件等方式提出。申请书需要采用格式文本的，行政机关应当向申请人提供行政许可申请书格式文本。

行政机关对申请人提出的行政许可申请，应当根据下列情况分别作出处理：申请事项依法不需要取得行政许可的，即时告知申请人不受理；申请事项不属于本行政机关职权范围的，应当即时作出不予受理的决定，并告知申请人向有关行政机关申请；申请材料存在可以当场更正的错误的，应当允许申请人当场更正；申请材料不齐全或者不符合法定形式的，应当当场或者在五日内一次性告知申请人需要补正的全部内容，逾期不告知的，自收到申请材料之日起即为受理；申请事项属于本行政机关职权范围，申请材料齐全、符合法定形式，或者申请人按照本行政机关的要求提交全部补正申请材料的，应当受理行政许可申请。行政机关受理或者不予受理行政许可申请，应当出具加盖本行政机关专用印章和注明日期的书面凭证。

②行政许可的审查与决定。行政机关应当对申请人提交的申请材料进行审查。申请人提交的申请材料齐全、符合法定形式，行政机关能够当场作出决定的，应当当场作出书面的行政许可决定。根据法定条件和程序，需要对申请材料的实质内容进行核实的，行政机关应当指派两名以上工作人员进行核查。行政机关对行政许可申请进行审查后，除当场作出行政许可决定的外，还应当在法定期限内按照规定程序作出行政许可决定。申请人的申请符合法定条件、标准的，行政机关还应当依法作出准予行政许可的书面决定。行政机关依法作出不予行政许可的书面决定的，应当说明理由，并告知申请人享有依法申请行政复议或者提起行政诉讼的权利。

③行政许可的期限。除可以当场作出行政许可决定的，行政机关应当自受理行政许可申请之日起二十日内作出行政许可决定。二十日内不能作出决定的，经本行政机关负责人批准，可以延长十日，并应当将延长期限的理由告知申请人。但是，法律、法规另有规定的，依照其规定。行政许可采取统一办理或者联合办理、集中办理的，办理的时间不得超过四十五日；四十五日内不能办结的，经本级人民政府负责人批准，可以延长十五日，并应当将延长期限的理由告知申请人。行政机关作出行政许可决定，依法需要听证、招标、拍卖、检验、检测、检疫、鉴定和专家评审的，所需时间不计算在本节规定的期限内。行政机关应当将所需时间书面告知申请人。

④行政许可的听证。法律、法规、规章规定实施行政许可应当听证的事项，或者行政机关认为需要听证的其他涉及公共利益的重大行政许可事项，行政机关应当向社会公告，并举行听证。行政许可直接涉及申请人与他人之间重大利益关系的，行政机关在作出行政许可决定前，应当告知申请人、利害关系人享有要求听证的权利；申请人、利害关系人在被告知听证权利之日起五日内提出听证申请的，行政机关应当在二十日内组织听证。申请人、利害关系人不承担行政机关组织听证的费用。

⑤行政许可的变更与延续。被许可人要求变更行政许可事项的，应当向作出行政许可决定的行政机关提出申请；符合法定条件、标准的，行政机关应当依法办理变更手续。被许可人需要延续依法取得的行政许可的有效期的，应当在该行政许可有效期届满三十日前向作出行政许可决定的行政机关提出申请。但是，法律、法规、规章另有规定的，依照其规定。行政机关应当根据被许可人的申请，在该行政许可有效期届满前作出是否准予延续的决定；逾期未作决定的，视为准予延续。

（2）特别程序。特别程序是指行政许可在一般程序基础上，再辅之以招标、拍卖、考试、考核、检验、检疫等方式的行政许可程序。

【案情介绍】

弄虚作假得来的行政许可证的效力问题

2017 年 8 月 27 日，A 市工商局向申请人王某核发了字号名称为 A 市 B 区富豪酒店、经营场所为 A 市象山大道 92 号的个体工商户营业执照，此后申请人再未进行经营场所变更登记。2018 年 1 月 28 日，根据"A 市 B 区利康贸易中心"个体业主卢某的变更登记申请（卢某未提交新经营场所使用证明），A 市工商局将其经营场所由 A 市石油路 1 号核准变更为 A 市象山大道 92 号。随后，根据股东孙某、胡某的申请，A 市工商局又核准了 A 市金富德酒店有限责任公司名称预先登记和设立登记，核准的经营范围为"餐饮服务"、住所为 A 市象山大道 92 号。股东孙某、胡某申请设立登记时，提交的公司住所证明是伪造的《房屋租赁合同》，而不是证明该公司对住所享有使用权的真实、合法、有效的文件，提交的《卫生许可证》上的企业名称是"金富德酒店"，而不是"A 市金富德酒店有限责任公司"。由此导致 A 市工商局在许可王某位于 A 市象山大道 92 号的个体工商户登记后，又在同一地址核准登记了 A 市 B 区利康贸易中心、A 市金富德酒店有限责任公司两份营业执照。

后来，申请人王某对 A 市工商局的上述行政行为表示不服，认为侵犯了其字号名称为"A 市 B 区富豪酒店"的个体业主的合法经营权，于 2018 年 3 月 31 日向所在省工商局提出行政复议申请，要求撤销"A 市 B 区利康贸易中心""A 市金富德酒店有限责任公司"注册登记，同时撤销"A 市金富德酒店有限责任公司"的名称登记。

【法律问题】

弄虚作假得来的行政许可证有效吗？

【参考结论】

这是一件有关行政机关在行政许可过程中的审查决定以及相应结果的问题。行政机关在从事对行政相对人的行政许可申请作出是否给予许可决定的过程中，必须遵循一定的程序，并在程序中认真履行自己的职责，一方面做到快捷、便民，另一方面要通过对行政相对人申请材料的审查，对行政相对人的条件严格把关，作出是否给予许可的适当判断。因此，保证行政相对人在申请时提交的材料的真实性，是行政机关作出合理判断的根本前提。如果申请材料出现虚假，必然会影响到行政机关的决策过程，最终会侵害诚实申请人的合法利益。

所以，《行政许可法》从行政机关和行政相对人两个方面，强调申请材料的真实性。首先，行政机关应当对设立公司、企业的申请人的材料进行审查。《行政许可法》第三十四条规定："行政机关应当对申请人提交的申请材料进行审查。申请人提交的申请材料齐全、符合法定形式，行政机关能够当场作出决定的，应当当场作出书面的行政许可决定。根据法定条件和程序，需要对申请材料的实质内容进行核实的，行政机关应当指派两名以上工作人员进行核查。"另一方面，《行政许可法》也对行政相对人不履行如实提交材料义务的后果作了详细规定。该法第七十八条规定："行政许可申请人隐瞒有关情况或者提供虚假材料申请行政许可的，行政机关不予受理或者不予行政许可，并给予警告；行政许可申请属于直接关系公共安全、人身健康、生命财产安全事项的，申请人在一年内不得再次申请该行政许可。"第七十九条进而规定："被许可人以欺骗、贿赂等不正当手段取得行政许可的，行政机关应当依法给予行政处罚；取得的行政许可属于直接关系公共安全、人身健康、生命财产安全事项的，申请人在三年内不得再次申请该行政许可；构成犯罪的，依法追究刑事责任。"法律通过剥夺不遵守诚实信用原则的行政相对人在未来一定时间内再次申请从事特定行为的权利，来约束行政相对人的行为，加强申请材料的真实性。同时，行政机关也负有审慎审查的义务，在作出行政许可决定前，应在职权范围内对申请材料是否齐全以及是否符合法定形式作出认定，做到实体合法、程序正当、高效便民、权责一致，这样才符合《行政许可法》的立法宗旨和行政审批制度的改革方向。

在本案中，A 市金富德酒店有限责任公司股东孙某、胡某用伪造的《房屋租赁合同》，骗取行政机关准许其在别人已经登记的营业地址——象山大道 92 号设立新的企业，并且使用相近的名称，致使合法登记的相对人的正常经营受到严重影响。行政机关在先前的行政许可审查过程中，没有尽到认真审查的义务，对此应当承担责任。后来其在发现问题之后，依据《行政许可法》责令卢某变更经营场所，以及要求孙某、胡某提交真实、合法、有效的公司住所证明和卫生许可证的做法是正确的。

三、行政裁决

1. 行政裁决的概念和特征

行政裁决可以从形式和实质两个角度来理解。形式上的行政裁决范围广泛，只要行政行为带有裁决的字样即可。但是这样会把行政机关解决行政主体之间关系的裁决也包括在内，所以在这里我们所说的是实质意义上的行政裁决。我们认为行政裁决是指行政主体依照法律授权，对平等主体之间发生的，与行政管理活动密切相关的、特定的民事纠纷进行审查并作出裁决的行政行为。由行政机关裁决民事纠纷，是由我国法律列举规定的，不在列举事项范围内的，不得由行政主体作出裁决。行政裁决是现代社会关系复杂化和行政权日益扩大的产物。行政裁决制度对于消解民事纠纷，保护公民、法人和其他组织的合法权益，维护正常的行政管理秩序，减轻人民法院的审判压力都具有重要作用。行政裁决具有以下特征：

第一，行政裁决的主体是法律授权的特定行政主体。行政裁决的主体是对与民事纠纷有关的行政事务具有管理职权的行政主体，同时必须经过法律专门授权才能成为行政裁决主体。行政主体在行政裁决中并不是纠纷的当事人。

第二，行政裁决的对象是特定的民事纠纷。民事纠纷主要由司法裁决，适用民事诉讼程序。只有在法律明确规定时，行政主体才有权裁决民事纠纷是指与行政管理密切联系的民事纠纷，该类民事纠纷包括民事赔偿纠纷、民事补偿纠纷、有关财产所有权和使用权的纠纷等。需要指出的是，行政主体对行政纠纷进行的裁决不是行政裁决。

第三，行政裁决具有准司法性。行政裁决是行政主体以中立的第三者的身份对民事纠纷进行裁决。行政裁决一旦作出，不管此纠纷的当事人是否接受或同意裁决，都不影响行政裁决的成立和实施，从而不影响行政裁决应有的法律效力。对行政裁决不服，只能向法院提起诉讼。

第四，行政裁决是一种特殊的行政行为。行政裁决是一种在法律特殊授权之后由行政主体实施的行政行为，同时行政裁决是对已发生的特定民事纠纷在行政上予以法律确认，使处于不确定状态的法律关系确定下来，其行为具有行政行为的性质和特征，所以行政裁决是一种特殊的行政行为。

2. 行政裁决的种类

行政裁决的民事纠纷必须有相应法律、法规、规章的规定，如我国的《土地管理法》《森林法》《草原法》《药品管理法》《医疗事故处理条例》《计量法》《环境保护法》《专利法》《商标法》等。行政裁决所涉及的领域很多，主要有土地管理、房屋管理、食品卫生管理、质量监督管理、医疗卫生管理、工商管理、知识权管理、资源管理等。行政裁决作为一种解决平等民事主体之间纠纷的行政法律制度，在调整社会关系，协调社会纠纷中发挥着重要作用，并随着我国市场经济的建立和发展正在逐渐完善。

根据目前法律规定，我国行政裁决主要有如下几种类型：

（1）损害赔偿裁决。损害赔偿裁决是指行政机关对发生在平等主体之间的与行政管理有关的合法权益受到侵害而引起的赔偿争议所做出的裁决。主要涉及治安管理、环境保护管理、医疗卫生管理、产品质量等领域的行政裁决，行政主体可以依据法律、法规等规范性文件赋予的权力作出损害赔偿裁决。如根据《医疗事故处理条例》第四十六条的规定，发生医疗事故的赔偿等民事责任争议，医患双方可以协商解决；不愿意协商或者协商不成的，当事人可以向卫生行政部门提出调解申请。

（2）权属纠纷裁决。权属纠纷裁决是指行政机关对发生在平等主体之间与行政管理有关的财产所有权、使用权的归属争议所做出的确权性裁决。这里的财产所有权、使用权纠纷主要是关于森林、土地、矿产、草原等自然资源的权属纠纷，如对矿产资源利用、开采权等与土地相关的所有权、使用权纠纷，如《土地管理法》第十六条规定了土地所有权和使用权争议，由当事人协商解决；协商不成的，由人民政府处理。单位之间的争议，由县级以上人民政府处理；个人之间、个人与单位之间的争议，由乡级人民政府或者县级人民政府处理；又如《森林法》第十四条规定了全民所有制单位之间、集体所有制单位之间以及全民所有制单位与集体所有制单位之间发生的林木、林地所有权和使用权争议，由县级以上人民政府处理；个人之间、个人与单位之间的争议，由乡级人民政府或者县级以上人民政府处理。

（3）侵权纠纷裁决。侵权纠纷裁决是指当事人与行政管理有关的合法权益受到他人侵犯并发生争议时申请行政主体进行制止，行政主体就此而作出的裁决。侵权纠纷裁决一般是以权属确定为前提，与损害赔偿的确定相联系使用的，如对著作权、商标权、专利权纠纷进行的侵权纠纷的裁决，我国《专利法》第六十条对未经专利权人许可而实施其专利的侵权行为引起的纠纷，当事人可以请求管理专利工作的部门处理。这种行政行为的目的是责令停止侵权行为，保护受害当事人的合法权益。

3. 行政裁决的法律救济

行政裁决是行政行为，具有非终局性，理应适用行政复议和行政诉讼这两种救济程序，但是我国目前法律对行政裁决的法律救济程序的适用，采用的是列举的方式，并不能涵盖所有的行政裁决。

第一，《行政复议法》和《行政诉讼法》规定可以适用的行政裁决范围不同：《行政复议法》仅把对自然资源的所有权或者使用权的确权性行政裁决纳入行政复议的范围，而《行政诉讼法》规定对行政机关作出的关于确认土地、矿藏、水流、森林、山岭、草原、荒地、滩涂、海域等自然资源的所有权或者使用权的决定不服的，以及对行政机关作出的关于确认土地、矿藏、水流、森林、山岭、草原、荒地、滩涂、海域等自然资源的所有权或者使用权的决定不服的，可依法向人民法院提起行政诉讼。

第二，部分行政裁决没有列入行政行为，适用的是民事诉讼程序。如基层人民政府根据《民间纠纷处理办法》对民间纠纷的行政裁决，至今仍然视为民事活动，适用民事诉讼。

【案情介绍】

甲集团公司经 A 市人民政府的批准，在该市的繁华地区建商业大厦，为此在这一地区的 40 户居民要拆迁。甲集团公司取得该市房屋拆迁主管部门的许可后，分别与 40 户居民就拆迁补偿形式和补偿金额、安置用房面积和安置地点、搬迁过渡方式和过渡期限等问题进行协商并签订协议，其中因与 14 户居民就拆迁补偿金额有分歧而未能达成协议。

根据国务院《国有土地上房屋征收与补偿条例》第二十六条规定：房屋征收部门与被征收人在征收补偿方案确定的签约期限内达不成补偿协议，或者被征收房屋所有权人不明确的，由房屋征收部门报请作出房屋征收决定的市、县级人民政府依照本条例的规定，按照征收补偿方案作出补偿决定，并在房屋征收范围内予以公告。被征收人对补偿决定不服的，可以依法申请行政复议，也可以依法提起行政诉讼。A 市人民政府按照征收补偿方案作出补偿决定，并在房屋征收范围内予以公告。

【法律问题】

（1）A 市人民政府按照征收补偿方案作出补偿决定，并在房屋征收范围内予以公告的行为属于何种行为？

（2）甲集团公司对 A 市人民政府按照征收补偿方案作出补偿决定有异议，应提起何种诉讼？

【参考结论】

（1）A 市人民政府按照征收补偿方案作出补偿决定，并在房屋征收范围内予以公告的行为属于行政裁决行为。

本案中，甲集团公司与 14 户居民因房屋征收补偿协议的纠纷属于双方民事主体之间的民事纠纷，依照法律规定，这一纠纷可以由行政机关裁决，它符合行政裁决的主要特征，属于行政裁决行为。

（2）甲集团公司可提起行政诉讼。

甲集团公司对行政裁决不服，应当就 A 市人民政府按照征收补偿方案作出补偿决定的行为向人民法院提起行政诉讼，由人民法院对行政机关的补偿决定的合法性加以审查，作出裁判。

【要点集成】

行政裁决是行政机关依法居间解决与行政管理事项有关的民事纠纷的行为，是一种行政司法活动。行政裁决不同于行政仲裁与行政调解，它属于可诉行政行为，具有法律效力，行政裁决一旦作出，则产生法律上的效力，非经有权机关依法定程序，其他组织、个人不能自行否定其效力。

《最高人民法院关于贯彻执行〈中华人民共和国行政诉讼法〉若干问题的意见》规定："法规或者规章规定行政机关对某些事项可以作'最终裁决'，而公民、法人或者其他组织不服行政机关依据这些法规或者规章作出的'最终裁决',依法向人民法院提出诉讼的,人民法院应予受理。"

四、行政调解

1. 行政调解的概念和特征

行政调解作为政府解决社会纠纷的重要手段之一,在许多国家都有适用,如日本警察的行政调停、公害怨情调停人员对社会公害纠纷的行政调解,又如美国在行政赔偿纠纷中的行政调解。我国是行政调解适用面最广的国家,在行政活动的许多方面都可以适用行政调解。

行政调解是由行政主体作为第三方,以国家法律、法规和政策为依据,以自愿为原则,通过说服教育的方法,促使纠纷双方友好协商,达成协议,从而解决争议的方法和活动。那么,行政调解行为是否为行政行为? 对于这个问题是有争议的: 有人认为行政调解行为不是行政行为,却是行政机关的一种行政管理活动;有人认为行政调解行为是行政行为,是行政职权的行使,但具有特殊性,调解的结果不具有强制执行力。

我们认为行政调解行为不是行政行为,而是与行政行为相关的行为,是行政管理的一种方式。行政调解具有下列法律特征:

第一,行政调解由行政主体主持。行政调解人必须是行政主体,不能由其他主体作为调解人。司法机关作为主持人的调解是司法调解或诉讼调解;而社会群众组织作为主持人的调解是人民调解。行政主体的行政调解权是宪法规定的政府组织职权所派生出来的,并且在其他的法律规范中得到具体化。如 1990 年 4 月 19 日司法部发布的《民间纠纷处理办法》直接赋予了基层人民政府对民间纠纷的调解权。

第二,行政调解以当事人自愿为原则。行政主体不能强制要求当事人接受行政调解的方式来解决纠纷,也不能强制当事人接受其决定。行政调解是不能由行政主体单方面作出行政决定的,必须尊重当事人的自由意志的选择。当事人自愿意味着选择行政调解方式的自愿、接受行政调解结果的自愿。如果当事人一方或双方自愿接受了行政调解达成调解协议后,反悔而不愿履行调解协议,仍然是当事人自愿的体现,行政主体不能强迫其履行,即行政调解不具有强制执行的效力。

第三,行政调解是诉讼外的调解。行政调解并不是指在行政诉讼或行政仲裁过程中的程序,在诉讼或仲裁过程中的调解是司法调解。行政调解可以说是脱离行政诉讼和行政仲裁但与其有一定衔接的一种程序,因为当事人进行了行政调解仍享有其仲裁申请权和司法诉权,是两个相对独立的过程。同时,当事人在提起诉讼或者仲裁,只能以双方当事人的纠纷为诉讼或仲裁的对象,不能以行政调解的结果作为诉讼或仲裁的对象。

第四,行政调解的调整对象可以是民事纠纷,也可以是行政纠纷。行政调解的调整对象与行政复议和行政裁决的调整对象不同: 行政复议的调整对象只能是行政纠纷,当行政相对人不服行政主体的行政行为时,可以向复议机关提起行政复议;行政裁决的对象只能是特殊的民事纠纷,法律规范规定了某些民事纠纷由行政机关作为第三人来裁决,如土地所有权权属纠纷;而行政调解的调整对象包括了民事纠纷和行政纠纷,主要是民事纠纷。因为行政纠纷中的一方当事人行使的国家职权,不能自由处分,所以对行政纠纷的调解比较少，除了法律规范有明确规定的行政纠纷才可申请行政调解，如行政赔偿争议的调解。

2. 行政调解的分类

行政调解按照不同的标准有不同的分类，下面是根据行政调解自身的特征和我国适用的实际情况进行的分类。

（1）以调整对象为标准，分为对民事纠纷的调解和对行政纠纷的调解。对民事纠纷的调解如对劳动纠纷的调解；对行政纠纷的调解如行政赔偿纠纷的调解。

（2）以调解的效力为标准，分为正式调解和非正式调解。行政调解一般不具有强制执行力，而正式调解是调解成立后具有强制执行力，在我国，正式调解原来有对经济合同仲裁中的调解一种，该种调解已经不存在了；非正式调解是调解成立后由双方当事人自愿履行，不具有强制力的调解形式。

（3）以调解人为标准，分为人民政府行政调解和政府职能部门行政调解。由人民政府作为第三方主持进行的调解为人民政府的行政调解；由人民政府职能部门作为第三方主持进行的调解为政府职能部门的行政调解。

3. 行政调解的法律救济

如果双方当事人自愿遵守并履行调解协议，那么双方之间的纠纷也就解决了，不存在救济问题。如果当事人认为行政调解是无效调解或当事人不愿履行调解协议的，那么如何救济呢？

无效调解主要是指在以下这些情况下形成的调解协议：行政主体强迫形成和解协议；调解协议是在欺骗的基础上形成的；调解协议显失公平；调解协议行为规避了法律法规的强制性规定。

由于调解协议是在违反了自愿、平等、守法的基础上形成的，所以当事人可以不遵守调解协议，对于纠纷事项可以申请民事诉讼或仲裁，但是纠纷当事人不能对行政调解提起行政复议和行政诉讼，追究行政主体的责任。

当事人不愿履行已经达成的调解协议，不服行政主体已经作出的行政调解，可以对纠纷事项提起民事诉讼或仲裁，但本身不能就行政调解行为提起行政复议和行政诉讼。

行政调解本身损害了当事人的利益，法律法规等规范性文件并没有明确规定可以就此进行追究以维护受害方的利益，仅仅是规定了当事人可以对纠纷重新适用救济途径。《行政复议法》第八条第二款规定了不服行政机关对民事纠纷作出的调解或者其他处理，依法申请仲裁或者向人民法院提起诉讼，这里的诉讼指的是民事诉讼。

此外，要注意区分行政裁决和行政调解之间的区别：

第一，对象不同。行政裁决对象是法定的特殊民事纠纷；行政调解可以是民事纠纷也可以是法定的行政纠纷。

第二，前提不同。行政裁决只要符合法定情形就可以发生，不需要当事人的同意；行政调解需要在当事人同意下才能发生。

第三，效力不同。行政裁决具有强制执行力，当事人在裁决生效后应当履行；行政调解不具有强制执行力，以当事人自愿为前提。

第四，救济不同。行政裁决当事人不服的，可以通过行政诉讼和行政复议的方式来救济；行政调解当事人不服的，不能通过行政诉讼和行政复议的方式来救济。

【案情介绍】

某甲一年前下岗后，在家门口经营一个烟酒副食门市部。一天早上某甲刚开门，工商所（现为市场监督所）的一名工作人员王某进来，说要买一条高级香烟。王某拿了烟，却不愿付钱，为此两人打了起来，双方都受伤但某甲的伤势比较重。工商所负责人出面调解，让王某付清烟款，医药费各自承担，他们让某甲在协议上签字，某甲认为工商所在袒护王某就未签字。

【法律问题】

结合所学知识分析本案中某甲是否能以工商所为被告提起行政诉讼？

【参考结论】

工商所的行为不具有行政行为性质。第一，工商所不是独立的行政主体或者法律、法规、规章授权的组织，主体不适格，不能独立做出行政行为，其行为一般以其所在工商局（现为市场监督局）的名义做出并由该工商局负责。第二，工商所在本案中的行为是民事调解行为，不是行政行为，一般不影响相对人权利义务关系，如果对此调解结果不满意，当事人可以提起民事诉讼。王某的行为更不是职务行为，而是普通的民事行为，所以综合各因素考虑都不符合行政诉讼提起的基本条件，所以某甲不能以工商所为被告提起行政诉讼。

五、行政确认、行政给付、行政奖励

1. 行政确认

行政确认是指行政主体依法对行政相对人的法律地位、法律关系或有关法律事实进行确定、认定、证明（或否定）并予以宣告的行政行为。

行政确认行为一般不直接改变行政相对人的权利与义务，是一种较中性的行为。

行政确认可以独立存在，也通常是其他行政行为的先决条件。

行政确认行为一般是要式行为，必须以书面方式进行。

行政确认的主要表现方式有：确定、认定（认证）、证明、登记、批准、鉴证、鉴定、公证等。

2. 行政给付

行政给付，又称行政救助，指行政主体在公民年老、疾病或丧失劳动能力等情况或其他特殊情况下，依照有关法律、法规规定，赋予其一定的物质权益或与物质有关的权益的行政行为。

根据《宪法》第四十五条第一款规定，获得行政救助是行政相对人的宪法性权利，提供行政救助是行政主体的法定职责。我国行政救助的主体是地方各级人民政府或其职能部门，如民政部门等。行政给付是依申请的行政行为，但在紧急情况下不需要行政相对人的申请，行政主体应积极、主动地提供。

行政给付行为的表现形式有：安置、补助、抚恤、收留、优待、离退休金、救灾扶贫等。

3. 行政奖励

行政奖励，又称政府奖励，指行政主体为表彰先进、激励后进，充分调动和激发人们的积极性和创造性，依照法定条件和程序，对为国家、社会和人民作出突出贡献或模范地遵纪守法的行政相对人给予物质的或精神的奖励的行政行为。

第六节 其他行政行为

一、行政合同

行政合同，又称公法上的契约，指行政主体为实现行政管理目的，与行政相对人之间基于意思表示一致而缔结的契约。在行政合同中，行政机关享有行政优益权，如选择合同相对方的权利、对合同履行的监督指挥权、单方面变更或解除合同的权利、对合同相对方的制裁权等；而合同相对方只有报酬取得权、损失补偿请求权和损害赔偿请求权。当前行政合同的种类主要有国有土地使用权出让合同、农村土地承包合同、国家订购合同、公共工程承包合同、全民所有制工业企业承包合同、公用征收补偿合同、国家科研合同等。

在行政合同中，行政主体并非以民事主体的身份而是以行政主体的身份与行政相对人订立关于民事权利义务的协议，以合同的方式来达到维护与增进公共利益的目的。为避免行政权力的寻租，行政合同一般应采用招标、邀请发价或直接磋商的方式来缔结。行政合同从特征上来说，具有双重属性，即行政合同既具有一般合同的属性（合同性），又具有行政性，但从根本属性上来说，它并不是纯粹的民事行为，而是公法契约的一种，是非强制性的公法行为，以非强制性的自愿接受、自觉履行为原则。这是因为，在行政合同的双重属性中，行政性是第一性的，而合同性则是第二性的。行政合同产生的基础在于公法，特别是行政法律法规的设定，所以行政合同设定的是公法意义上的权利和义务。

行政合同是一种行政行为，属于行政诉讼受案范围，《行政诉讼法》第十二条规定，行政相对人认为"行政机关不依法履行、未按照约定履行或者违法变更、解除政府特许经营协议、土地房屋征收补偿协议等协议"的，可以提起行政诉讼。将行政合同纳入行政诉讼，一方面可以监督行政机关依法履行职责，防止行政机关以订立合同的方式规避法律规定；另一方面可以加强对行政机关的权力行使的监控，防止行政机关利用行政权力或滥用职权，侵害另一方当事人的合法权益。

【案情介绍】

某市交通局为建造连接市区两岸的大桥，通过招投标与 A 公司签订了工程承包合同。1 月，交通局对施工质量进行检查，发现引桥有 20 米左右路段质量不符合标准，责令改正，A 公司随即返修并经交通局再次检查达标。但是，从 2 月起，合同约定的每月工程进度款再也没有支付，A 公司自行垫付了 800 万元继续施工。7 月，正当大桥主体工程紧张施工之时，交通局突然通知 A 公司停止施工，原因是市文物局经调查发现桥下埋藏隋唐古城遗址，市政府紧急叫停，施工随即停止。3 个多月后，交通局通知 A 公司解除合同。A

公司为此损失 1 400 万元。A 公司与交通局交涉，交通局称停止施工并解除合同是因为政府作出的决定，属不可抗力，因而对 A 公司遭受的损失不予补偿。另外，A 公司施工质量存在问题，只愿偿付 500 万元。A 公司不服，向人民法院起诉。

【法律问题】

A 公司与交通局之间是什么关系？

【参考结论】

A 公司与交通局签订的是行政合同。在该行政合同履行过程中，行政机关享有优益权，对行政合同另一方有监督权、指挥权和惩罚权等，行政相对人必须服从。本案中交通局对不符合合同规定的施工质量责令纠正，正是基于监督权所为。

本案由于发生了合同签订时未曾预见的情况，为了保护隋唐古城遗址，交通局解除合同是正确的。但是，如果变更或解除合同的原因不在于行政相对人的过错，则行政机关应对行政相对人的损失予以补偿。本案交通局以所谓"不可抗力"为由解除行政合同尚且可以理解，但以"不可抗力"为幌子不予补偿是完全错误的。

交通局对 A 公司预先垫付的 800 万施工款应全额支付；A 公司重新返工并经交通局认可达标的工程，只支付 500 万元是违反行政合同的行为。

二、行政指导

行政指导行为是指行政主体在其所管辖事务的范围内，对于特定的公民、法人、其他组织等，运用非强制手段，获得行政相对人的同意或协助，指导行政相对人采取或不采取某种行为，以实现一定行政管理目的的行为。行政指导是行政机关的一种重要的行为方式，不具有强制性，通常采用说服、教育、示范、劝告、建议、协商、政策指导、提供经费帮助、提供知识及技术帮助等方式。行政指导行为的优点在于弥补法律的缺陷，机动灵活，能够满足实际需要。行政指导的缺点在于一般无法律责任的要求，行政指导出现错误时没有救济途径。

【案情介绍】

某村农民多年以种植粮棉为主，但收益不高。经多次到外地考察，乡政府认为种植花木比种植粮棉赚钱，便向全乡农民发出倡议书，号召农民改种花木；还在某村作试点，某村 66 户农民强制性推广种花木。可经营一年后，他们不仅没有盈利，反而亏损。于是，该村 66 户农民不断上访，要求乡政府赔偿损失。上访无果后，66 户农民便以乡政府为被告，向当地人民法院提起行政诉讼。一审人民法院以被告的行为属于行政指导，不属于具体行政行为为由，裁定"不予受理"。原告不服，上诉至上一级人民法院。

【法律问题】

本案中乡政府做出的"倡议"行为是否属于行政指导？一审法院的裁定是否正确？

【参考结论】

本案 66 户农民是否有权对乡政府弃粮种花的"倡议"行为提起行政诉讼，关键问题是政府的"倡议"行为是"行政指导",还是"具体行政行为"。根据《最高人民法院关于适用〈中华人民共和国行政诉讼法〉的解释》第一条的规定,行政指导行为不属于行政诉讼受案范围。所谓行政指导,系指行政主体在其所管辖事务的范围内,对于特定的人、企业、社会团体等,运用非强制手段,获得相对人的同意或协助,指导行政相对人采取或不采取某种行为,以实现一定行政目的的行为。行政指导的最大特征是:它是一种规划性、引导性行为,不具有强制性。如果某种"行政指导"具有"强制力",那只能说这是一种名为"行政指导",实为"具体行政行为"的行为。

行政指导行为一般通过"建议""倡议""指导"等形式表达出来,但最重要的是看它的实质内容。如果实质内容上该行为具有强制力,那不管其冠之什么名称,都为具体行政行为,而不是行政指导行为。

在本案中,乡政府的倡议书,从形式上看,不具有强制力,显然属于"行政指导"的范畴。但从实际操作来看,乡政府强制在一个村试点,显然不具有"指导性",而具有"强制性",这是一种名为"行政指导"而实为强制性的"具体行政行为"。因此,人民法院对66户农民的提起的行政诉讼应当受理。

第五章　行政程序

【课前引例】

2018 年 9 月 6 日下午，赵某将其驾驶的车辆停放在桐柏路与陇海路交叉口北约 200 米处西侧后，离开车辆。某市公安交警大队以"原告将车辆停放在人行道上，车无人看管，车停放位为非机动车停车场，本路段为禁停路段"为由将车辆拖走。2018 年 9 月 7 日，某市公安交警大队的工作人员对赵某进行了询问，制作了询问笔录。笔录中赵某承认当时不在车上，对其可能要作出的处罚要求进行陈述和申辩。随后，某市公安交警大队的工作人员对原告的陈述和申辩制作了笔录。赵某申辩称，当时车停在划有机动车停车位的位置，并由该区车管会人员看管收费。某市公安交警大队于同日作出罚款行政处罚决定书，决定书载明："赵某，经立案调查，你于 2018 年 9 月 6 日在陇海路与桐柏路口西实施违章停放的行为，有勘验笔录、询问笔录为证，违反了《中华人民共和国道路交通安全法》（以下简称《道路交通安全法》）第五十六条规定：机动车应当在规定地点停放，禁止在人行道上停放机动车；又根据《道路交通安全法》第九十条规定：机动车驾驶人违反道路交通安全法律、法规关于道路通行规定的，处警告或者 20 元以上 200 元以下罚款，本大队决定予以罚款 200 元的处罚。"赵某对该行政处罚不服，向人民法院提起行政诉讼。

【法律问题】

本案中，某市公安交警大队的行为存在哪些程序上的缺陷？

【参考结论】

本案中，被告某市公安交警大队所作出的行政处罚决定存在多方面的问题。首先，在作出该处罚决定之时应当充分听取相对人的陈述和申辩，并对相对人申辩事由进行调查、复核，但其并未提供这方面的证据，应当认为被告未进行此项活动，侵犯了行政相对人的陈述申辩权；其次，在行政处罚决定书中被告认定原告有违章停放的行为，但只是对原告的行为进行了定性，没有载明其违反法律、法规或规章的事实、理由和依据，被告也没有提供证据证明作出该行政处罚决定已经行政机关负责人决定，可认为其作出的行政处罚决定认定事实不清、主要证据不足。

【要点集成】

本案涉及行政机关作出行政行为时应依据的程序问题。行政程序要求行政机关在证据齐全、事实清楚、行政相对人充分参与表达意见的情况下，最后对案件作出明确判断，这关系到行政相对人的权利与行政权行使的合法与高效。具体而言，行政程序包括以下环节：

（1）告知。行政机关立案调查后，应及时告知行政相对人其拥有的各项权利，包括申辩权、出示证据权、要求听证权及必要的律师辩护权。向行政相对人及利害关系人进行必要的告知，使其有陈述意见、提出反证等参与性的权利，有助于认定事实，正确适用法律、法规，既保障行政相对人的权利，也使其受到应有的教育。

（2）评议。评议是指行政主体有关人员就行政相对人的行为，根据调查和听证获取的材料，作出行政处理的初步决定。具体包括：由行政案件的承办人汇报行政相对人行为的事实和应作出行政处理的依据；由参加评议人员全面审查行政相对人行为的事实和证据。在这里，审裁分离制度可以保证行政行为的公正性；作出初步行政决定。

（3）制作行政处罚决定书。行政处罚决定书应以书面形式表示出来。一般而言，对于普通程序，行政主体作出具体的行政行为时应当采取书面的形式。行政处罚决定书是行政主体对行政相对人权利的最终处置结果，是行政相对人进行行政复议、提起行政诉讼的依据。行政处罚决定书应当列出行政行为的事实和证据，理由和依据等。

行政处罚决定书应当载明：基本情况，指行政相对人的姓名、性别、职业、年龄等情况；事实；依据，指行政主体实施行政行为所依据的法律、法规、规章以及其他规范性法律文件，行政主体应当在其行政处罚决定书中公开其执法的依据；决定，即行政行为最终的结果；执行期限，指行政相对人收到行政决定书后的履行期限；不服行政决定申请复议的机关、期限，或者提出行政诉讼的期限；作出行政处罚决定的行政主体的名称和日期，应当加盖该行政主体的印章，否则行政决定书无效。

（4）送达。这是将行政处罚决定书送交行政相对人的一种法律活动，是使行政处罚决定生效的程序，包括直接送达、留置送达、委托送达等内容。

第一节　行政程序概述

一、行政程序的概念

有行政行为就有行政程序，但什么是行政程序目前尚未形成一个为行政法学界共同接受的概念。对行政程序的含义之争成为行政程序研究中的第一个争论点。各种教材和著作大都有自己的定义，例如，行政程序，就是由行政行为的方式和步骤构成的行政行为过程，它与行政行为的实体内容相对称；[1] 行政程序，就是由行政行为的方式、步骤和时间、顺序构成的行政行为的过程，它与行政行为的实体内容相对称；[2] 行政程序也叫作行政手续，有广义与狭义之分，狭义的行政程序指行政行为成立的过程，广义的行政程序则不仅指行政行为成立的过程，还包含行政行为成立的形式，因此认为行政程序是指行政主体采取行政行为的步骤、次序和方式；[3] 行政程序是行政主体实施行政行为时应当遵循的方式、步骤、时限和顺序。行为方式、步骤构成了行政行为的空间表现形式；行为的时限、顺序

---

① 应松年、朱维究主编：《行政法与行政诉讼法教程》，北京：中国政法大学出版社1989年版。

② 罗豪才主编：《行政法学》（修订本），北京：中国政法大学出版社1999年版。

③ 王连昌主编：《行政法学》，成都：四川人民出版社1993年版。

构成了行政行为的时间表现形式。所以，行政程序本质上是行政行为空间和时间表现形式的有机结合；[①] 行政程序是规范行政权运行的方法和步骤，是有关行政主体行使行政管理职权的方式和步骤，它由行政行为的方式、步骤、形式、时限和顺序等要素组成；[②] 行政程序是指行政法律关系主体（多指行政主体）实施行政行为时必须遵循的步骤和方式的总称；[③] 行政程序有广义和狭义之分，广义上包括行政活动程序、当事人参与行政程序和监督行政的程序，狭义上是指行政活动程序，它与行政行为的实体内容相对称。[④]

综上所述，各种定义对行政程序是由行政行为的步骤、方法、过程等要素构成无重大分歧，分歧主要在于行政程序适用范围上。对行政程序的含义之争在我国主要形成了两种具有代表性的观点：一种观点认为，行政程序行为的主体必须是行政机关以及法律、法规、规章授权的组织和个人，行政相对人不能成为行政程序行为的主体；另一种观点认为，行政程序是行政法律关系主体在行政活动中应遵循的程序。因此，行政程序的主体不仅包括行政主体，还包括行政相对人，凡是行政法律规范确定的行政法律关系主体活动的程序都是行政程序。

此外，对行政程序的覆盖面认识也因角度不同而不一致。一种观点认为，行政程序就是由行政行为的方式和步骤构成的行政行为的过程，它与行政行为的实体内容相对称。另一种观点认为，行政程序是指有关行政的程序，既包括行政行为的程序，也包括监督行政行为的程序。

学术界关于行政程序定义的争议可以作为我们深入讨论的课题，本教材认为行政程序是指行政主体在实施行政行为时应当遵循的方式、步骤、时限和顺序。

二、行政程序的体系构成

1. 行政决定程序

（1）简易程序，又称非正式程序，指行政主体对案情简单、事实清楚的行政事务，给予处理和执行，或在紧急情况下没收或扣押违法物品、工具等所应遵守的程序。简易程序一般是当场进行。

简易程序主要适用以下情形：案情简单、事实清楚、证据确凿，无须进一步查证；案件社会影响不大，一般以警告和低额罚款为限。具体程序为：表明身份；指出事实，说明理由，必要时进行调查取证；行政相对人可以口头申辩，执法人员要答辩；制作并送达行政决定书，告知相对人权利；执行行政决定的内容；备案。

（2）普通（一般）程序，指行政主体行使行政权时应当遵守的基本程序。它是行政程序中最完整的程序，是除适用简易程序以外所有行政行为都应遵守的程序。一般包括立案、调查和裁决三个环节。其中，调查环节包括传唤和询问。传唤指行政主体依法要求行政相对人在规定的时间内到指定场所接受讯问，一般应使用传票或传唤证进行。讯问指行

---

① 姜明安主编：《行政法与行政诉讼法》（第六版），北京：北京大学出版社、高等教育出版社 2015 年版。

② 杨海坤、黄学贤：《中国行政程序法典化：从比较法角度研究》，北京：法律出版社 1999 年版。

③ 陈安明、沙奇志：《中国行政法学》，北京：中国法制出版社 1992 年版。

④ 王学辉、贺善征：《行政程序法研究》，成都：四川人民出版社 1999 年版。

政主体对被传唤人就其所实施的行政违法行为所进行的查问。讯问应及时进行，应由两名以上有行政执法资格的公务人员进行并如实制作现场笔录。

2. 行政执行程序

行政执行程序指行政主体在行政执行过程中应当遵守的方式、步骤、空间、时限。

行政执行程序的特征有：

（1）行政执行的机关是行政主体或人民法院。法律规定行政主体享有强制执行权时，行政主体可以自行强制行政执行；行政主体不享有法律规定的行政强制执行权时，行政主体必须申请人民法院强制执行。

（2）行政执行程序由法律规定。行政执行程序与行政相对人的权利义务直接联系，必须严格规范，具体程序要求只能由法律规定，行政主体不能自行规定行政执行程序。

（3）行政执行的目的是实现行政法律关系，或是实现行政管理目标。行政执行是具体落实行政行为的行为，是最终实现行政管理目标的行为。

（4）行政执行的对象可以是物、行为或人身。行政执行可以是对物的扣押，也可以是行为的要求，还可以是对人身自由的限制等。

（5）行政执行必须有执行依据。行政执行必须要以一定形式的发生法律效力的法律文书为执行依据，而且必须是行政相对人在法定时间内逃避或拒绝履行义务，这样方可行政执行。

行政执行程序的具体方式有：将查封、扣押的被执行人的财产拍卖；冻结、划拨金融机构存款；加收滞纳金；申请人民法院强制执行。

【案情介绍】

王文隆向北京市石景山区公安分局八角派出所提出变更姓名的申请，要求将"王文隆"变更为"奥古幸耶"，并提交了变更姓名登记申请书、户口簿、身份证等材料。石景山区公安分局在王文隆更改姓名审批表上签署决定意见：根据公安部三局《关于执行户口登记条例的初步意见》第九条规定的原则，不同意该同志更改姓名。王文隆不服该决定意见，向石景山区人民法院提起行政诉讼，要求被告撤销原行政行为，并请求法院裁定被告重新作出行政行为。

在审理该案过程中，被告石景山区公安分局认可其作出的行政行为缺乏法律依据，变更了行政行为，将王文隆户籍卡上登记姓名一栏中的王文隆变更为奥古幸耶。原告王文隆以被告为自己变更了姓名为由，申请撤回起诉。

【法律问题】

行政主体在作出行政行为时，如何说明理由？

【参考结论】

说明理由是行政程序中的一项重要制度，它要求行政主体在作出对行政相对人合法权益产生不利影响的行政行为时，除法律有特别规定外，必须向行政相对人说明其作出该行政行为的事实因素、法律依据以及进行裁量时所考虑的政策、公益、形势、习惯等因素。这一制度具有重大的法治意义：其一，有利于限制行政主体的恣意行政，通过给行政机关附加说明理由的义务，可以促使其慎重考虑案件事实和法律规定，公正、合理地作出行政决定；其二，有利于增强行政相对人对不利决定的可接受程度，便于执行；其三，有利于行政相对人寻求救济，行政主体说明的理由，为行政相对人了解行政行为的依据提供了机会，为行政相对人决定是否申请行政复议或提起行政诉讼提供了条件，便于其有针对性地收集证据、提出反对意见进行抗辩，使行政相对人的权利能够通过法律救济获得真正的保障。

当行政主体以书面形式作出行政决定时，理由一般都应当在行政决定书中附带说明。由于行政行为的作出实际上就是行政机关适用法律的过程，即将抽象的法律规范适用于具体案件、特定相对人的过程，调整具体行政关系的活动。那么，它也要遵守法的适用的一般规定，要经过调查分析事实、选择确定要适用的法律、针对适用的事实解释法律、作出行政决定这几个阶段。而且由于现实生活极其复杂，法律中往往只是规定了一定的幅度甚至只是一些原则、标准，需要行政机关行使裁量权的领域十分广泛。因此，与这一过程相适应，行政行为说明理由的内容就应当包括作出行政行为的事实因素、法律依据以及进行裁量时所考虑的政策、公益、习惯等因素。一般情况下，这些内容在行政决定书中应当全面展示，并且应当充分、清楚，而不能含糊、矛盾。

在说明作出某一行政行为的事实因素时，这些事实因素应当是通过合法收集到的证据能够证明的事实，不能是主观臆断的事实，而且为了保证行政效率，只在行政决定书中对主要事实加以说明即可。本案事实简单、清楚，只需要说明王文隆于何时向公安分局提交了变更姓名的申请。

在说明行政决定的法律依据时，不能只是笼统地说"依据有关法律规定"，而应当明确到依据某部法律的某个具体条文，必要时还要对该条文作出解释，这是依法行政的要求。《中华人民共和国户口登记条例》第十八条第二款规定："十八周岁以上的人需要变更姓名的时候，由本人向户口登记机关申请变更登记。"公民有变更自己姓名的权利。本案中，公安分局不同意王文隆变更姓名的依据是公安部三局《关于执行户口登记条例的初步意见》第九条规定的原则。根据该条的规定，对年满 18 周岁的公民变更姓名要加以适当控制，没有充分理由，不应轻易予以更改，有充足理由的也要经派出所所长或乡长批准，机关、团体、企事业单位的职工必须有所在单位人事部门准予变更的证明。公安部三局作出的这个内部规定实际上限制了公民变更姓名的权利，与上位法有冲突，并且它也没有对"充分理由"进行具体解释。也就是说，我国在公民变更姓名这个问题上缺乏具体明确的法律依据，因此公安机关在是否同意公民变更姓名时有很大的自由裁量权。那么公安机关在作出不同意变更姓名决定书的时候，就应当对其作出该决定时所考虑的相关因素进行说明，比如公安机关处理变更姓名申请的一贯做法、行政相对人要变更的姓名违背社会公德、行政相对人变更姓名存在不良动机等，以保证其行政行为具备正当性。石景山区公安分局在审批表中没有对这些因素进行明确说明，因此在相对人起诉之后不得不改变了原行政行为。

第二节 行政听证制度及其适用问题

一、我国行政听证的由来

我国1996年实施的《行政处罚法》，第一次将听证作为行政处罚程序的一项重要制度确立下来。由于立法的推动，学者们在赞同听证的同时，对听证制度也展开了比较广泛的研究。听证研究已成为我国行政程序和行政程序法研究热点中的热点。

在《行政处罚法》制定以前，针对我国有没有行政听证制度，主要有两种观点：

有学者认为，当代中国行政听证制度的确立与中国传统优秀文化有着直接的联系。他们认为，中国在很早的时候，就有"兼听则明，偏信则暗"的法律思想和法律制度，虽然中国古代行政与司法职能合一，行政听证与司法听证混淆在一起，但它早就存在。更何况我们党在领导中国革命的长期岁月中一贯重视调查研究，人民政府在处理各种社会问题中一贯重视听取人民群众的意见。因此，不能妄自菲薄，否认中国历史上存在行政听证制度。他们认为，当代中国行政听证制度是中国固有的优秀行政文化传统的发展，是对已有行政制度的完善和发展。

也有学者认为，听证制度是我国借鉴外国有益的行政法制度的成果，但不能说中国历史上丝毫没有关于听证方面的思想，如"兼听则明，偏听是暗"等。但这些听证思想长期为君权所用，不能反映真正的民主思想和要求。另外由于行政与司法合一，听证的主张主要适用于官吏断案，近代中国引进西方程序法律制度也主要集中在审判方面，因此，中国长期以来在行政领域不可能也没有产生独立的行政听证程序和制度。

我们认为，行政听证制度的建立，既有我国传统因素的影响，又有对西方制度的学习与借鉴。

二、行政听证的含义

听证有广义和狭义之分，广义的听证一般指在国家机关作出决定之前，给利害关系人提出发表意见的机会，对特定事项进行质证、辩驳的程序。听证的内涵是听取当事人的意见，听证的外延则涉及立法、执法和司法领域。狭义的听证即行政听证，指行政机关在制定法规或作出具体行政决定时，广泛听取行政相对人或利害关系人的意见，以使决定公正、合理的程序。行政法学研究上提到的听证多指这种狭义听证。行政听证也有广义和狭义之分，广义的行政听证指行政机关在立法或作出行政决定的过程中征求相关利害关系人意见的活动；狭义的行政听证则仅指听证会，即行政机关为了合理、有效地作出和实施行政决定，举行由相关利害关系人参加的听证会以广泛听取各方面意见的活动。

较普遍的看法是，行政听证指行政机关在行使行政权作出影响行政相对人的权利与义务的决定前，就有关事实问题和法律问题听取利害关系人意见的程序性法律制度。

三、行政听证的分类

听证主要有以下分类：正式听证和非正式听证；事前听证、事后听证和二者相结合的听证；书面听证和口头听证；决策型听证和裁决型听证；自行听证和委托听证。

四、行政听证的适用范围

行政听证的适用范围是指利害关系人对于行政主体的哪些行政行为可以要求听证。以下为世界各国确定行政听证适用范围的方法：

其一，从听证范围确定方式看，主要有两种方式：一是通过立法确定行政听证程序的适用范围，其方式不外是列举概括与排除，大陆法系国家基本采用这种方式。二是通过判例确定行政听证的范围，这是英美法系国家确定听证范围的基本方法。

其二，确定听证程序适用范围的原则是个人利益与公共利益的均衡以及成本一般小于权益。前者以解决适用听证程序时个人利益与公共利益的冲突为目的，后者以降低听证成本，提高听证收益为目的。

其三，确定听证适用范围的标准通常有两类：一是行为标准，我国《行政处罚法》即采用此标准，从世界范围看，德国、奥地利、日本等国家采用了这一标准。二是利益标准，即是否适用听证，取决于当事人的何种利益受到什么样的影响，英美法系国家多采用此标准。

其四，不适用听证程序的情形主要包括：涉及国家安全的决定；紧急情况；行政执行行为；批量行政行为和根据技术标准而为羁束行政行为等。

我国《行政处罚法》中规定了行政听证的范围。《行政处罚法》第四十二条规定："行政机关作出责令停产停业、吊销许可证或者执照、较大数额罚款等行政处罚决定之前，应当告知当事人有要求举行听证的权利。"其后条文又规定："当事人对限制人身自由的行政处罚有异议的，依照治安管理处罚法有关规定执行。"以上就是我国目前行政处罚中听证的法定适用范围。

对此，法学界普遍认为我国行政听证适用范围过于狭窄。此外，在对上述条义规定的理解上，学者的看法也有分歧，主要表现在对"等"的理解，是等内还是等外，即超出上述三种列举以外的行政处罚能否适用听证程序。主要有三种观点：

其一，等外说。这种观点认为，《行政处罚法》第四十二条的规定是立法中常用的列举式加概括式的表述方法。行政处罚种类繁多，前面列举了责令停产停业、吊销许可证或者执照、较大数额罚款三种形式，后面用等字表示省略，即表示只要是与前面列举的三种处罚性质相近，可能对当事人的经济利益造成较大损害的，当事人也可以要求举行听证。

其二，等内说。这种观点认为，这里的"等"字是一个无实际意义的虚词，适用听证的行政处罚种类仅限于列举出的三种。

其三，上述两种观点对条文的理解仅限于字面的立法表述，不够全面。认为这一条文规定反映了行政处罚听证适用范围实然与应然的矛盾。从立法背景、立法精神来看，条文的意思是仅限于三种列举的处罚。从应然的角度来看，超出列举之外的同样严重的行政处罚也应予以听证，否则从法理上难以自圆其说。

我们认为从约束行政权力行使，保障行政相对人合法权益这一目的来看，《行政处罚法》第四十二条规定的"等"，应作"等外说"理解，这样更利于促进依法行政和保障人权。

另外，上述关于行政处罚听证的情形中，"较大数额罚款"是一个不确定的概念。各地采用的标准主要有：

其一，以行为主体为标准。这一标准与《行政处罚法》的规定相衔接，如《行政处罚法》对简易程序与一般程序的区分就是以公民、法人为界定标准。但这一标准也有缺点，在公民和法人之间存在灰色地带，如个体户是作为公民个人还是法人存在着不同的意见。

其二，以违法行政行为即经营活动和非经营活动为标准。这一标准以不同性质的违法行为来划分，不存在灰色地带，淡化了违法主体的区别。

其三，以罚款给当事人造成损害结果的大小为标准，认为无论是以行为性质还是以行为主体确定较大数额罚款，都无法保证所有受到罚款损害的公民、法人受到公平对待，且较大数额罚款是一个模糊概念，对不同地域，受不同法律规范的人来说，具有不同的含义，所以，应以罚款给当事人造成的损害结果的大小为标准确定是否适用听证的情形。

其四，以损害结果为标准。这个标准从理论上讲比较公正，但理想化色彩太浓，实践中不容易操作，且不太适合于我国目前的国情。

我们倾向于将第一和第二两个标准结合起来判断，当然这在操作上还需进一步研究。

《行政处罚法》明确规定限制人身自由的行政处罚不适用听证程序，学界对此提出了异议。同时，根据《治安管理处罚法》第一百零七条规定："被处罚人不服行政拘留处罚决定，申请行政复议、提起行政诉讼的，可以向公安机关提出暂缓执行行政拘留的申请。公安机关认为暂缓执行行政拘留不致发生社会危险的，由被处罚人或者其近亲属提出符合条件的担保人，或者按每日行政拘留二百元的标准交纳保证金，行政拘留的处罚决定暂缓执行。"这一规定引起了法学界的广泛议论，形成了两种针锋相对的观点。

持"赞成说"的人认为，行政拘留不宜纳入听证适用范围。理由是：第一，行政拘留一般要求立即执行，举行听证难以操作。第二，《治安管理处罚法》规定不服裁决的人可以向上级公安机关申请复议或提起行政诉讼，可以得到相应的行政救济。

持"反对说"者对《行政处罚法》的有关规定展开了激烈的批评，认为这是行政处罚法中的一个很大的缺陷，立法上之所以将最为严厉的行政拘留排除在听证范围之外，其原因可能是"同行政机关妥协的结果"，也是"中国国情"决定的。另有学者认为，限制人身自由的行政处罚对公民的权利的影响一般比较大数额罚款的影响更大，不适用听证程序就有失公正。

我们认为，从保障行政相对人合法权益的角度，以及行政法治的要求，应将限制人身自由的行政处罚纳入行政听证的范围。

【案情介绍】

乔占祥诉铁道部春运期间部分旅客列车票价上浮案

2000 年 12 月 21 日，铁道部下发《关于 2001 年春运期间部分旅客列车票价实行上浮的通知》（以下简称《通知》）。该通知规定 2001 年春节前 10 天及春节后 23 天北京、上海铁路局、广州铁路（集团）公司等始发的部分直通列车实行票价上浮 20% 至 30%。由于票价上浮，河北省律师乔占祥两次乘车共多支付 9 元。乔占祥认为铁道部发布的通知侵害了其合法权益，向铁道部提起行政复议。铁道部在复议中维持了票价上浮行为。乔占祥遂以铁道部上浮票价未经价格听证程序为由，诉至北京市第一中级人民法院，请求判决铁道部撤销复议决定，撤销票价上浮通知。一审判决驳回原告的诉讼请求，乔占祥不服上诉。

上诉人乔占祥认为一审判决没有对被诉行政行为的合法性进行全面审查，铁道部所作《通知》未举行听证会，未经国务院批准，违反法定程序；在复议过程中铁道部未履行其转送审查国家计委 1960 号批复的请求，属不履行法定职责。因此，向二审法院提起上诉，请求二审法院撤销一审判决，撤销铁道部所作《通知》，判决确认被上诉人未履行转送职责的行为违法。

被上诉人铁道部答辩认为其作出《通知》符合法定程序，上诉人提出对国家计委 1960 号批复的转送请求不符合转送条件，故一审判决正确、合法，请求二审法院驳回上诉，维持原判。

北京市高级人民法院经审理认为，铁道部的《通知》是向主管部门上报了具体通知方案并得到批准之后所作出的。在价格法配套措施出台前，铁道部价格上浮行为并无不当之处，遂依法驳回乔占祥的上诉请求，维持一审判决。①

【法律问题】

法院判决认为，虽然《中华人民共和国价格法》（以下简称《价格法》）第二十三条规定，制定关系群众切身利益的公用事业价格、公益性服务价格、自然垄断经营的商品价格等政府指导价、政府定价，应当建立听证会制度。但是，由于在铁道部制定《通知》时，国家尚未建立和制定规范的价格听证制度，要求铁道部申请价格听证缺乏具体的法规和规章依据。法院的意见是否合理？

【法律链接】

《价格法》

第十八条　政府在必要时可以实行政府指导价或者政府定价。

第二十三条　制定关系群众切身利益的公用事业价格、公益性服务价格、自然垄断经营的商品价格等政府指导价、政府定价，应当建立听证会制度。

《中华人民共和国铁路法》

第二十五条　铁路的旅客票价率和货物、行李的运价率实行政府指导价或者政府定价，竞争性领域实行市场调节价。政府指导价、政府定价的定价权限和具体适用范围以中

---

① 胡锦光、林毅：《乔占祥诉铁道部 2001 年春运价格上浮案研究》，中国民商法律网，http://www.civillaw.com.cn。

央政府和地方政府的定价目录为依据。铁路旅客、货物运输杂费的收费项目和收费标准，以及铁路包裹运价率由铁路运输企业自主制定。

【参考结论】

在本案中，原告乔占祥认为铁道部没有举行听证会而导致程序违法的说法是错误的。由于政府的价格主管部门是原国家计委，即原国家计委负有举行关于旅客列车票价上浮的听证会的义务。而原国家计委并没有举行听证会，即擅自批准铁道部关于在春运期间部分旅客列车票价上浮的方案，因此，是原国家计委的行为违法，而不是铁道部违法。

行政听证制度理论基础包括自然公正原则——任何人或团体在行使权利可能使别人受到不利影响时必须听取对方意见，每一个人都有为自己辩护和防卫的权利、任何人或团体不能作为自己案件的法官以及正当法律程序原则。我国行政听证制度的依据是《宪法》规定人民有权通过法律规定的各种途径和形式，管理国家事务，管理经济和文化事业，管理社会事务。

原告乔占祥认为列车票价上浮没有举行行政听证会而导致程序违法的说法是正确的。按照《价格法》第二十三条的规定，制定关系群众切身利益的公用事业价格、公益性服务价格、自然垄断经营的商品价格等政府指导价、政府定价，应当建立听证会制度。政府的价格主管部门应举行听证会。本案在二审期间，原国家计委就 2002 年铁路春运票价调整举行了有史以来的第一次国家级价格听证会。该案促进了听证制度的法律规范的完善，推动了《价格法》的贯彻落实。

第三节　行政程序法的立法模式及其选择

行政程序法立法模式，是指行政程序法的立法体例是采用统一法典式，还是采用单行法律模式，抑或无独立的程序法而完全与实体法合并的模式等。

行政程序法的形式有两种：一是分散式，二是统一式。分散式是指行政程序法规范分散在多种法规之中，散见于不同的法律文件中。它不是通过单一的程序法典，而是通过多种法规形式表现出来。目前，大多数国家处于这种形式，我国也属于这种立法形式。统一式是指行政程序法规范集中在单一的行政程序法典之中，不仅便于查找，而且内容统一、协调。统一式比分散式更科学可取，行政程序法从分散式过渡到统一式，是普遍的和最终的趋势，统一式行政程序法是法制成熟的标志。

中国行政程序法立法应该从何入手呢？这一问题随着行政法学界对行政程序问题探讨的深入，主要形成了以下观点：

（1）从中国目前行政程序法立法状况来看，以行政程序法典来实现行政程序立法的统一是最有效的途径，主张制定统一的行政程序法典。[①]

（2）行政程序法的立法是一项巨大的工程，在立法上应采取逐个解决的办法。例如，

---

① 江必新：《行政程序法的功能、效用及目标模式》，《比较法研究》1988 年第 4 期；罗豪才主编：《行政法学》，北京：中国政法大学出版社 1989 年版。

可以先完善行政立法和行政规范性文件的制定程序；在行政执法方面，可以先研究和制定行政处罚、行政强制、行政许可、行政收费等程序规范；或者对听证程序、强制程序、调查程序等逐个地予以立法，最终达到基本上建立国家行政程序法律制度的目的。[①]

（3）中国行政程序法立法的总趋势是制定一部统一的行政程序法典，但应根据实际情况先在行政立法、行政执法和行政司法领域中制定单行的行政程序法规、规章，从而为制定统一的行政程序法典奠定基础。[②]

（4）综合考虑行政程序法立法体例模式可以涉及的几个方面，以及当今世界行政程序法典化的历史趋势，我国行政程序法立法体例模式应采用以统一法典为基本法，以不同行政行为的程序规范为补充，且随着行政行为的发展变化以及理论研究的不断深入，使这一体系保持动态平衡，即采用综合模式。[③]

我国目前行政程序法立法已经有了对一些重要行政行为的程序加以规范的规定，如《行政处罚法》对行政处罚的一般程序、简易程序，特别是听证程序作了比较具体的规定；《行政复议法》对行政司法程序作了明确的规定；还有《行政许可法》《行政强制法》等。

【案情介绍】

2012 年 3 月，建筑施工企业原野公司股东王某和张某向工商局（现为市场监督局）提出增资扩股变更登记的申请，将注册资本由 200 万元变更为 800 万元。工商局根据王某、张某提交的验资报告等材料办理了变更登记。后市公安局向工商局发出 10 号公函称，王某与张某涉嫌虚报注册资本被采取强制措施，建议工商局吊销原野公司营业执照。工商局经调查发现验资报告（注：现在公司登记不需要验资报告）有涂改变造嫌疑，向公司发出行政处罚告知书，拟吊销公司营业执照。王某、张某知此事后向公司补足了 600 万元现金，并向工商局提交了证明材料。工商局根据此情形作出责令改正、缴纳罚款的 20 号行政处罚决定。公安局向市政府报告，市政府召开协调会，形成 3 号会议纪要，认为原野公司虚报注册资本情节严重，而工商局的行政处罚过轻，要求工商局撤销原处罚决定。后工商局作出吊销野公司营业执照的 25 号行政处罚决定。原野公司不服，向法院提起行政诉讼。

【法律问题】

（1）对王某、张某在工商局作出 20 号行政处罚决定前补足注册资金的行为如何认定？

（2）市政府能否以会议纪要的形式要求工商局撤销原处罚决定？

（3）工商局作出 25 号行政处罚决定应当履行什么程序？

【参考结论】

（1）虚报注册资本是指公司在工商部门办理注册、变更登记时，使用虚假证明文件等欺诈手段虚报其注册资本以骗取公司登记的违法行为。工商局经调查发现验资报告有涂改

①　张春生、袁吉亮：《行政程序法的指导思想及核心内容的探讨》，《中国法学》1991 年第 4 期。

②　章剑生：《行政程序法学原理》，北京：中国政法大学出版社 1994 年版。

③　杨海坤、黄学贤：《中国行政程序法典化——从比较法角度研究》，北京：法律出版社 1999 年版。

变造嫌疑，王某、张某构成虚报注册资本骗取公司登记的行为。对在工商局作出 20 号行政处罚决定前补足注册资金的行为，属于主动减轻违法行为危害后果的行为。《行政处罚法》第二十七条规定，当事人有下列情形之一的，应当依法从轻或者减轻行政处罚：①主动消除或者减轻违法行为危害后果的；②受他人胁迫有违法行为的；③配合行政机关查处违法行为有立功表现的；④其他依法从轻或者减轻行政处罚的。违法行为轻微并及时纠正，没有造成危害后果的，不予行政处罚。

（2）市政府不能以会议纪要的形式要求工商局撤销原处罚决定。

首先，从合法行政角度来看，3 号会议纪要的形成违反了合法行政原则中的法律优先原则，即行政主体的行政行为要符合法律规定。王某、张某虽然违反法律规定，实施了虚报注册资本骗取公司登记的行为，但是其在 20 号行政处罚决定作出之前又主动补足了注册资金，主动减轻违法行为危害后果。根据《行政处罚法》的规定，应当依法从轻或者减轻行政处罚。因此 3 号会议纪要认定原野公司虚报注册资本情节严重，工商局处罚过轻，要求工商局撤销原行政处罚决定的内容违反了法律规定。

其次，从程序正当角度来看，该会议纪要的作出违反了法定程序。市政府仅仅通过召开协调会的方式就作出了影响王某、张某实体权利的决定，未经过调查核实，也没有经过听证程序。

此外，从诚实守信角度来看，行政机关已经作出了 20 号行政处罚决定，对行政相对人王某、张某的权利义务产生了实际影响，二人对此已经具有信赖利益。但是工商局后来又废除了这个决定，采取了新的行政处罚决定，显然违反了诚实守信原则，损害了行政相对人的信赖利益。同时，也违反了一事不二罚规则。

（3）工商局作出 25 号行政处罚决定前，应当告知行政相对人有要求举行听证的权利；行政相对人要求听证的，行政机关应当组织听证。《行政处罚法》第四十二条规定，行政机关作出责令停产停业、吊销许可证或者执照、较大数额罚款等行政处罚决定之前，应当告知当事人有要求举行听证的权利；当事人要求听证的，行政机关应当组织听证。当事人不承担行政机关组织听证的费用。据此可知，适用听证程序的条件有：①行政机关将要作出责令停产停业、吊销许可证或者执照和较大数额罚款等行政处罚决定；②经当事人依法提出听证要求，由行政机关组织。本案中 25 号行政处罚决定的内容是"吊销原野公司的营业执照"，根据《行政处罚法》第四十二条的规定，工商局在作出该种处罚决定之前，应先履行"告知原野公司有要求举行听证的权利"程序，原野公司在被告知该权利后，其有权选择是否要求工商局举行听证，若原野公司要求工商局举行听证的，则工商局应当组织听证。

【案情介绍】

建设局对王某作出行政处罚案

王某驾驶一辆机动车途经某县城区，在城区内违章停放车辆，将道路排水管压坏，该县建设局当即决定对王某罚款 10 000 元，同时向王某送达了行政处罚告知书和行政处罚决定书，后因王某未交付罚款，某县建设局向人民法院申请强制执行。法院审查认为，某县建设局对王某作出罚款 10 000 元的行政处罚程序严重违法，依照《最高人民法院关于适用《中华人民共和国行政诉讼法》的解释》第一百六十一条的规定，对该局作出的行政处罚决定裁定不准予执行。

【法律问题】

县建设局的行政处罚程序违法是否达到情节严重的标准？

【法律链接】

《行政处罚法》

第三十一条　行政机关在作出行政处罚决定之前，应当告知当事人作出行政处罚决定的事实、理由及依据，并告知当事人依法享有的权利。

第三十二条　当事人有权进行陈述和申辩。行政机关必须充分听取当事人的意见，对当事人提出的事实、理由和证据，应当进行复核；当事人提出的事实、理由或者证据成立的，行政机关应当采纳。

《最高人民法院关于适用〈中华人民共和国行政诉讼法〉的解释》

第一百六十一条　被申请执行的行政行为有下列情形之一的，人民法院应当裁定不准予执行：

（一）实施主体不具有行政主体资格的；

（二）明显缺乏事实根据的；

（三）明显缺乏法律、法规依据的；

（四）其他明显违法并损害被执行人合法权益的情形。

【参考结论】

第一，本案王某在道路排水管网上停放车辆，并造成排水管道的损坏，建设局对王某违法事实的认定，事实清楚。根据《城市道路管理条例》的规定，对王某应当予以处罚。但建设局执法人员在对王某制作询问笔录的同时，即作出了罚款 10 000 元的决定，并当场送达了行政处罚告知书及行政处罚决定书，该处罚程序与法相悖。《行政处罚法》第三十三条规定，对公民违法行为当场作出行政处罚的罚款数额为 50 元以下，而本案的处罚数额高达 10 000 元，显然应当适用一般程序予以处罚。建设局简单适用当场处罚的简易程序，对王某实施高额罚款，程序严重违法。

第二，《行政处罚法》第三十一条规定，行政机关在作出行政处罚决定之前，应当向当事人告知予以行政处罚的事实、理由和依据，并告知当事人依法享有陈述、申辩的权利。该程序是行政机关在实施行政处罚时所必须履行的义务。若拒绝听取当事人的陈述、申辩，其所作出的行政处罚决定依法不能成立。本案建设局对王某送达行政处罚决定书的同时一并送达告知通知书，未给相对人王某必要的陈述申辩期限，客观上剥夺了王某的陈述、申辩权，显然也违反了行政处罚的法定程序。

综上所述，建设局对王某的行政处罚程序严重违法，其所作出的行政处罚决定依法不能成立。因此，法院裁定不准予执行该县建设局的行政处罚决定是正确的。

第三编　行政救济法

【课前引例】

某县地税局将个体户沈某的纳税由定额缴税变更为自行申报，并在认定沈某申报税额低于过去纳税额后，要求沈某缴纳相应税款、滞纳金，并处以罚款。沈某不服，欲寻求救济。

【法律问题】

沈某可以寻求哪些救济方式？

【参考结论】

针对税务机关不同的行为，沈某可寻求不同的救济方式。该案为税务机关实施了税收征管行为，涉及行政复议前置。《税收征收管理法》第八十八条规定，纳税人、扣缴义务人以及纳税担保人同税务机关在纳税上发生争议时，必须先依照税务机关的纳税决定缴纳或者解缴税款及滞纳金或者提供相应的担保，然后可以依法申请行政复议；对行政复议决定不服的，可以依法向人民法院提起行政诉讼。当事人对税务机关的行政处罚决定、行政强制执行措施或者税收保全措施不服的，可以依法申请行政复议，也可以依法向人民法院提起行政诉讼。行政相对人对税务机关的处罚决定逾期不申请行政复议也不向人民法院提起行政诉讼、又不履行的，作出行政处罚决定的税务机关可以采取本法第四十条规定的强制执行措施，或者申请人民法院强制执行。由此可知，行政相对人与税务机关发生的纳税争议属于行政复议前置事项，必须先申请行政复议，对行政复议决定不服的，才能提起行政诉讼。根据《税收征收管理法实施细则》第一百条规定，纳税争议是指纳税人、扣缴义务人、纳税担保人对税务机关确定纳税主体、征税对象、征税范围、减税、免税及退税、适用税率、计税依据、纳税环节、纳税期限、纳税地点以及税款征收方式等具体行政行为有异议而发生的争议。

本案中，如果沈某对其纳税由定额缴税变更为自行申报或者要求缴纳税款的行为不服，即对税款征收方式和计税依据不服，该两种均属于复议前置情形，必须先向市地税局申请行政复议，如果对行政复议决定不服，才能向法院提起行政诉讼。如果沈某对税务机关要求其缴纳滞纳金和罚款的决定不服，这种情形不属于纳税争议，则可以申请行政复议，也可以直接向法院起诉。

第六章　行政复议

第一节　行政复议的概述

一、行政复议的概念与特征

1. 行政复议的概念

行政复议是指公民、法人或其他组织认为行政机关的行政行为侵犯其合法权益，依法向上级行政机关提出申请，由受理申请的行政机关对行政行为依法进行审查并作出处理决定的活动。

2. 行政复议的特征

行政复议的特征包括：

（1）行政复议是行政机关的行政行为。

（2）行政复议是以行政争议为处理对象的行为。

（3）行政复议是由行政相对人提起的一种依申请行政行为。

（4）行政复议是一种行政（准）司法行为。

行政复议对行政机关而言是一种内部自我监督的重要形式；对行政相对人而言是一种救济手段或途径。

二、行政复议的基本原则

行政复议基本原则是指贯穿于行政复议法及行政复议的全过程，体现并反映行政复议的客观规律、基本特点和行政复议法的精神实质，对行政复议具有普遍指导意义，是行政复议机关履行行政复议职责必须遵循的基本准则。行政复议的基本原则是对行政机关受理行政复议申请、作出行政复议决定提出的总体性、普遍性要求，是行政复议机关不得违反的具有约束力的法律规范，是行政复议制度的精髓。

我国行政复议制度建立的基本依据是，《宪法》第四十一条关于公民有申诉、控告、检举权利，以及公民权利被侵犯而受到损失时有权取得赔偿的规定。这一规定体现在《行政复议法》确立的我国行政复议宗旨中，而行政复议的宗旨又成为确立行政复议基本原则的指导思想。

《行政复议法》确立的行政复议制度的宗旨是，保障行政复议机关正确及时地审理行政案件，保护公民、法人和其他组织的合法权益，维护和监督行政机关依法行使职权。其中保护公民、法人和其他组织的合法权益是最根本的，是我国行政复议制度基本原则所构成的完整体系的首要出发点，是"为人民服务"的根本宗旨在行政复议环节的具体落实，行政机关依法行使职权的目的也正在于此。而行政复议机关正确及时地审理行政复议案件，既是为了维护和监督行政机关依法行使职权，更是为了在监督层面上落实宪法的规定。

结合我国《行政复议法》总则部分的具体规定，可以归纳出我国行政复议制度的基本原则：合法性审查与合理性审查原则、公开原则、公正原则、及时原则、便民原则、一级（一次）复议原则。

（1）合法性审查与合理性审查原则。行政复议机关应当对行政行为的合法性与合理性问题进行全面审查。

（2）公开、公正原则。行政复议中应当平等对待双方当事人，复议程序、决定一律要公开，允许当事人参与。

（3）及时、便民原则。

（4）一级（一次）复议原则。行政复议只能进行一次，即行政相对人不服行政行为而向行政复议机关申请行政复议，行政复议机关作出行政复议决定后，行政相对人仍然不服的，不能再申请行政复议，只能向人民法院提起行政诉讼。

三、行政复议的参加人

1. 行政复议申请人

行政复议申请人指认为自己的合法权益受到行政行为侵害，依法以自己的名义提出行政复议申请的公民、法人或其他组织。行政复议申请人的范围包括：

（1）行政复议申请人必须是行政管理相对人或与行政行为有法律上利害关系的人。

（2）有权申请行政复议的公民死亡的，其近亲属有权以自己的名义申请复议。

（3）有权申请行政复议的法人或其他组织终止，承受其权利义务的法人或其他组织有权申请复议。

2. 行政复议被申请人

行政复议被申请人指因公民、法人或其他组织对行政行为不服而向行政复议机关提出行政复议申请，由行政复议机关通知参加行政复议的作出该行政行为的行政机关。行政复议被申请人的范围包括：

（1）申请人对行政主体作出的具体行政行为不服，直接申请复议的，该行政机关是被申请人。

（2）两个或两个以上的行政主体以共同名义作出同一具体行政行为的，共同作出具体行政行为的行政主体是共同被申请人。

（3）法律、法规、规章授权的组织作出的具体行政行为引起行政复议的，该法律、法规、规章授权的组织是被申请人。

（4）行政机关委托的组织作出的具体行政行为引起行政复议的，委托的行政机关是被申请人。

（5）作出具体行政行为决定的行政主体被撤销的，继续行使其职权的行政主体是被申请人。

【案情介绍】

山东省某县一造纸厂未经批准擅自在淮河流域的一河流管理范围内设置排污口，向河流内排污，受到某县生态环境局的查处。国务院颁布的《淮河流域水污染防治暂行条例》第三十七条规定："县级人民政府环境保护行政主管部门或者水行政主管部门决定的罚款额，以不超过1万元为限；超过1万元的，应当报上一级环境保护行政主管部门或者水行政主管部门批准。"某县生态环境局责令造纸厂纠正违法行为，并经报其上一级环境保护行政主管部门批准，对该造纸厂处以4万元的罚款。

造纸厂以罚款过重为由，申请行政复议，在行政复议期间，被申请人将原来的4万元罚款改为3万元，对此，造纸厂表示同意其撤回申请。事后造纸厂又认为3万元的罚款还是过重，又以此事由再次向复议机关申请行政复议。

【法律问题】

（1）本案谁为行政复议机关？

（2）造纸厂再次向复议机关申请行政复议，行政复议机关是否受理？

【参考结论】

（1）根据《行政复议法实施条例》第十三条规定，下级行政机关依照法律、法规、规章规定，经上级行政机关批准作出具体行政行为的，批准机关为被申请人。本案中，某县生态环境局对造纸厂罚款4万元的行政处罚经过了市生态环境局的批准，则应该以批准机关市生态环境局为被申请人。根据《行政复议法》第十二条规定，对县级以上地方各级人民政府工作部门的具体行政行为不服的，由申请人选择，可以向该部门的本级人民政府申请行政复议，也可以向上一级主管部门申请行政复议。所以本案的行政复议机关是市生态环境局的上一级机关即省生态环境厅或者市人民政府。

（2）造纸厂再次向行政复议机关申请行政复议，复议机关不予受理。本案中，造纸厂因某县生态环境局改变罚款决定而申请撤回复议，符合行政复议法的规定，但经行政复议机关同意撤回复议后，行政复议终止。《行政复议法》第二十五条及《行政复议法实施条例》第三十八条规定，行政复议申请人在行政复议决定作出前，自愿撤回行政复议申请的，经行政复议机关同意，可以撤回。行政复议申请人撤回行政复议申请的，不得再以同一事实和理由提出行政复议申请。但是，行政复议申请人能够证明撤回行政复议申请违背其真实意思表示的除外。

3. 行政复议第三人

行政复议第三人是指与申请行政复议的行政行为有法律上利害关系，以自己名义申请参加行政复议并经行政复议机关批准或行政复议机关通知而参加行政复议的公民、法人或其他组织。行政复议第三人是没有申请行政复议的行政相对人或利害关系人。参加方式有自己主动申请参加或由复议机关通知参加。行政复议第三人包括：

（1）治安行政处罚案件中的被处罚人或者权益受被处罚人侵害的人。

（2）行政处罚案件中的共同被处罚人。

（3）其他与被申请的具体行政行为有利害关系的行政相对人。

四、行政复议机关

行政复议机关是指依照法律的规定，有权受理行政复议的申请，依法对被申请的行政行为进行合法性、适当性审查并作出决定的行政机关。

行政复议机关的种类包括：作出被申请行政行为的行政主体，主要是指省、自治区、直辖市人民政府和国务院各部委；作出被申请行政行为的行政主体的上一级行政机关；作出被申请行政行为的行政主体所属的人民政府。

五、行政复议的范围

行政复议的范围是指行政相对人认为行政主体作出的行政行为侵犯其合法权益，依法可以向行政复议机关申请重新审查的行政行为的范围。

1. 具体行政行为

根据《行政复议法》第六条规定，有下列情形之一的，公民、法人或者其他组织可以申请行政复议：

（1）对行政机关作出的警告、罚款、没收违法所得、没收非法财物、责令停产停业、暂扣或者吊销许可证、暂扣或者吊销执照、行政拘留等行政处罚决定不服的。

（2）对行政机关作出的限制人身自由或者查封、扣押、冻结财产等行政强制措施决定不服的。

（3）对行政机关作出的有关许可证、执照、资质证、资格证等证书变更、中止、撤销的决定不服的。

（4）对行政机关作出的关于确认土地、矿藏、水流、森林、山岭、草原、荒地、滩涂、海域等自然资源的所有权或者使用权的决定不服的。

（5）认为行政机关侵犯合法的经营自主权的。

（6）认为行政机关变更或者废止农业承包合同，侵犯其合法权益的。

（7）认为行政机关违法集资、征收财物、摊派费用或者违法要求履行其他义务的。

（8）认为符合法定条件，申请行政机关颁发许可证、执照、资质证、资格证等证书，或者申请行政机关审批、登记有关事项，行政机关没有依法办理的。

（9）申请行政机关履行保护人身权利、财产权利、受教育权利的法定职责，行政机关没有依法履行的。

（10）申请行政机关依法发放抚恤金、社会保险金或者最低生活保障费，行政机关没有依法发放的。

（11）认为行政机关的其他具体行政行为侵犯其合法权益的。

2. 抽象行政行为

根据《行政复议法》第七条规定，公民、法人或者其他组织认为行政机关的具体行政行为所依据的下列规定不合法，在对具体行政行为申请行政复议时，可以一并向行政复议机关提出对该规定的审查申请：国务院部门的规定；县级以上地方各级人民政府及其工作部门的规定；乡、镇人民政府的规定。

行政复议机关不得对国务院部、委员会规章和地方人民政府规章进行审查。规章的审查依照法律、行政法规办理。

不能单独对行政主体抽象行政行为所产生的规章申请行政复议，必须是在申请行政复议时，附带对行政主体抽象行政行为所产生的规章进行审查。

3. 行政复议的排除

行政复议机关不得受理并审查下列行政行为：内部行政行为；行政调解或仲裁行为、行政裁决行为等行政机关对民事纠纷的处理；国防、外交领域的国家行为。

【案情介绍】

2018 年 8 月，某化纤厂万吨粘胶纤维技术改造工程投入生产，但污水处理站及处理装置未按原设计建设，致使大量废水未经处理直接外排。根据某省环境监测中心站提供的《化纤厂万吨粘胶纤维技术改造工程环保设施竣工验收监测报告》，外排废水中主要污染物锌、硫分别超标 1 倍和 4 倍，造成污染，给周围渔业养殖户造成重大损失。经周围渔业养殖户投诉，某市生态环境局根据《中华人民共和国水污染防治法》（以下简称《水污染防治法》）第八十五条第一款第四项的规定，于 2019 年 2 月 15 日对化纤厂倾倒、排放污染物的行为作出罚款 2 万元的处罚决定。渔业养殖户对该行政处罚决定不服，认为处罚过轻，遂向省生态环境厅申请行政复议。省生态环境厅审查认为某市生态环境局的行政处罚决定适用法律不正确，于 2019 年 3 月 10 日对该行政处罚作出以下行政复议决定：决定变更某市生态环境局行政处罚决定书的第一项内容，对某化纤厂处以 10 万元罚款；责令未完成的环境保护设施必须在 2019 年年底以前完成，投入使用，并报市局验收。

但是行政复议决定作出后，该化纤厂在法定期限内既未向人民法院起诉，又拒不履行行政复议决定。于是，省生态环境厅于 2019 年 7 月 15 日向其所在地的区人民法院提出申请，要求人民法院强制执行该行政处罚决定。

执行申请人主张，被申请执行人严重污染周围水环境，违反了相关法律规定。然而，被申请执行人在法定期限内既未向人民法院起诉，又不履行行政复议决定，因此，申请人民法院强制执行该行政复议决定。被申请执行人认为省生态环境厅的行政复议决定加重了处罚，拒不履行行政复议决定的内容。

某区人民法院经审查认为省生态环境厅的行政复议决定合法，依据《行政诉讼法》第九十七条、《最高人民法院关于适用〈中华人民共和国行政诉讼法〉的解释》第一百六十条的规定，裁定准予强制执行。

【法律问题】

（1）化纤厂周围渔业养殖户有无权利提出行政复议申请？

（2）市生态环境局作出行政处罚决定时事实认定、适用法律是否正确？

（3）省生态环境厅可否申请人民法院强制执行其行政复议决定？

【法律链接】

《行政复议法》

第三十一条　……行政复议决定书一经送达，即发生法律效力。

第三十二条　被申请人应当履行行政复议决定。

被申请人不履行或者无正当理由拖延履行行政复议决定的，行政复议机关或者有关上级行政机关应当责令其限期履行。

第三十三条　申请人逾期不起诉又不履行行政复议决定的，或者不履行最终裁决的行政复议决定的，按照下列规定分别处理：

（一）维持具体行政行为的行政复议决定，由作出具体行政行为的行政机关依法强制执行，或者申请人民法院强制执行。

（二）变更具体行政行为的行政复议决定，由行政复议机关依法强制执行，或者申请人民法院强制执行。

《行政处罚法》

第二十三条　行政机关实施行政处罚时，应当责令当事人改正或者限期改正违法行为。

《行政诉讼法》

第九十七条　公民、法人或者其他组织对行政行为在法定期限内不提起诉讼又不履行的，行政机关可以申请人民法院强制执行，或者依法强制执行。

《最高人民法院关于适用〈中华人民共和国行政诉讼法〉的解释》

第一百六十条　人民法院受理行政机关申请执行其行政行为的案件后，应当在七日内由行政审判庭对行政行为的合法性进行审查，并作出是否准予执行的裁定。

人民法院在作出裁定前发现行政行为明显违法并损害被执行人合法权益的，应当听取被执行人和行政机关的意见，并自受理之日起三十日内作出是否准予执行的裁定。

需要采取强制执行措施的，由本院负责强制执行非诉行政行为的机构执行。

【参考结论】

（1）这一问题的解决取决于对行政复议申请人的资格和范围的认识。我们认为，从世界范围来看，对行政复议申请人的资格限制越来越少，行政复议申请人的范围越来越宽。曾经最狭窄的界定仅限于具体行政行为的直接行政相对人，后来扩展到具体行政行为的间接行政相对人，而如今行政复议机关在受理行政复议申请时更倾向于考虑提起申请者是否与具体行政行为具有某种利害关系。只要具体行政行为可能将其置于某种不利境地，造成损失，或者附加了某种义务，抑或有碍其行使权利，我们就不能否认其基于这种利害关系提起行政复议申请的权利。在本案中，化纤厂周围的渔业养殖户虽然并非生态环境局行政处罚决定直接指向的对象，但是这一处罚决定的合法、合理与否决定了排污者在多大程度上受到惩罚和威慑，这足以影响他们对自己合法权益的合理期待。因此，只要他们认为该行政处罚侵犯其合法权益，就可以提出行政复议申请。

（2）本案中，某化纤厂在技术改造工程生产中，由于污水处理站及处理装置未按原设计建设，致使大量含有超标污染物的废水未经处理直接外排，对水体造成污染。

《水污染防治法》第八十五条规定，有下列行为之一的，由县级以上地方人民政府环境保护主管部门责令停止违法行为，限期采取治理措施，消除污染，处以罚款；逾期不采取治理措施的，环境保护主管部门可以指定有治理能力的单位代为治理，所需费用由违法者承担：向水体排放剧毒废液，或者将含有汞、镉、砷、铬、铅、氰化物、黄磷等可溶性剧毒废渣向水体排放、倾倒或者直接埋入地下的；向水体排放、倾倒工业废渣、城镇垃圾或者其他废弃物，或者在江河、湖泊、运河、渠道、水库最高水位线以下的滩地、岸坡堆放、存贮固体废弃物或者其他污染物的。有前款第三项、第四项、第六项、第七项、第八项行为之一的，处二万元以上二十万元以下的罚款；有前款第一项、第二项、第五项、第九项行为之一的，处十万元以上一百万元以下的罚款；情节严重的，报经有批准权的人民政府批准，责令停业、关闭。

《水污染防治法》第八十三条规定，违反本法规定，有下列行为之一的，由县级以上人民政府环境保护主管部门责令改正或者责令限制生产、停产整治，并处十万元以上一百万元以下的罚款；情节严重的，报经有批准权的人民政府批准，责令停业、关闭：未依法取得排污许可证排放水污染物的；超过水污染物排放标准或者超过重点水污染物排放总量控制指标排放水污染物的。

市生态环境局根据《水污染防治法》第八十五条第一款第四项的规定，认定该厂存在"向水体排放、倾倒工业废渣"行为，因此对该厂罚款2万元。但是，根据检测报告，该厂排放的污水含有的硫、铅量严重超标，符合第八十三条第一款第二项"超过水污染物排放标准"的情形，罚款起点为10万元。此外，我们认为市生态环境局的这一行政处罚决定仍然存在疏漏。该化纤厂不仅有排放污染物的行为，还存在水污染防治设施未建成就投入生产的行为，而市生态环境局仅认定了前者，却未认定后一事实。因此，还应当责令该厂继续建设其未完成的环境保护设施。

对于行政处罚案件，我们还应明确的是，行政处罚并非行政机关的执法目的，行政主体的管理行为应当致力于维护社会公共利益、保护行政相对人的合法权益，因此，不可简单地"一罚了之"，违法行为必须获得纠正。根据《行政处罚法》的规定，行政机关实施行政处罚时，应当责令当事人改正或者限期改正违法行为。所以，行政复议决定"责令未完成的环境保护设施必须在2019年年底以前完成，投入使用，并报市局验收"是恰当的。

由此看来，市生态环境局的行政处罚行为的确存在事实认定、法律适用方面的瑕疵。也正是因此，省生态环境厅才会在行政复议决定书中作出相应变更。

（3）对于这一问题的回答首先涉及行政复议决定的效力问题。基于前面对于行政复议的特征和性质的认识，我们认为作为一种特殊的行政行为，行政复议决定的效力的一个重要方面就是其执行力。行政复议决定的这种执行力既可以表现为当事人的自觉履行，也可以表现为有权机关的强制执行。在本案中，行政复议决定作出后，作为行政复议决定所确定的义务人的化纤厂在法定期限内既不履行复议决定，又未向人民法院起诉。因此，省生态环境厅行政复议决定的落实就只能依赖于强制执行了。根据《行政诉讼法》第九十七条规定，公民、法人或者其他组织对行政行为在法定期限内不提起诉讼又不履行的，行政机关可以申请人民法院强制执行，或者依法强制执行。由于法律并未赋予生态环境主管部门以强制执行权，省生态环境厅只能申请人民法院强制执行。

根据《行政诉讼法》《最高人民法院关于适用〈中华人民共和国行政诉讼法〉的解释》的规定，行政机关以及享有权利的公民、法人或者其他组织都有权申请人民法院强制执行。在本案中，周围渔业养殖户提出过行政复议申请，市生态环境局和省生态环境厅都曾向化纤厂开出罚单，那么，到底谁有资格向法院申请强制执行呢？我国现行立法根据行政复议决定与被申请复议的具体行政行为之间的关系区分了申请强制执行的不同主体，在行政复议决定维持具体行政行为的情况下，由最初作出行政行为的行政机关申请人民法院强制执行；在行政复议决定变更行政行为的情况下，则由行政复议机关申请人民法院强制执行。因此，本案中省生态环境厅可以申请人民法院强制执行，这里的人民法院特指作为申请机关的省生态环境厅所在地的基层人民法院。人民法院受理省生态环境厅申请执行其行政复议决定的案件后，应当在七日内由行政审判庭对行政复议决定的合法性进行审查，并作出是否准予执行的裁定。人民法院在作出裁定前发现行政行为明显违法并损害被执行人合法权益的，应当听取被执行人和行政机关的意见，并自受理之日起三十日内作出是否准予执行的裁定。需要采取强制执行措施的，由该院负责强制执行非诉行政行为的机构执行。在本案中，省生态环境厅所在地的区人民法院经审查认为省生态环境厅的行政复议决定是合法的，应依法裁定准予强制执行，行政复议决定的效力也将最终得以全面实现。

第二节　行政复议的性质

认识和确定行政复议的性质，有助于发展和完善行政复议制度，保障行政复议职能的正确发挥和行政复议活动的正确运行。行政复议在形式上是一种行政行为，在本质上是一种行政监督法律制度，在方法上是一种行政救济的法律途径，在程序上是一种按行政司法程序运行的程序规则。

一、行政复议是一种特殊的行政行为

行政行为是行政主体依法行使行政权力所实施的具有法律意义、产生法律效果的行为。其基本构成要素是：①主体要素。行政行为是行政主体的行为，行政主体包括行使行政权力的行政机关和法律、法规、规章授权组织。②权力要素。行政行为是运用行政权力所为的行政行为，行政权力的存在与运用是行政行为形成的条件。行政复议职能是行政复议机关享有的行政权力的具体表现形式。③法律要素。行政行为能够形成行政法上的权利和义务。行政复议决定对作出行政行为的行政机关以及行政相对人都能够产生法律效果。行政行为是行政主体针对特定的对象和事项实施的管理活动。行政复议则是行政复议机关以特定的行政行为作为审查对象的一种行政行为。并且，在行政诉讼中，行政复议作为行政行为的一种类型，受到人民法院的司法审查。因此，行政复议在形式上是依附于行政行为而存在的，并以此作为最基本的法律属性。

尽管行政复议是行政行为的有机组成部分，但行政复议与一般行政行为的差别还是比较明显的：首先，行政行为的启动者不同。行政复议的提起人是行政相对人，公民、法人和其他组织申请行为是引起行政复议的前提，没有复议申请就没有行政复议行为，而行政机关主动对违法和不当的行政行为的审查与纠正，不是行政复议行为。行政复议活动是行政复议机关与作出行政行为的行政机关以及行政相对人等行政法主体共同完成的活动。一般行政行为通常是行政机关单方意思表示的行为，不需要行政相对人的意思表示即产生相应的法律效力。当然在行政行为中也有其他依申请的行政行为，如行政许可。但这两者的期望值也不同，申请行政复议的目的是维护或者保障权益，申请行政许可的目的是获得或者确认权益。其次，行政行为的职能不同。一般行政行为通常是执行法律的行为，即法律规范的规定直接适用于行政相对人的活动。行政复议行为是对行政行为进行事后救济的活动，目的在于解决因行政执法而产生的纠纷。最后，行政主体的法律地位不同。一般行政行为的实施机关通常以"执法者"的身份直接与行政相对人形成法律关系。行政复议机关则以"裁判者"的身份居中裁判行政相对人与作出行政行为的行政机关发生的行政纠纷。

二、行政复议是一种特殊的行政监督法律制度

行政复议是我国行政法制监督体系中的一个重要环节。权力的运行必须受到法治的监督，行政权力的享有和行使除了受到来自行政机关系统之外的监督，行政管理的国家性和执行性的特点决定了行使行政权的国家行政机关系统内部必须建立和完善自律性的监督机制，以保障行政管理活动沿着法治的轨道运行。这种自我调控的监督机制在行政法上称为行政监督。在我国行政法制监督体系中，行政机关的内部监督就是上下级行政机关的行政监督。上下级行政监督建立在行政隶属关系的基础上，由上级行政机关对所属下级行政机关违法或不当的行政行为行使行政监督权。行政复议的监督就是这种类型的监督，也是行政复议法规定的一种监督机制。层级行政监督构成了我国行政机关内部监督的动态系统，共同把行政机关的违法或不当的行政行为予以矫正并恢复到合法的状态，从这个意义上讲，行政复议是一种行政监督活动。

行政复议具有行政监督的属性，但不能等同于《中华人民共和国行政组织法》（以下简称《行政组织法》）规定的依职权实施的一般行政监督。设定行政复议的监督机制实质上是行政复议法将层级监督（尤其是行政相对人的申诉权这种特定形式）制度化、专门化、规范化、法律化。依据《行政组织法》规定的职权建立的各项行政监督制度，其职能具有主动性，其形式具有多样性。例如《安徽省行政执法监督条例》规定的监督工作制度有：规范性文件备案制度；委托行政执法备案制度；行政执法人员资格认定和持证执法督察制度；行政争议协调制度；行政执法统计制度和行政执法责任制度等。尽管一般行政监督权的存在可以为行政复议的存在提供可能和条件，甚至可以为行政复议奠定基础，但是行政复议权力运作和程序的设置有其特殊性，有别于一般行政监督，因此，行政复议是一种特殊的行政监督。

三、行政复议是一种行政救济的法律途径

行政救济是国家行政机关通过解决行政争议，制止和矫正违法和不当的行政侵权行为，从而使行政相对人的合法权益得到补救的法律制度。行政救济是对行政权力所产生的消极后果的法律补救，是行政相对人受到行政机关不法侵害时享有的保障途径和救济手段。我国行政救济的主要法律制度有行政复议、行政诉讼和行政赔偿。建立行政复议制度不仅要求行政机关通过发挥监督职能纠正违法或不当的行政行为，而且对合法权益受到侵害的行政相对人给予充分有效的补救。依法行政原则要求行政权力的确立和行使必须有宪

法和法律的依据，同时，行政权力的运行不得损害公民、法人和其他组织的合法权益。然而在行政管理活动中，由于各种主客观原因，行政主体和行政相对人处于不对等法律地位，使得行政主体实际存在侵犯行政相对人合法权益的现实可能性。因此，建立行政复议救济制度，具体设定排除行政侵权行为的救济途径、方法和手段，用法律的力量约束和控制行政权力，制止和纠正违法和不当的行政行为，恢复和补救被侵害的行政相对人的合法权益，体现了"有权力行使就有法律救济"的法治思想。

四、行政复议是一种兼有司法特点的行政裁判制度

行政复议机关以第三人的身份主持解决因行政行为引起的行政相对人与行政机关之间的行政纠纷。在行政法学上，行政复议属于行政司法的范畴。所谓行政司法，是指行政机关在行政管理中以裁判者的身份，按照特定的法律程序（准司法程序），依法解决行政纠纷或特定民事纠纷的活动。为了保证行政复议的客观公正，行政复议在程序设定上借鉴了一定的司法规则，因此，行政复议的程序又称行政司法程序或准司法程序。但是行政复议的制度毕竟是行政机关内部的层级监督制度，它与司法机关的行政审判活动有本质的区别，行政复议机关审查行政行为的活动是行政机关的职能活动，是上下级监督的形式，其适用的程序虽有司法的特点，但仍然是行政程序的性质。因此，行政复议行为从本质上讲，是对行政行为合法性和合理性进行裁判的行政行为。

第三节　行政复议的管辖

行政复议的管辖是指不同的行政复议机关在受理行政复议案件上的分工与权限，它解决的是每一个具体行政争议应该由哪一个行政复议机关进行行政复议的问题。

根据我国《行政复议法》的规定，我国的行政机关按照以下分工对复议案件进行审理：

（1）对县级以上地方各级人民政府工作部门作出的具体行政行为不服的复议，由申请人选择：由该部门的本级人民政府或上一级主管部门管辖。

（2）对海关、金融、国税等实行垂直领导的行政机关和国家安全机关的具体行政行为不服的，由上一级主管部门管辖。

（3）对地方人民政府的具体行政行为不服的，由上一级地方人民政府管辖。

（4）对省、自治区人民政府依法设立的派出机关所属的县级地方人民政府的具体行政行为不服的，由该派出机关管辖。

（5）对国务院部门或省、自治区、直辖市人民政府的具体行政行为不服的，向作出该具体行政行为的国务院部门或者省、自治区、直辖市人民政府申请复议。

（6）对县级以上的地方人民政府依法设立的派出机关作出的具体行政行为不服的，由设立该派出机关的人民政府管辖。

（7）对人民政府的工作部门依法设立的派出机构根据法律、法规和规章规定以自己名义作出的具体行政行为不服的，由设立该派出机构的部门或该部门的本级人民政府管辖。

（8）对两个或两个以上行政机关以共同名义作出的具体行政行为申请复议的，由它们共同的上一级行政机关管辖。

（9）对法律、法规、规章授权的组织作出的具体行政行为不服申请复议的，由直接主管该组织的地方人民政府、地方人民政府工作部门或国务院部门管辖。

（10）对被撤销的行政机关在其被撤销前作出的具体行政行为不服申请复议的，由继续行使其职权的行政机关的上一级行政机关管辖。

【案情介绍】

某区市场监督局干部任某下班路经集贸市场，从个体摊贩汪某处买了一箱苹果，回到家中发现有几个苹果是烂的。于是，任某返回市场找到汪某要求换，汪某以苹果是降价出售为由不给换，两个人吵了起来。这时，任某向汪某表明自己是市场监督局干部，如果不给换，以后就别想再在此卖东西，汪某对任某的话未加理睬，仍然大吵。任某恼怒，上前与汪某撕打起来。汪某用拳猛击任某的头部、脸部，致使任某腮颊明显青肿，嘴角流血。此事件被闻讯赶来的公安人员制止。事后经医院诊断，任某属轻微脑震荡。

对此事件，区公安局认为，汪某属于妨碍执行公务的违法行为，根据《中华人民共和国治安管理处罚法》（以下简称《治安管理处罚法》）第二十三条的规定，作出行政拘留10日的行政处罚决定，并责令汪某赔偿任某的全部医药费200元。汪某不服向市公安局申请行政复议，市公安局经查认为，汪某的行为性质属于侵犯他人人身权利，根据《治安管理处罚法》第四十三条的规定，仍然处以汪某10天的拘留，赔偿任某200元的医药费。汪某仍不服向人民法院提起诉讼。

【法律问题】

（1）本案被告是谁？

（2）汪某应当向哪个法院起诉？

（3）本案有无行政诉讼第三人？如果有，行政诉讼第三人是谁？

【参考结论】

（1）本案中，区公安局和市公安局为共同被告。

根据《行政诉讼法》第二十六条的规定，经复议的案件，复议机关决定维持原行政行为的，作出原行政行为的行政机关和复议机关是共同被告；复议机关改变原行政行为的，复议机关是被告。

本案的问题关键是确定市公安局的复议决定是否改变了区公安局的行政行为。市公安局的复议决定在处罚结果上同区公安局一样，虽然对汪某违法行为的性质认定上作了改变，并且适用了《治安管理处罚法》的不同条款，改变了法律依据，表面上看起来似乎改变了区公安局的行政行为。但是，根据《最高人民法院关于适用〈中华人民共和国行政诉讼法〉的解释》第二十二条规定，《行政诉讼法》第二十六条第二款规定的"复议机关改变原行政行为"，是指复议机关改变原行政行为的处理结果。复议机关改变原行政行为所认定的主要事实和证据、改变原行政行为所适用的规范依据，但未改变原行政行为处理结果的，视为复议机关维持原行政行为。本案中，市公安局并未改变区公安局的处理结果，应当视为复议机关维持了原行政行为。因此，区公安局和市公安局为共同被告。

（2）汪某可以向自己的户籍所在地、经常居住地和被限制人身自由地的基层法院、区公安局所在地的基层人民法院或者市公安局所在地的基层法院起诉。根据《行政诉讼法》第十四条规定，基层人民法院管辖第一审行政案件。第十八条规定，行政案件由最初作出行政行为的行政机关所在地人民法院管辖。经复议的案件，也可以由复议机关所在地人民法院管辖。本案中，区公安局为最初作出行政处罚的行政机关，同时，该案件经过市公安局行政复议，因此区公安局和市公安局所在地基层法院都有管辖权。同时，《行政诉讼法》第十九条规定，对限制人身自由的行政强制措施不服提起的诉讼，由被告所在地或者原告所在地人民法院管辖。本案中，区公安局所作的行政处罚中包含行政拘留 10 日，这属于限制人身自由的行政强制措施，因而原告所在地与被告所在地人民法院均有管辖权。本案被告为区公安局与市公安局，二者所在地基层法院无疑均有管辖权。同时，根据《最高人民法院关于适用〈中华人民共和国行政诉讼法〉的解释》第八条规定，《行政诉讼法》第十九条规定的"原告所在地"，包括原告的户籍所在地、经常居住地和被限制人身自由地。因此，汪某的户籍所在地、经常居住地和被限制人身自由地的基层法院均有管辖权。

（3）任某是本案的行政诉讼第三人。《行政诉讼法》第二十九条规定，公民、法人或者其他组织同被诉行政行为有利害关系但没有提起诉讼，或者同案件处理结果有利害关系的，可以作为第三人申请参加诉讼，或者由人民法院通知参加诉讼。任某是治安违法行为的被害人，公安机关能否公正地处理汪某的违法行为，直接涉及其合法权益能否得到保护，人民法院对案件的判决结果也就直接影响其权利义务。因此，任某与被诉的行政行为有利害关系，可以作为第三人参加诉讼。

第四节　行政复议的程序

一、行政复议申请

1. 行政复议申请的概念

行政复议申请是指行政相对人不服行政主体的具体行政行为而向复议机关提出要求撤销或变更具体行政行为的请求。

2. 行政复议申请的条件

申请行政复议应具备以下条件：

（1）申请人合格。

（2）有明确的被申请人。

（3）有具体的复议请求和事实根据。

（4）属于受理复议机关管辖。

（5）法律、法规规定的其他条件。

3. 行政复议申请的期限

行政相对人应当在知道相应具体行政行为之日起 60 日内提出复议申请，法律另有规定的除外。因不可抗力或其他正当理由耽误法定申请期限的，申请期限自障碍消除之日起继续计算。

4. 行政复议申请的形式

行政复议可以是书面申请也可以是口头申请，口头申请须由复议机关当场记录申请人的基本情况。

二、行政复议申请受理

1. 行政复议申请受理的期限及情形

复议机关收到复议申请后，应当在收到之日起 5 日内，对申请书进行审查并作出如下处理：

（1）对于符合申请复议条件没有向人民法院提起行政诉讼的，应当决定受理。

（2）对于符合申请复议条件的，如超过复议申请，或人民法院依法已经受理的，应当决定不予受理，并告知不予受理的理由。

（3）对于复议申请请求的内容有欠缺的复议申请，依法决定发还申请人并限期补正。如限期内不能补正的，应当决定不予受理。

（4）对于复议申请符合法律规定，但不属于该受理机关管辖的，应当告知申请人向有管辖权的复议机关提现或者转送有关复议机关。

2. 行政复议申请受理的法律后果

行政复议申请受理后具有以下的法律后果：

（1）行政争议正式进入复议程序，其他任何国家机关、组织无权管辖本案。

（2）行政复议不停止被申请具体行政行为的执行，但有下列情况的，被诉的具体行政行为可以停止执行：被申请人认为需要停止执行的；行政复议机关认为需要停止执行的；经申请人申请，行政复议机关认为其要求合理，也可以作出停止执行的决定；法律、法规规定停止执行。

三、行政复议审理

1. 行政复议审理的方式

行政复议通常采用以书面审理方式为主、其他方式为辅的审理方式，其他方式有调查、听取、听证、质证、辩论、决定。有必要时或者申请人提出要求时才"三头会面"，三头会面是指听取申请人、被申请人、第三人的意见，并展开调查取证工作。

行政复议期间不停止行政行为的执行，但法律另有规定的除外。

2. 行政复议审理的依据

行政复议审理以法律、行政法规、地方性法规、规章、上级行政机关依法制定和发布的具有普通约束力的决定、命令为依据。

行政复议机关在行政复议审理过程中若发现依据不合法，行政复议机关有权处理的，应当在 30 日内依法处理；无权处理的，应当在 7 日内依法定程序转送有权处理的国家机关依法处理；处理期间中止对具体行政行为的审查。

四、行政复议决定

复议机关应当在受理行政复议申请之日起 60 日内，除法律另有规定的，根据不同情况作出不同决定：维持决定；履行决定；撤销、变更和确认违法决定（主要针对事实不清、证据不足、适用依据错误、违反程序、超越或滥用职权、明显不当的行政行为）；赔偿决定（行政复议附带行政赔偿的，在对行政行为作出复议决定的同时，一并对赔偿问题作出决定）；对抽象行政行为的处理决定（行政复议机关在行政复议审理过程中若发现依据不合法，行政复议机关有权处理的，应当在 30 日内依法处理；无权处理的，应当在 7 日内依法定程序转送有权处理的国家机关依法处理；处理期间中止对具体行政行为的审查）。

《行政复议法》第三十条规定："根据国务院或者省、自治区、直辖市人民政府对行政区划的勘定、调整或者征收土地的决定，省、自治区、直辖市人民政府确认土地、矿藏、水流、森林、山岭、草原、荒地、滩涂、海域等自然资源的所有权或者使用权的行政复议决定为最终裁决。"省一级人民政府对确认自然资源的所有权或使用权的行政复议决定是最终决定，不得提起行政诉讼。

【案情介绍】

某县某镇甲村委会与第三人乙村委会为了两村交界处的 80.9 亩山林的权属发生纠纷，双方均认为该山林应当归本村所有。2013 年，甲村委会申请县人民政府对该 80.9 亩的土地所有权和使用权进行确权。2015 年 9 月 6 日，县人民政府作出处理决定，将争议地内的 10.7 亩林地归甲村委会所有，其余归乙村委会所有。2015 年 9 月 8 日，县人民政府工作人员将决定送达乙村委会，同时经办人把处理决定送到镇政府办公室，由该镇办公室干部卜某在送达回证上签字，并要求其通知甲村到镇办公室领取，但卜某没有将处理决定送达给申请人。直至 2016 年 7 月 23 日，镇政府证明该处理决定仍存在该镇档案室。甲村委会认为县政府处理不公，于 2016 年 7 月 25 日向市人民政府申请行政复议。

【法律问题】

甲村委会的行政复议申请是否超过法定期限？

【参考结论】

申请行政复议的期限，一般是指认为具体行政行为侵犯了其合法权益的公民、法人或者其他组织提出行政复议申请的法定有效期限。公民、法人或者其他组织认为具体行政行为侵犯了其合法权益时，只有在法定有效期限内提出行政复议申请，行政复议机关才予受理，这是行政复议机关受理复议案件的基本条件之一。《行政复议法》第九条第一款规定了申请行政复议的期限："公民、法人或者其他组织认为具体行政行为侵犯其合法权益的，可以自知道该具体行政行为之日起六十日内提出行政复议申请；但是法律规定的申请期限超过六十日的除外。"据此，申请行政复议的一般期限为行政相对人知道具体行政行为之日起的 60 日内。

在本案中，不存在法律法规特别规定超过 60 日的情形。所以甲村委员会申请行政复议的期限是从知道该具体行政行为之日起 60 日内。本案还涉及的一个问题就是如何理解

"公民、法人或其他组织知道具体行政行为"，本案中申请人何时"知道"了县人民政府作出具体行政行为，文书送达时间是关键。县人民政府委托某镇人民政府送达，但是，经办人把《处理决定》送到镇人民政府办公室，该办公室工作人员卜某由于工作疏忽，虽然代为签收了送达回证，但之后并未将《处理决定》实际送达给申请人，直至 2016 年 7 月 23 日，该《处理决定》仍保存在镇档案室。所以，该送达不成功，在 2016 年 7 月 23 日之前，申请人并不知道县人民政府作出的具体行政行为，申请人仍未失去申请行政复议的权利。

第五节　行政复议决定的效力

行政复议制度的功能最终取决于行政复议机关所作的行政复议决定的法律效力。根据《行政复议法》的规定，行政复议机关作出行政复议决定，应当制作行政复议决定书，并加盖印章，完成这些步骤后，相应的行政复议行为也就成立了。但是，法律行为的成立并不等于生效。《行政复议法》明确规定，行政复议决定书一经送达，即发生法律效力。这说明行政复议决定的生效存在法定的时间界限和条件。即在行政复议决定书作出之后并不立即发生法律效力，需待决定书送达，行政复议决定才生效。总体来看，行政复议决定的效力主要体现在确定力、拘束力和执行力等方面。

一、行政复议决定的确定力

所谓行政复议决定的确定力是指行政复议决定一旦作出，其所涉及的申请人和被申请人之间的权利义务关系就确定下来，任何人、任何机关未经法定程序不得变更行政复议决定的内容。相对于其他行政行为而言，行政复议决定的确定力同时还在于对于所争议的行政行为的效力的认定，通过维持、撤销、履行、变更、确认等形式排除行政争议引起的不稳定因素。

二、行政复议决定的拘束力

所谓行政复议决定的拘束力是指行政复议决定对于申请人、被申请人、行政复议机关乃至其他有关机关、组织、个人的约束力。根据《行政复议法》第三十二条的规定，被申请人应当履行行政复议决定。其实，行政复议决定的拘束力不只体现在被申请人一方，行政复议决定对于申请人以及行政复议机关都具有相应的约束力，他们的行为都不得与行政复议决定相抵触。例如，申请人不得再就同一事实和理由提出行政复议申请。此外，相关的国家机关、组织和个人有配合执行等义务，行政复议决定的拘束力在此也有了延伸。

三、行政复议决定的执行力

所谓行政复议决定的执行力是指行政复议决定的内容必须得到落实，如果当事人不主动履行行政复议决定，则有权机关将依法强制执行。因此，行政复议决定的执行力表现为两种形式：一是当事人自觉履行；二是由有权机关强制执行。当事人自觉履行是最为理想的状态，也应当成为实现行政复议决定效力的常态，即便对于非终局性复议决定的当事人提起行政诉讼的情形而言，仍然不排除其在诉讼中自觉履行的可能性。对于当事人不履行行政复议决定则由有权机关强制执行，目前我国有些行政机关具有法定的行政强制执行权，有些不具有。对于公安等具有强制执行权的行政机关以外的其他行政机关而言，必须依法申请人民法院进行执行。

　　如果是行政复议申请人一方不履行复议决定，根据行政复议结果的不同，存在不同的强制执行主体、不同的强制执行申请者。根据《行政复议法》第三十三条的规定，申请人逾期不起诉又不履行行政复议决定的，或者不履行最终的行政复议决定的，按照下列规定分别处理：如果行政复议决定维持或者确认被申请人的行政行为合法的，仍然由最初作出行政行为的行政机关依法强制执行或者申请人民法院执行；如果行政复议决定改变原行政行为的，则由行政复议机关依法强制执行，或者申请人民法院强制执行。

　　但是，如果是行政复议被申请人一方不履行复议决定，则不存在强制执行的问题。行政复议申请人不享有申请行政复议机关或者人民法院强制执行的权利，行政复议机关和人民法院也没有对于行政复议被申请人的强制执行权，只能依赖行政系统的内部监督机制，责令限期履行以及施以行政处分。根据《行政复议法》第三十二条、第三十七条的规定，行政复议被申请人不履行或者无正当理由拖延履行行政复议决定的，行政复议机关或者有关上级行政机关应当责令其限期履行。对直接负责的主管人员和其他直接责任人员依法给予警告、记过、记大过的行政处分；经责令履行仍拒不履行的，依法给予降级、撤职、开除的行政处分。

第七章　行政诉讼（一）：行政诉讼概述

【课前引例】

"顺达尸体认领纠纷案"——杨某夫妇诉市公安局尸体认领决定案

顺达公路发生了一起车祸，一名青年男子死亡，肇事者为陶某。事故发生后，某市公安局派员及时赶到现场勘察，受害人经抢救无效死亡，市公安局将尸体送往殡仪馆冰冻保存。随后，市公安局依法在报纸上刊登了认尸启事。其中顾某夫妇与原告杨锦、陈雪夫妇见尸后，均称死者是自己的亲属，尤其是原告及其邻居和乡、村干部等五六十人多天多次前往认尸，均称是原告儿子。市公安局在双方争执不下的情况下，请法医对死者的趾骨进行了鉴定，结论为该男尸的年龄在 24 岁左右。市公安局同时宣布，因顾某夫妇提供的失踪人年龄为 37 岁，而原告提供的年龄为 29 岁，因而尸体既不属顾家，也不属于原告，属于无主尸体，决定进行火化。原告对市公安局的决定提出异议，强烈要求对死者声带、毛发、血型等作鉴定。市公安局同意尸体暂缓火化，原告向殡仪馆交纳了保存费。后原告向法院提起行政诉讼。在行政诉讼过程中，某市公安局认为原告肆意干扰行政机关的工作，造成了公安局工作的停滞，给公安局的声誉造成了极坏的影响，因此在诉讼过程中提起反诉，要求原告赔偿市公安局的损失 5 000 元。

【法律问题】

在本案中，市公安局是否真的有权对行政诉讼原告提出反诉呢？

【参考结论】

市公安局无权对行政诉讼原告提出反诉。因为行政诉讼中的原告与被告关系是恒定的，原告只能是普通的公民、法人或其他组织，而被告只能是行使行政权的机关与组织，二者绝对不能颠倒过来。这一点与民事诉讼明显不同，在民事诉讼中，双方当事人的诉讼权利是对等的，如一方起诉，另一方可以反诉。而行政诉讼双方当事人的诉讼权利是不对等的，因为行政诉讼的前提是行政行为的存在和行政主体行使行政职权，而作为"反诉"的被告一方并非行政主体。因此，在行政诉讼中，只能由公民、法人或者其他组织一方起诉，行政主体一方没有起诉权和反诉权。

第一节　行政诉讼的概念与特征

我国行政诉讼制度发展的起点可以推算至北洋政府于 1914 年 5 月公布的《行政诉讼条例》，自此行政诉讼制度得以尝试确立。回顾中国行政诉讼制度已经走过的 100 多年的历史，行政诉讼制度的命运随着中国经济、社会、政治以及文化的急剧变迁而变动。在中华人民共和国成立以前，由于缺乏法治成长的政治基础、经济基础、文化基础及和平环境，行政诉讼制度只是作为一个纸面上的法存在，并未发挥多少实在的功能，对中国社会的影响微乎其微。

中华人民共和国成立后，由于长期受计划经济体制和依政策治国观念的束缚，行政诉讼制度没有得到重视。改革开放后，随着经济体制改革的深入开展，个人获得越来越多的自主空间，要求国家保护其利益的愿望愈益强烈，权利意识大为增强。1989 年 4 月，在此前所颁布的大量涉及行政诉讼的单行法律、法规以及行政审判实践的基础上，第七届全国人民代表大会第二次会议通过了《行政诉讼法》，并于 1989 年 10 月 1 日起开始施行。《行政诉讼法》的制定和实施标志着我国社会主义行政诉讼制度最终得以确立并走向成熟，是我国社会主义民主法治建设中的一件具有里程碑意义的大事，诚如学者所指出的，在中华民族近两千年的成文法历史中，在中国法律现代化的进程中，《行政诉讼法》的颁行意味着"一场静悄悄的革命"的开始。[1]

一、行政诉讼的概念

行政诉讼是指公民、法人或其他组织认为行政机关和法律、法规、规章授权组织的行政行为侵犯其合法权益，依法定程序向人民法院起诉，人民法院在当事人及其他诉讼参与人的参加下，对行政行为是否合法进行审理并作出裁判的活动。

二、行政诉讼的特征

第一，行政案件由人民法院受理和审理。人民法院在整个行政诉讼活动中居于核心和主导地位，负责审查行政行为的合法性。

第二，行政复议不是行政诉讼的前置阶段或者必经程序。行政相对人不服行政主体的行政行为可以选择申请行政复议或提起行政诉讼，若选择申请行政复议，不服行政复议决定的可以向人民法院提起行政诉讼；若选择向人民法院提起行政诉讼，行政相对人则不能申请行政复议。当然其他法律、法规规定行政复议为行政诉讼前置条件的除外。

第三，行政案件的审理方式原则上为开庭审理，法院在审理上诉案件时，只有在事实清楚的情况下，才可以采用书面审理方式。

第四，行政诉讼中当事人的恒定性。也就是说，行政诉讼的原告是对行政主体的行政行为不服的公民、法人和其他组织，即行政相对人。在行政管理中行政相对人的合法权益受到侵害就有权提起行政诉讼，寻求司法保护。而行政诉讼的被告只能是行政主体，这是由国家行政管理的特点所决定的。行政诉讼中，原告和被告的位置是固定的，不能相互交换和倒置，也就是说，行政诉讼只能是"民告官"的诉讼，而不可能出现"官告民"的情况。

---

[1]　袁曙宏、李洪雷：《完善我国的行政制度》，见罗豪才主编：《行政法论丛（第 4 卷）》，北京：法律出版社 2001 年版。

三、行政诉讼与民事诉讼的关系

我国的行政诉讼最早是存在于民事诉讼中的，直到 1989 年才有了独立的《行政诉讼法》。行政诉讼与民事诉讼的关系是：凡行政诉讼法没有明确规定的有关程序，参照适用民事诉讼法的相关规定。因此二者联系很紧密，但它们又分属不同性质的诉讼制度，存在很大差别，主要体现在：案件性质不同；适用的实体法律规范不同；当事人不同；诉讼权利不同；起诉的先决条件不同；是否适用调解不同；时效不同；审判制度不同等。

第二节　行政诉讼法的概念与功能

一、行政诉讼法的概念

行政诉讼法是指有关调整人民法院和当事人及其他诉讼参与人在审理行政案件过程中所进行的各种诉讼活动以及所形成的各种诉讼关系的法律规范的总称。有广义、狭义之分。狭义行政诉讼法就是指《中华人民共和国行政诉讼法》，广义的行政诉讼法还包括行政诉讼法的渊源。

二、行政诉讼法的渊源

行政诉讼法的渊源是指行政诉讼法所借以表现的各种客观外在形式，主要有：

（1）宪法、组织法。

（2）最高权力机关及常设机关制定的法律。

（3）国务院的行政法规。

（4）地方性法规，含自治条例、单行条例、特别行政区法律规范。

（5）行政规章，包括部门规章和地方政府规章。

（6）有权法律解释，包括立法解释、司法解释、行政解释和地方解释四种。

（7）国际条约和协定。

在国外，除了上述形式意义的制定法（成文法）渊源外，还有不成文法源，即实质意义上的渊源：判例法和习惯法，但我国不承认此法源。

三、行政诉讼法的功能

行政诉讼法的功能是行政诉讼法在社会生活中可能发挥的作用和产生的影响。行政诉讼法的功能表现为以下几个方面：

1. 保证法院公正、及时地审理行政案件

公正审理行政案件是指人民法院在查明事实的基础上，正确地适用法律，作出公正的裁判，从而有效地处理行政纠纷。为保证人民法院公正审理行政案件，《行政诉讼法》对人民法院独立行使行政审判权、审判原则、证据制度、行政诉讼强制措施、审判依据等方面作了规定。为了防止行政案件久拖不决,《行政诉讼法》还有一系列有关期限的规定,这些有关诉讼期限的规定相互衔接,确保诉讼参加人及时地行使权利和履行义务,使得人民法院能够在规定的期限内审结行政案件。

2. 保障公民、法人或者其他组织的合法权益

《行政诉讼法》对于保障公民、法人或者其他组织的合法权益,促进行政管理的法治化具有重要的意义。《行政诉讼法》通过规定行政诉讼的受案范围、行政机关的行政侵权赔偿责任及公民、法人和其他组织在诉讼中的权利,突出体现了从实体和程序上对公民、法人和其他组织的合法权益的保障。

3. 监督行政机关依法行使行政职权

如果行政机关及其工作人员的行政行为侵害了公民、法人或者其他组织的合法权益,由人民法院经过审理后判决撤销、变更具体行政处理决定或者强制行政机关履行法定义务,从而起到司法权监督和控制行政权的作用。

有学者主张从价值角度对行政诉讼进行分析,认为行政诉讼的价值可以界定为行政诉讼制度对个人、社会以及国家产生的有益的作用,并将行政诉讼的价值区分为直接价值和间接价值。直接价值主要有:保护相对人的合法权益,包括行政实体权利、行政程序权利、行政利益和行政救济权;控制行政权,包括控制行政权的设定、控制行政权的运作和控制行政自由裁量权;维护行政法律秩序。这是行政诉讼产生的客观效用。

第三节　行政诉讼的基本原则

行政诉讼的基本原则是指贯穿于行政诉讼法及整个行政诉讼过程中必须遵守的精神实质或指导思想。

行政诉讼的基本原则可以分为两类:一是共有的基本原则,即我国三大诉讼制度都具有的基本原则;二是行政诉讼特有的基本原则,即只属于行政诉讼的基本原则。

行政诉讼与民事诉讼、刑事诉讼共有的原则有:法院依法独立行使行政审判权原则;以事实为依据,以法律为准绳原则;合议、回避、公开审判原则;两审终审原则;当事人法律地位平等原则;使用本民族语言文字进行诉讼原则;辩论原则;人民检察院实行法律监督原则。

行政诉讼特有的基本原则有:选择复议原则、审查行政行为合法性原则、行政行为不因诉讼而停止执行原则、不适用调解原则、司法变更权有限原则。

1. 选择复议原则

选择复议原则指在法律、法规没有明确规定必须经过复议的情况下,当事人对行政行为不服时,既可以先向作出原行政行为的上一级行政机关或者法律规定的特定机关申请行政复议,对复议决定不服的,再向法院起诉,也可以不经复议直接向法院提起行政诉讼。也就是说,在我国行政复议不是进行行政诉讼的必经程序,是否经过行政复议,由当事人自己选择。

《行政诉讼法》第四十四条规定:"对属于人民法院受案范围的行政案件,公民、法

人或者其他组织可以先向行政机关申请复议，对复议决定不服的，再向人民法院提起诉讼；也可以直接向人民法院提起诉讼。法律、法规规定应当先向行政机关申请复议，对复议决定不服再向人民法院提起诉讼的，依照法律、法规的规定。"

2. 审查行政行为合法性原则

我国《行政诉讼法》第六条规定："人民法院审理行政案件，对行政行为是否合法进行审查。"《行政诉讼法》确立这一原则，反映了行政诉讼和其他诉讼活动的差别，集中体现了行政诉讼的特点和立法目的。

根据我国《行政诉讼法》的有关规定，人民法院对行政行为实行合法性审查原则的主要内容包括以下四个方面：

（1）人民法院审理行政案件，其核心是审查行政主体的行政行为是否合法，这表明人民法院实施司法审查职权的界限：人民法院的司法审查权包括行政主体的行政行为以及部分抽象行政行为；人民法院审查的行政行为仅限于人民法院的受案范围之内，行政主体的内部行政行为等排斥在人民法院受案范围之外的行为不属于人民法院司法审查的范围。

（2）人民法院审理行政案件，审查的内容是行政行为的合法性。行政行为的合法性，一般可以从以下三个方面加以判断：行政主体的行政行为是否超出了其法定的权限；是否符合法律、法规的规定；是否符合法定的程序。人民法院在审理行政案件时，认定为违法的行政行为主要有以下六种：主要证据不足；适用法律、法规错误；违反法定程序；超越职权；滥用职权；明显不当。

（3）人民法院审理行政案件，审查行政行为合法性的依据是法律、行政法规和地方性法规。地方性法规仅适用于本行政区域内发生的行政案件。人民法院审理民族自治地方的行政案件时，还应该以该民族自治地方的自治条例和单行条例为依据；人民法院审理行政案件，参照行政规章。

（4）人民法院审理行政案件，只对行政行为的合法性进行审查，对行政行为的适当性、合理性，原则上不予以审查。只有在行政处罚明显不当，或者其他行政行为涉及对款额的确定、认定确有错误的，人民法院才有权依法予以变更。这是由我国的政治体制和《行政诉讼法》的立法目的决定的。

3. 行政行为不因诉讼而停止执行原则

行政行为不因诉讼而停止执行原则，是指行政相对人不服行政主体所作出的行政行为而起诉到人民法院时，人民法院受理后，在诉讼期间，不停止行政行为的执行。我国《行政诉讼法》确立的不停止执行原则是区别于民事诉讼的又一具体原则。《行政诉讼法》第五十六条规定："诉讼期间，不停止行政行为的执行。"这一原则具有理论和实践两个方面的原因：在理论上，我国的国家行政机关是行使行政权的法定主体，它代表国家依职权作出的行政行为具有法律效力，行政相对人不能自行加以否认，而一旦发生争议时，须按法定的行政复议和行政诉讼程序提出，由有权的国家机关审查其合法性。只有经有权的国家机关认定其违法或不当而予以撤销或变更时，这一行政行为才失去其法律效力。在实践上，有些行政行为的客体是有一定的社会危害性的。如果行政相对人不服行政行为起诉到人民法院，行政行为就停止执行，可能会对社会造成更大的危害。因此，不论是从理论上还是实践上看，行政诉讼法确立这一原则，都有利于行政机关顺利行使职权，使国家行政管理具有连续性、有效性。

不停止执行的原则也有例外的情况。《行政诉讼法》第五十六条"但书"规定，在以下情形下，可以停止行政行为的执行：被告认为需要停止执行的；原告或利害关系人申请停止执行，人民法院认为该行政行为的执行会造成难以弥补的损失，并且停止执行不损害国家利益、社会公共利益的；人民法院认为该行政行为的执行会给国家利益、社会公共利益造成重大损害的；法律、法规规定停止执行的。许多国家都有类似的规定，因为有的行政行为如果不停止执行可能会给行政相对人造成难以弥补的损失，行政主体承担的责任也会相应增大。有条件地规定停止执行的情形，有助于减少或防止这种损失，亦相应减少行政主体的责任。不过，停止执行作为不停止执行这一原则的例外，在适用时必须严格按照法律的规定进行。

4. 不适用调解原则

我国《行政诉讼法》确立了审理行政案件不适用调解的原则，该法第六十条规定："人民法院审理行政案件，不适用调解。"

行政诉讼和民事诉讼不同，行政案件的性质和特点决定了人民法院审理行政案件不应进行调解。这是因为，行政案件所反映的法律关系是一种纵向的管理与被管理的行政关系，它不同于平等主体之间的民事关系。首先，人民法院对行政行为的合法性进行审查，只能以事实为根据，以法律为准绳，而不能由争议双方互相让步，互相谅解来判断行政行为是否合法。其次，我国的政治体制是"议行合一"原则下的人民代表大会制度，国家行政机关依法享有的行政权是任何机关和个人都不得转让或放弃的，即不能处分。行政机关无权自己处分其职权，行政机关应依法行使其职权，行使不当应依法予以撤销，予以纠正，否则就改变了行政权的性质。可见，行政诉讼的当事人由于缺乏调解存在的前提和基础——处分权，因此，不能适用调解原则。不过，从学理上讲，行政诉讼中同样存在调解的必要性和可能性。审理行政案件不适用调解原则并不排除人民法院在审理的过程中对双方当事人进行一些说服教育工作。

《行政诉讼法》第六十条"但书"规定，行政赔偿、补偿以及行政机关行使法律、法规规定的自由裁量权的案件可以调解。这是由于赔偿、补偿只涉及当事人双方的财产权利问题，并不涉及行政权的问题。因此，在涉及赔偿、补偿问题时，人民法院可以进行调解工作，双方当事人可以在赔偿问题上达成协议；另外，行政机关在行使法律、法规规定的自由裁量权时，由于行政机关享有一定的自由处分权，故对此类行政争议可以进行调解。

5. 司法变更权有限原则

司法变更权有限原则指人民法院在审理行政案件的过程中，对行政机关的行政决定应予以尊重，原则上不予以改变，只有在一定条件下，才享有部分或全部改变行政机关的行政行为的权力。司法变更是行政诉讼中的一个特有的问题。根据我国《行政诉讼法》的规定，人民法院在审理行政案件中享有有限的司法变更权力。"有限"的范围在《行政诉讼法》第七十七条中作了规定，即"行政处罚明显不当，或者其他行政行为涉及对款额的确定、认定确有错误的，人民法院可以判决变更"。可见，《行政诉讼法》将人民法院享有司法变更权的范围限定在"行政处罚明显不当和款额认定错误"的狭小范围内。根据我国《宪法》确立的国家机关分工合作的原则，行政权和司法审判权分别属于行政机关和人民法院，行政机关和人民法院各自拥有自己的职责范围。如果人民法院享有广泛的司法变更权，那么，随着行政诉讼范围的逐步扩大，越来越多的行政行为，最终不是由行政机关作出，而是由人民法院作出。如果最终的行政决定权大量地属于人民法院，这将冲击行政和司法职能合理分工的宪法原则。

在行政诉讼中，赋予人民法院以有限的司法变更权，具有重要的意义。首先，这一原则能够有效地、全面地保护行政相对人的诉讼权利。提起行政诉讼的基本条件是行政相对人认为行政机关的行政行为侵犯其合法权益，违法的和不当的行政行为都有可能对行政相对人的合法权益造成侵害。因此，人民法院只有享有对违法的行政行为的撤销权和对不当的行政行为的变更权，才能有效地保护行政相对人的合法权益。其次，这一原则能够避免造成"恶性循环诉讼"。如果人民法院不享有有限的司法变更权，对行政机关不适当的行政行为只能予以撤销，然后再由行政机关自己重新作出，人民法院无法阻止行政机关拒绝作出行政行为或重新作出另一个不适当的行政行为，那么，行政纠纷并没有彻底得到解决，行政相对人只能再次起诉，由此造成循环诉讼，行政相对人的合法权益并不能得到有效的保护。因此，在行政诉讼中，人民法院享有有限的司法变更权，是彻底解决行政纠纷，保护行政相对人合法权益的重要保障，是我国行政诉讼法给予行政相对人以特殊保护的一项重要措施。

【案情介绍】

区教育局批准成立补习学校纠纷案

2016 年某区教育局批准成立了一所补习学校，校长是张某。之后，该补习学校的主办单位变更为某中学。2018 年 6 月，某区教育局颁发了社会力量办学许可证，证上法定代表人仍然是张某。同年 11 月，补习学校成立校董会，共有 5 名成员。2019 年 1 月，校董会向某区教育局报送了免去张某法定代表人职务、由万某担任法定代表人的报告，落款由举办单位某中学盖章。2019 年 3 月，某区教育局向补习学校颁发了新的社会力量办学许可证，其他内容没有改变，仅将法定代表人一项从张某变更为万某。张某对此变更行为不服，向法院提起行政诉讼。

【法律问题】

人民法院在审理行政案件的过程中对什么事项依据何种标准进行审查？补习学校能否作为第三人参加该行政诉讼？

【参考结论】

本案涉及行政诉讼基本原则的问题。应当依据合法性审查原则标准。

合法性审查原则是行政诉讼的一项特有原则。合法性审查原则的内容为人民法院只审查行政行为的合法性并作出裁判，原则上不审查行政行为的合理性。立法者在《行政诉讼法》中确定合法性审查原则的意图是：法院审理行政案件，是对行政行为是否合法进行审查，至于行政机关在法律法规规定范围内作出的行政行为是否适当，原则上应由行政复议处理，人民法院不能代替行政机关作出决定。在本案中，某区教育局在诉讼中没有向法庭提供作出行政行为的事实证据，事实上，其在颁发被诉的社会力量办学许可证之前，没有对事实进行调查，仅仅凭申请人的申请就作出行政行为，违反了先取证、后裁决的原则，是违法的。那么，第三人向法庭提供证据来证明行政行为合法是否可以呢？在司法实践中，第三人在法庭上只是对原、被告双方提出的证据进行质证，很少有第三人举证的情况发生。但是第三人毕竟是行政诉讼的一方当事人，完全忽视第三人的举证或者否认第三人可以举证都是不正确的。然而，第三人的举证在诉讼中只起辅助作用，即印证原、被告双方提供的证据的真实性和有效性，以及证明被诉行政行为的不合法。第三人作为与行政行为有利害关系的诉讼参加人，对案件的事实有相当程度的了解，在原、被告双方提供的证据的真实性和有效性方面发生争议的时候，第三人往往可以提供具有证明效力的证据材料，帮助法院判断原、被告双方提供证据的效力。另外，第三人提供的证据如果能够证明被诉行政行为不合法，可以作为法院的定案证据采信，但第三人提供的证据不能用来证明被诉行政行为合法。这是因为，证明被诉行政行为合法的证明责任在于被告，即使第三人提供的证据可以证明行政行为合法，只要被告无法提供证据证明其所作行政行为合法，被告依然要承担败诉责任。本案发回重审之后，区教育局自知无法提供在颁发社会力量办学许可证之前取得的事实证据，故自行撤销了行政行为。

此外，此案还涉及人民法院应当追加什么人为行政案件的第三人的问题。设立第三人制度，主要是考虑到在行政管理活动中，行政行为除了会对直接针对的公民、法人和其他组织产生法律效力外，还可能对其他人的权利义务产生影响。为了防止行政行为损害直接相对人之外其他人的权利，行政诉讼法设立了第三人制度。根据《行政诉讼法》第二十九条规定，公民、法人或者其他组织同被诉行政行为有利害关系但没有提起诉讼，或者同案件处理结果有利害关系的，可以作为第三人申请参加诉讼，或者由人民法院通知参加诉讼。事实上，主办单位与某区教育局颁发新的社会力量办学许可证之间的权利义务关系并不明确。而被诉行政行为所直接针对的对象补习学校，是行政行为的行政相对人，有权对行政行为提起行政诉讼。一审法院没有追加补习学校为第三人参加诉讼，属于遗漏了必要的诉讼参加人，违反了法定程序。这也是案件被二审法院发回重审的一个重要原因。

第八章　行政诉讼（二）：
行政诉讼的受案范围与管辖

【课前引例】

2016 年 1 月 5 日，张海将通过内部关系预订的 100 张火车票拿到位于某市西城区的市体育馆门口一家小商店倒卖。当他通过网络系统出售火车票时，被某市南城区便衣民警当场抓获。后经查，张海系某市北城区某街道工人。某市南城区公安局将张某羁押于某市西城区看守所。

【法律问题】

本案谁是有管辖权的法院？为什么？

【参考结论】

本案有管辖权的法院是某市南城区法院、某市北城区法院、某市西城区法院。

因为我国法律规定：①一般行政案件由最初作出行政行为的行政机关所在地人民法院管辖，即由被告所在地人民法院管辖。②经复议的行政案件，复议机关改变原行政行为的，既可以由作出原行政行为的行政机关所在地人民法院管辖，也可以由复议机关所在地法院管辖。③对限制人身自由的行政强制措施不服提起的诉讼，由被告所在地或者原告所在地人民法院管辖。根据《最高人民法院关于适用〈中华人民共和国行政诉讼法〉的解释》，原告所在地包括户籍所在地、经常居住地和被限制人身自由地。

第一节　行政诉讼受案范围的概括性规定

行政诉讼受案范围是指人民法院受理行政诉讼案件的范围。我国《行政诉讼法》对行政诉讼受案范围采用概括性规定、肯定性列举和否定性列举的立法体例。概括性规定就是原则上规定行政相对人对行政行为不服均可提起行政诉讼；肯定性列举就是详细列举人民法院可以受理审判的行政行为范围；否定性列举就是详细列举人民法院不能受理审判的行政行为范围。

《行政诉讼法》第二条就是对行政诉讼受案范围进行的概括性规定："公民、法人或者其他组织认为行政机关和行政机关工作人员的行政行为侵犯其合法权益，有权依照本法向人民法院提起诉讼。"同时依照《最高人民法院关于适用〈中华人民共和国行政诉讼法〉的解释》第一条"公民、法人或者其他组织对行政机关及其工作人员的行政行为不服，依法提起诉讼的，属于人民法院行政诉讼的受案范围"的规定，除《行政诉讼法》

及司法解释明文进行的否定性列举规定，排除因行政行为的性质不能提起行政诉讼情况外，均属于行政诉讼的受案范围。这确立了行政诉讼受案范围的基本标准，即原则上只要是行政行为便可成为人民法院通过行政诉讼进行司法审查的对象。

判断某个行为能否被提起行政诉讼，必须理解行政行为这个核心概念。一般认为，行政行为是指行政主体或者法律、法规、规章授权的组织及其工作人员在行使职权的过程中作出的对公民、法人或其他组织的权利和义务产生实际影响的行为，包括行政作为与行政不作为。

在实践中，某个行为是否属于行政行为大多数时候是明确的，然而，现实社会中事物之间的区分往往存在"灰色边缘地带"，无法找到一个绝对明确的界限。特别是在行政机关之外，还有一些组织行使行政职权；行政机关和法律法规、授权的组织及其工作人员在行政管理活动之外，还从事民事活动；公安机关在行使行政管理职权的同时，还肩负刑事追诉职能；在行政管理活动中可能出现超越职权、滥用职权，甚至假公济私的行为。这些都给行政行为的认定带来了困难。

对处于"灰色边缘地带"的行为，归于行政行为抑或非行政行为，取决于对这两个概念的理解。在出现争议的时候，需要法院根据法律的目的、原则、精神和案件具体情况，将相应行为解释为行政行为或者非行政行为，从而决定受理与否。

一、行政行为是公务行为

在行政法上，行政机关和法律、法规授权组织可以以自己的名义实施行政行为。行政机关的行为总是通过具体的公务员来实施的。公务员不能以自己名义实施行政行为，但其行使行政职权、管理行政事务的行为，应当视为该公务员所属的行政机关实施的行政行为，其法律后果由行政机关承受。但是，公务员在实施公务行为之外，还实施大量的个人行为。这就使得公务员产生双重身份，一是普通公民，二是国家工作人员。公务员的两种身份有时可能发生交叉、混淆，从而不易辨认其行为的性质。是否认定为行政行为，对于纠纷解决途径，承担法律责任的主体、方式、范围都可能产生不同后果。认定行政行为通常要根据行为的主体、时间、场所、方式、名义、动机、依据的职权、涉及的事务性质等因素综合确定，最重要的是把握职权和事务这两个本质特征。在认定时，要本着监督行政机关行使行政权力，保护公民、法人或者其他组织权益的精神，在司法审查性质所允许的范围内，宜对"行政行为"的含义作比较宽泛的理解。公务员个人实施的行为，只要外观上具有行使行政职权、管理行政事务的形式，均可认为是行政行为。

【案情介绍】

林某便衣执勤案

林某是分管路面巡逻的交警，一天在家吃饭时接到熟人廖某的电话，说有个外地人的车1个月前交通肇事，撞了他的亲戚，那辆肇事车被发现此刻正停在该市某处，请林某立刻赶过去把那辆车扣住。林某于是身着便装赶到现场。在出示交警证件并简单察看、问询后，林某当即开具扣车凭证，把车交由廖某开走，并通知车主两天内到交警队接受询问。

【法律问题】

林某在此实施的行为属于公务行为还是个人行为？

【参考结论】

在这起案例中，林某在下班时间受熟人之请，身着便装去处理超出他分工范围的事情，似乎是一个私人行为。但是，他是交通警察并在扣车过程中表明了这一身份。而处理交通事故是公安交通机关的职权，开具扣车凭证并把车开走、吩咐车主到交警队接受询问等行为也属于交通事故处理的范围。至于他是否超越行政机关内部的分工范围，是否是熟人邀请而来，这是车主无法辨认的。不管林某的行为是否有瑕疵，在车主以及其他人眼里，有一点是确定的：一个交警在处理交通事故。凭这一点，就可以认定林某的行为在法律上属于交警所属行政机关的行政行为。

我们可以对比下述情况：林某正在公安局值班，接到朋友廖某的电话，说有人正与廖某发生争执，眼看就要打架，请林某快去相助。林某未经请示领导，便身着警服立即赶去。林某先是劝架，对方不听，遂与对方互殴致对方轻伤。此事虽发生在上班期间，且林某身穿警服，但并不是以警察身份行事，而且对方也明白这一点，故林某的行为不属于公务行为。

二、行政行为是公法行为

行政机关在行政管理之外，原则上不能实施"自己的事务"，比如像私人一样办企业。但行政机关为了行政管理的需要，可以从事必要的、附属的民事行为。例如购买办公用品、承包工程等。通常这些都不难区别，容易发生争议的是法律、法规、规章授权的组织实施的行为。基层群众性自治组织、行业协会、某些事业单位和企业，经法律、法规、规章授权可以行使一定的公共事务管理职能。例如，《中华人民共和国律师法》授予律师协会多项行政性职能，包括保障律师依法执业，维护律师合法权益；进行律师职业道德和职业纪律的教育、检查和监督；对律师依章程给予奖励和处分等。《中华人民共和国教育法》授权学校以及其他教育机构招收学生，颁发学业证书等。由于法律、法规、规章授权组织的特殊地位，其行为的性质有时可能引起争议。

三、行政行为包括行政不作为

行政行为在理论上包括行政作为，即行政主体以积极的方式作出的行政行为，也包括行政不作为，即行政主体应当以积极方式作出行政行为却消极无为。对于后者，《行政诉讼法》第十二条有多项列举，如申请行政许可，行政机关拒绝或者不予答复的；申请行政机关履行保护人身权、财产权的法定职责，行政机关拒绝履行或者不予答复；行政机关没有依法发给抚恤金等。在实践中，行政机关不发准生证、不给办理户口登记、没有及时清理污染物、没有按规定给举报人奖励、不对违法者予以处罚等，都为行政不作为，也属于行政诉讼的受案范围。

第二节　行政诉讼受案范围肯定性列举与否定性列举

行政诉讼受案范围又称"法院的主管范围"，指法院受理并审理行政争议的范围。我国《行政诉讼法》对行政诉讼受案范围采用肯定性列举与否定性列举的立法体例。

一、行政诉讼受案范围肯定性列举

《行政诉讼法》第十二条规定，人民法院受理公民、法人或者其他组织提起的下列诉讼：

（1）对行政拘留、暂扣或者吊销许可证和执照、责令停产停业、没收违法所得、没收非法财物、罚款、警告等行政处罚不服的。

（2）对限制人身自由或者对财产的查封、扣押、冻结等行政强制措施和行政强制执行不服的。

（3）申请行政许可，行政机关拒绝或者在法定期限内不予答复，或者对行政机关作出的有关行政许可的其他决定不服的。

（4）对行政机关作出的关于确认土地、矿藏、水流、森林、山岭、草原、荒地、滩涂、海域等自然资源的所有权或者使用权的决定不服的。

（5）对征收、征用决定及其补偿决定不服的。

（6）申请行政机关履行保护人身权、财产权等合法权益的法定职责，行政机关拒绝履行或者不予答复的。

（7）认为行政机关侵犯其经营自主权或者农村土地承包经营权、农村土地经营权的。

（8）认为行政机关滥用行政权力排除或者限制竞争的。

（9）认为行政机关违法集资、摊派费用或者违法要求履行其他义务的。

（10）认为行政机关没有依法支付抚恤金、最低生活保障待遇或者社会保险待遇的。

（11）认为行政机关不依法履行、未按照约定履行或者违法变更、解除政府特许经营协议、土地房屋征收补偿协议等协议的。

（12）认为行政机关侵犯其他人身权、财产权等合法权益的。

除前款规定外，人民法院受理法律、法规规定可以提起诉讼的其他行政案件。

【案情介绍】

某市市场监督局以李林违法经营为由扣押了其经营的货物。李林虽然不服，但是想等某市市场监督局作出处罚决定后再起诉。可过去了6个月，某市市场监督局既没有解除扣押也没有作出处罚决定。所以，李林向法院提起行政诉讼，要求解除某市市场监督局采取的扣押措施。对此，法院裁定驳回李林的起诉。理由是：行政行为尚未完成，扣押只是行政行为的一个阶段。在行政处罚决定作出之前，李林不是适格的原告。

【法律问题】

请简要分析法院的裁定是否正确。

【参考结论】

法院的裁定是错误的。

因为某市市场监督局的扣押行为属于行政强制措施，已经对李林的财产权产生了法律效力。如果李林认为该强制措施侵犯了他的合法权益，可以根据《行政诉讼法》第十二条第一款第（二）项的规定提起行政诉讼。原告不必等到某市市场监督局作出行政处罚决定后再提起诉讼。法院应当受理原告对行政强制措施不服提起的行政诉讼。

二、行政诉讼受案范围否定性列举

1. 《行政诉讼法》的否定性列举

《行政诉讼法》第十三条规定，人民法院不受理公民、法人或者其他组织对下列事项提起的诉讼：

（1）国防、外交等国家行为。

（2）行政法规、规章或者行政机关制定、发布的具有普遍约束力的决定、命令。

（3）行政机关对行政机关工作人员的奖惩、任免等决定。

（4）法律规定由行政机关最终裁决的行政行为。

其中，国家行为是指国务院、中央军事委员会、国防部、外交部等根据宪法和法律的授权，以国家的名义实施的有关国防和外交事务的行为，以及经宪法和法律授权的国家机关宣布紧急状态等行为。具有普遍约束力的决定、命令是指行政机关针对不特定对象发布的能反复适用的规范性文件。对行政机关工作人员的奖惩、任免等决定是指行政机关作出的涉及行政机关工作人员公务员权利义务的决定。法律规定由行政机关最终裁决的行政行为中的"法律"是指全国人民代表大会及其常务委员会制定、通过的规范性文件。

2. 《最高人民法院关于适用〈中华人民共和国行政诉讼法〉的解释》的否定性列举

《最高人民法院关于适用〈中华人民共和国行政诉讼法〉的解释》第一条规定，下列行为不属于人民法院行政诉讼的受案范围：

（1）公安、国家安全等机关依照刑事诉讼法的明确授权实施的行为。

（2）调解行为以及法律规定的仲裁行为。

（3）行政指导行为。

（4）驳回当事人对行政行为提起申诉的重复处理行为。

（5）行政机关作出的不产生外部法律效力的行为。

（6）行政机关为作出行政行为而实施的准备、论证、研究、层报、咨询等过程性行为。

（7）行政机关根据人民法院的生效裁判、协助执行通知书作出的执行行为，但行政机关扩大执行范围或者采取违法方式实施的除外。

（8）上级行政机关基于内部层级监督关系对下级行政机关作出的听取报告、执法检查、督促履责等行为。

（9）行政机关针对信访事项作出的登记、受理、交办、转送、复查、复核意见等行为。

（10）对公民、法人或者其他组织权利义务不产生实际影响的行为。

【案情介绍】

原告朱某（北京某报记者）到广东甲市采访，住在长江宾馆 608 号房。乙市公安局二分局 A 派出所接到举报，称被公安机关通缉的林某现住在长江宾馆 608 号房。二分局命令 A 派出所的民警前往缉捕。A 派出所的民警达到长江宾馆发现是朱某在该房内住，于是对其进行盘查并请示二分局将其带回乙市 A 派出所讯问。朱某在讯问笔录上签名后派出所将其送回甲市长江宾馆。

朱某以乙市公安局二分局的行为限制了其人身自由，侵犯了记者的采访权利为由，向其住所地北京市某区人民法院提起行政诉讼，要求乙市公安局二分局赔偿损失并公开道歉。

【法律问题】

朱某住所地北京市某区人民法院是否有管辖权？法院应怎样处理原告的起诉？

【参考结论】

朱某住所地北京市某区人民法院有管辖权。

对朱某提起的行政诉讼，法院应当不予立案，已经立案的，应当驳回原告的起诉。

《行政诉讼法》第十九条规定，对限制人身自由的行政强制措施不服提起的诉讼，由被告所在地或者原告所在地人民法院管辖。根据《最高人民法院关于适用〈中华人民共和国行政诉讼法〉的解释》，原告所在地包括户籍所在地、经常居住地和被限制人身自由地。本案中，原告针对限制人身自由的行政强制措施而提起行政诉讼，其住所地基层法院有管辖权。

根据《最高人民法院关于适用〈中华人民共和国行政诉讼法〉的解释》第一条规定，下列行为不属于人民法院行政诉讼的受案范围：公安、国家安全等机关依照刑事诉讼法的明确授权实施的行为……本案中，被告的行为不是行政强制措施，而是刑事侦查活动，根据上述规定，不属于行政诉讼的受案范围。因此，法院应当不予立案，已经立案的，应当驳回原告的起诉。

第三节　行政诉讼管辖

一、行政诉讼管辖的基本问题

1. 行政诉讼管辖的含义及其与相关概念的区别

行政诉讼管辖是指确定人民法院之间受理第一审行政案件的分工和权限，其功能在于明确具体的第一审行政案件由何级、何地、何种法院受理与审判的问题。

行政诉讼管辖包括了两个含义：

第一，行政诉讼管辖是划分人民法院系统内部受理与审判第一审行政案件的分工和权限的依据。《最高人民法院关于适用〈中华人民共和国行政诉讼法〉的解释》第三条第二款规定："专门人民法院、人民法庭不审理行政案件，也不审查和执行行政机关申请执行其行政行为的案件。铁路运输法院等专门人民法院审理行政案件，应当执行行政诉讼法第十八条第二款的规定。"又根据《行政诉讼法》第十八条第二款规定："经最高人民法院批准，高级人民法院可以根据审判工作的实际情况，确定若干人民法院跨行政区域管辖行政案件。"因此行政诉讼的管辖应当是普通人民法院在受理与审判第一审行政案件上的分工和权限；铁路运输法院等专门人民法院审理行政案件为跨行政区域管辖行政案件。

第二，行政诉讼管辖既解决人民法院上下级之间受理与审判第一审行政案件的分工和权限，又解决了不同地区同一级人民法院受理与审判第一审行政案件的分工和权限。

行政诉讼的管辖与行政诉讼的受案范围是两个不同的概念。行政诉讼受案范围所要解决的问题是人民法院对行政机关的哪些行政行为拥有司法审查权的问题，它着重解决的是人民法院同其他国家机关的关系；而行政诉讼管辖问题着重解决第一审行政案件具体由何级、何地、何种人民法院受理和审判的问题，但受案范围与管辖之间也存在着密切的联系。只有明确了整个法院系统的受案范围以后，才可能进一步明确何级、何地、何种法院的管辖权限；属于人民法院行使审判权范围内的案件，只有通过管辖，才能使属于行政诉讼受案范围的案件得到具体落实。

2. 正确处理行政诉讼管辖的原则

我国有最高人民法院、地方各级人民法院和专门人民法院，它们都有权代表国家行使审判权，所以必须划分各级人民法院或同级人民法院之间的受理权和审判权，否则会造成混乱。每一个行政案件管辖的确定，不仅涉及各个法院之间的关系及当事人的利益保护，还牵涉法律、法规的适用以及案件能否顺利地审理等许多重要问题。因此，必须确定行政诉讼管辖的一般原则。

行政诉讼管辖的一般原则主要有：

（1）便于当事人进行诉讼的原则。既便于公民、法人和其他组织的提起行政诉讼，又便于国家行政机关的应诉，力求减轻当事人的诉讼负担。

（2）便于法院行使审判权的原则。在行政诉讼中，管辖必须有利于人民法院查清案件事实，分清是非，并使大多数行政案件解决在基层法院，为当事人就近诉讼提供方便。另外，要考虑到有利于人民法院排除外来干扰。

（3）保证各级法院之间合理分工和均衡负担的原则。在确定行政诉讼管辖时，既要考虑同级人民法院之间的合理分工，又要考虑上下级人民法院之间的合理分工。

（4）坚持原则性和灵活性相结合的原则。行政诉讼情况比较复杂和特殊，因此行政诉讼管辖既要有原则性，又要有灵活性。

（5）坚持维护国家主权的原则。从维护国家主权原则出发，在不违背国际惯例的前提下，我国应当对人民法院的管辖范围作明确规定，以防止某些外国法院滥用管辖权。

3. 行政诉讼管辖的分类

依据行政诉讼案件的性质、特点以及相应人民法院之间的职权划分、地域范围的不同等因素，行政诉讼管辖可以作不同的划分，形成不同的种类。

（1）以确定人民法院是在上下级之间审理第一审行政案件的权限分工，还是在同级不同区域的人民法院之间审理第一审行政案件的权限分工为标准，行政诉讼的管辖可以分为级别管辖和地域管辖。

（2）以是否由法律明确规定为标准，行政诉讼管辖分为法定管辖和裁定管辖。

（3）以是否有法律强制性规定为标准，行政诉讼管辖分为专属管辖和协议管辖。

（4）以有管辖权的法院的数量为标准，行政诉讼的管辖可以分为单一管辖和共同管辖。

二、我国的行政诉讼管辖制度

1. 级别管辖

级别管辖又称审级管辖，是指确定各级人民法院之间受理第一审行政案件的分工和权限。从我国《行政诉讼法》的规定来看，目前我国行政诉讼划分级别管辖的标准主要有：以案件涉及范围和影响大小为标准，第一审行政案件的社会影响越大，则管辖法院的级别就应越高；以案件的专业性质及难度为标准；从考虑各级法院工作任务分担的均衡性出发，级别越高的法院，管辖的第一审行政案件应当越少，而越是重大、复杂的行政案件的第一审工作则由级别高的人民法院承担。

当然根据以上标准所确定的级别管辖并不能解决所有相关问题，《行政诉讼法》对级别管辖除依上述标准作了一般性规定外，又对某些特殊情况作了灵活规定：上级法院有权审判下级法院管辖的第一审行政案件，也可以把自己管辖的第一审行政案件移交下级法院管辖；下级法院对其管辖的第一审行政案件，认为需要由上级法院审判的，可以报请上级法院决定。

根据级别管辖划分的上述标准，我国《行政诉讼法》对级别管辖的具体划分是：

（1）基层人民法院管辖的第一审行政案件。

《行政诉讼法》第十四条规定："基层人民法院管辖第一审行政案件。"基层人民法院即县人民法院或市（县级市）人民法院、自治县和市辖区人民法院。除法律规定应由上级人民法院管辖的外，第一审行政案件由基层人民法院管辖。即除法律特别规定应由中级人民法院、高级人民法院和最高人民法院管辖的行政案件外，所有的第一审的行政案件都由基层人民法院管辖。

（2）中级人民法院管辖的第一审行政案件。

《行政诉讼法》第十五条规定，中级人民法院管辖下列第一审行政案件：对国务院部门或者县级以上地方人民政府所作的行政行为提起诉讼的案件；海关处理的案件；本辖区内重大、复杂的案件；其他法律规定由中级人民法院管辖的案件。

《最高人民法院关于适用〈中华人民共和国行政诉讼法〉的解释》第五条规定，有下列情形之一的，属于行政诉讼法第十五条第三项规定的"本辖区内重大、复杂的案件"：社会影响重大的共同诉讼案件；涉外或者涉及香港特别行政区、澳门特别行政区、台湾地区的案件；其他重大、复杂案件。

（3）高级人民法院管辖的第一审行政案件。

《行政诉讼法》第十六条规定："高级人民法院管辖本辖区内重大、复杂的第一审行政案件。"

（4）最高人民法院管辖的第一审行政案件。

《行政诉讼法》第十七条规定："最高人民法院管辖全国范围内重大、复杂的第一审行政案件。"

由最高人民法院作为第一审管辖的行政案件是一审终审，其所作的判决、裁定是终审判决、裁定，送达当事人之后，即发生法律效力。

【案情介绍】

陈某不服罗湖海关扣留和没收财产案

陈某是美籍华人，系美国驻北京某公司职员，常住北京市海淀区。某日，陈某从美国经深圳口岸入境，被深圳罗湖海关以有走私嫌疑为由扣留，并被没收相关财产。陈某对人身被扣留和财产被没收均不服，决定提起行政诉讼。

【法律问题】

本案中，应当由哪个法院管辖？

【参考结论】

此案涉及级别管辖与地域管辖的问题。根据《行政诉讼法》第十五条的规定，海关处理的案件由中级人民法院管辖，因为本案中的行为由海关作出，如果陈某提起行政诉讼，应当由中级人民法院管辖。根据《行政诉讼法》第十九条规定，对限制人身自由的行政强制措施不服提起的诉讼，由被告所在地或者原告所在地人民法院管辖。并且《最高人民法院关于适用〈中华人民共和国行政诉讼法〉的解释》第八条规定，原告所在地包括原告的户籍所在地、经常居住地和被限制人身自由地。对行政机关基于同一事实，既采取限制公民人身自由的行政强制措施，又采取其他行政强制措施或者行政处罚不服的，由被告所在地或者原告所在地的人民法院管辖。该案中的行为包括扣留和没收财产，既可以由罗湖海关所在地的人民法院管辖，也可以由原告所在地的人民法院管辖。综上所述，本案既可以由北京市的中级人民法院管辖，也可以由深圳市的中级人民法院管辖。

2. 地域管辖

地域管辖又称区域管辖、土地管辖，是指确定同级人民法院之间以辖区为标准受理第一审行政案件的分工和权限。

地域管辖与级别管辖之间既有区别又有联系，两者的区别是：地域管辖是从横向方面来划分人民法院内部受理第一审行政案件的分工和权限，亦即地域管辖存在于同级人民法院之间；而级别管辖则是从纵向方面来划分人民法院内部受理第一审行政案件的分工和权限，亦即级别管辖存在于各级法院之间。两者的联系表现在：级别管辖是地域管辖的前提和条件，地域管辖是级别管辖的继续和完成；只有将级别管辖与地域管辖有机地结合起来，才能最终明确案件的管辖法院。

我国现行行政诉讼的地域管辖又分为一般地域管辖和特殊地域管辖。

（1）一般地域管辖。

一般地域管辖，即普通管辖，是按照当事人所在地为标准确定案件的管辖法院的制度。除法律另有规定的案件以外，一般行政诉讼案件的管辖法院都必须按照一般地域管辖的规定来确定。

我国《行政诉讼法》第十八条规定："行政案件由最初作出行政行为的行政机关所在地人民法院管辖。经复议的案件，行政行为也可以由复议机关所在地人民法院管辖。"

实行由最初作出行政行为的行政机关所在地法院管辖的原则有以下理由：

①便于双方当事人参加诉讼。被诉行政机关所在地通常为争议或侵权行政行为所在地，又大多为原告所在地，这就便于双方当事人参加诉讼。

②便于人民法院审理案件。由最初作出行政行为的行政机关所在地人民法院管辖，便于人民法院勘验现场，收集、审查证据，迅速查明案情，正确、及时审理案件。

③便于采取诉讼保全措施和案件的执行。

④便于人民法院发挥独立审判职能，对行政机关就地制约。

⑤便于法律、法规的适用。

⑥有利于各地人民法院均衡承担行政审判任务。

（2）特殊地域管辖。

特殊地域管辖是根据特殊的行政法律关系或者特殊的行政法律关系所指向的对象来确定管辖法院的制度。根据《行政诉讼法》的规定，特殊地域管辖有以下三种情况：

①经过复议的行政行为的案件，由原告选择由最初作出行政行为的行政机关所在地的人民法院或者由复议机关所在地人民法院管辖。

②因对限制人身自由的行政强制措施不服提起诉讼，由被告所在地或者原告所在地人民法院管辖。原告所在地包括原告户籍所在地、经常居住地和被限制人身自由地。所谓经常居住地是指公民离开户籍所在地，最后连续居住满一年以上的地方。所谓限制人身自由所在地，是指被告行政机关将原告拘留、拘禁、强制治疗等限制人身自由场所所在地。

③行政机关基于同一事实既对人身又对财产实施行政处罚或者采取行政强制措施的，被限制人身自由的公民、被扣押或者没收财产的公民、法人或者其他组织对上述行为均不服的，既可以向被告所在地人民法院提起行政诉讼，也可以向原告所在地人民法院提起行政诉讼，受诉人民法院可以一并管辖。

【案情介绍】

梁某从某地购买了大量食用油，租由赵某任船长的货船，欲将油运往甲省 B 市。但乙省 A 市海关疑该船为走私船，将该船连同货物扣押。因赵某无法出示购油的增值税发票，被海关限制人身自由 3 天。后经协商，赵某依海关要求交纳了 40 万元押金以后，返回梁某处取增值税发票。待取来后海关却说该发票是假的，拒绝退还 40 万元押金。此时船已在海上被扣一个月有余。梁某和赵某对海关的扣押行为、限制人身自由以及扣押金的行为均不服，欲提起行政诉讼。

【法律问题】

若赵某系甲省 B 市人，梁某是丙省 C 市人，且 A、B、C 三市均为省会市，那么哪些法院拥有管辖权？理由是什么？

【参考结论】

对本案享有行政诉讼管辖权的法院如下：

赵某被限制人身自由地及被告所在地——A市中级人民法院。

赵某户籍所在地——B市中级人民法院。

梁某户籍所在地——C市中级人民法院。

行政诉讼案件的地域管辖，包括一般地域管辖和特殊地域管辖，一般地域管辖即由最初作出行政行为的行政机关所在地人民法院管辖。经复议的，也可以由复议机关所在地人民法院管辖。特殊地域管辖包括对限制人身自由的行政强制措施不服提起的诉讼，由被告住所地或者原告住所地人民法院管辖。因不动产提起的诉讼，由不动产所在地人民法院管辖。

根据《行政诉讼法》第十九条规定，对限制人身自由的行政强制措施不服提起的诉讼，由被告所在地或者原告所在地人民法院管辖。并且《最高人民法院关于适用〈中华人民共和国行政诉讼法〉的解释》第八条规定，原告所在地包括原告的户籍所在地、经常居住地和被限制人身自由地。对行政机关基于同一事实，既采取限制公民人身自由的行政强制措施，又采取其他行政强制措施或者行政处罚不服的，由被告所在地或者原告所在地的人民法院管辖。

3. 专属管辖

专属管辖，即因不动产提起的行政诉讼，由不动产所在地人民法院管辖。专属管辖是一种特殊地域管辖，是指法律直接规定某种案件必须由一个特定的或特定地域的法院来管辖。《行政诉讼法》第二十条规定了一种专属管辖，即"因不动产提起的行政诉讼，由不动产所在地人民法院管辖"。所谓不动产，主要是指土地，包括滩涂、山岭、草原、荒地等及其附着物；附着物是指自然或人工的附在土地上或土地之中的物体，如山林、河流、矿产及其他建筑物。因不动产而提起行政诉讼，主要是因为针对不动产所有权或使用权的行政行为不服而提起的行政诉讼。

4. 共同管辖与选择管辖

在行政诉讼管辖问题中，共同管辖与选择管辖是值得一提的，共同管辖与选择管辖属于地域管辖中的一种特殊情况。共同管辖，是指两个以上人民法院对同一案件都有管辖权。选择管辖，是指两个以上人民法院对同一案件都有管辖权时，原告可以依法选择其中一个人民法院起诉。我国《行政诉讼法》第二十一条规定："两个以上人民法院都有管辖权的案件，原告可以选择其中一个人民法院提起诉讼。原告向两个以上有管辖权的人民法院提起诉讼的，由最先立案的人民法院管辖。"这是《行政诉讼法》关于共同管辖与选择管辖的明确规定。

共同管辖与选择管辖实质上是一个问题的两个方面，两者都是解决两个以上人民法院对同一行政案件都有管辖权如何处理的问题。共同管辖是选择管辖的前提和基础，只有出现共同管辖的情况，才能有选择管辖，只有对同一诉讼案件两个以上人民法院都有管辖权时，原告才有可能依法选择其中一个人民法院提起行政诉讼，而不是由原告随意扩大范围进行选择，因此共同管辖与选择管辖有着不可分的关系。

5. 裁定管辖

裁定管辖，是指在遇有特殊情况下，人民法院依照法律规定，自由裁定具体行政案件由哪一级或哪一个人民法院管辖。与裁定管辖相对的概念是法定管辖，包括级别管辖与地域管辖。在行政审判实践中，为了更好地审理行政案件，具体情况具体对待，这需要赋予人民法院在管辖方面以一定的机动权和灵活权。裁定管辖具体又包括移送管辖、指定管辖和管辖权的转移。

（1）移送管辖。

移送管辖是指人民法院对已受理的案件经审查发现不属于本法院管辖时，将案件移送给有管辖权的人民法院管辖的一种法律制度。移送管辖的实质是案件转移，而不是管辖权的转移。

《行政诉讼法》第二十二条对移送管辖作出了规定："人民法院发现受理的案件不属于本院管辖的，应当移送有管辖权的人民法院，受移送的人民法院应当受理。受移送的人民法院认为受移送的案件按照规定不属于本院管辖的，应当报请上级人民法院指定管辖，不得再自行移送。"因此，移送管辖是无管辖权的法院将案件移送到有管辖权的法院。

移送管辖必须同时具备以下三个条件：第一，移送案件的人民法院对该案已经受理。第二，移送法院发现自身对已经受理的案件没有管辖权。第三，受移送的人民法院对该案确有管辖权。

移送管辖包括同级人民法院之间的移送和上下级人民法院之间的移送。同级人民法院之间的移送又称为地域管辖的移送。上下级人民法院之间的移送又称为级别管辖的移送。这种移送同上下级管辖权的转移是两个概念。一般而言，移送管辖主要是在同级法院间进行，不需经上级法院批准。

《行政诉讼法》规定受移送的人民法院不得自行移送，即行政案件一旦移送到接受移送的人民法院，接受移送的人民法院既不能退回移送的人民法院，也不能自行转送给其他人民法院。接受移送的人民法院判断自己对其他法院移送来的行政案件，认为属于自己管辖时，应及时受理审判；认为自己对移送来的案件没有管辖权时，应当报请上级人民法院指定管辖。

（2）指定管辖。

指定管辖是指由于某种特殊原因，有管辖权的人民法院不能行使管辖权，或者两个以上人民法院对案件的管辖发生争议，上级人民法院根据法律的规定，以裁定的方式指定某一下级人民法院管辖。

《行政诉讼法》第二十三条规定："有管辖权的人民法院由于特殊原因不能行使管辖权的，由上级人民法院指定管辖。人民法院对管辖权发生争议，由争议双方协商解决。协商不成的，报它们的共同上级法院指定管辖。"所谓特殊原因，首先是指法院自身无力抗拒的、不可避免的原因，如水灾、地震、战争、动乱、意外事件等；其次是指诉讼程序上的困难，例如因审判人员依法应当回避后，法院无法另行组成合议庭；最后是由于有管辖权的法院技术或审判水平的限制，暂不具备审理某些特殊案件的条件。

（3）管辖权的转移。

管辖权的转移，又称转移管辖，是指经上级人民法院决定或者同意，把对第一审行政案件的审判权转移给上级人民法院，或者由上级人民法院转移给下级人民法院。

《行政诉讼法》第二十四条规定："上级人民法院有权审理下级人民法院管辖的第一

审行政案件。下级人民法院对其管辖的第一审行政案件，认为需要由上级人民法院审理或者指定管辖的，可以报请上级人民法院决定。"2015 年《行政诉讼法》的修改取消了从上级人民法院转移到下级人民法院的规定，使得行政诉讼管辖权的转移只能从下级人民法院转移到上级人民法院。

管辖权的转移必须同时具备下列三项条件：第一，必须是人民法院已受理的案件。第二，移交的人民法院对此案具有管辖权。第三，移交人民法院与接受移交人民法院之间具有上下级审判监督关系。

从行政审判实践来看，出现管辖权的转移的原因和情况主要有：第一，本来属于下级法院管辖的案件，如果由该法院审理，可能有失公平或产生不良影响，上级人民法院发现后有权决定自己审判。第二，本来属于下级法院管辖的案件，但由于下级法院立案后认为该案重大、复杂，专业技术性强，或者外来干扰严重，由自己管辖确有困难，需要由上级法院审判。

从形式上看，管辖权的转移与移送管辖都是将行政案件从一个法院移交到另一个法院，但两者有严格区别，主要表现在：

第一，管辖权的转移是有管辖权的人民法院把案件移交给本来没有管辖权的人民法院，使之取得对该案的管辖权，其实质是转移管辖权；而移送管辖是无管辖权的人民法院将案件移交给有管辖权的人民法院审理，其实质是案件移送。

第二，管辖权的转移是在上下级法院之间进行的，是级别管辖的一种补充或变通措施，其目的是在级别管辖方面更好地调整对某一具体案件的管辖；而移送管辖虽然有时也发生在上下级法院之间，但多数是在同级法院之间进行，它主要用于解决有无管辖权的问题。

第三，管辖权的转移必须经上级人民法院同意或直接决定，下级人民法院只能提出管辖权转移的建议或申请；移送管辖是行政案件从一个法院移送另一个法院，不需要上级法院批准，也不需要经其他法院决定或同意，移送法院只要作出移送案件的裁定，这种裁定即对接受移送的法院产生约束力，被移送法院不得拒绝接受移送，也不得自行移送。

（4）行政诉讼中的管辖异议。

所谓管辖异议，是指行政诉讼当事人认为受诉人民法院对该案件无管辖权，而向受诉人民法院提出不服该法院管辖的主张，并要求人民法院将案件移送有管辖权的法院的诉讼行为。

《最高人民法院关于适用〈中华人民共和国行政诉讼法〉的解释》第十条对行政诉讼管辖异议作了相应规定，即"人民法院受理案件后，被告提出管辖异议，应当在收到起诉状副本之日起十五日内提出。对当事人提出的管辖异议，人民法院应当进行审查，异议成立的，裁定将案件移送有管辖权的人民法院；异议不成立的，裁定驳回。人民法院对管辖异议审查后确定有管辖权的，不因当事人增加或者变更诉讼请求等改变管辖，但违反级别管辖、专属管辖规定的除外"。

对当事人提出符合条件的管辖异议，人民法院应当进行审查，并作出相应裁定，送达各方当事人。如果异议成立的，应当按照《行政诉讼法》第二十二条的规定，裁定将案件移送有管辖权的人民法院管辖。如果管辖异议不成立的，裁定驳回当事人的管辖异议申请。管辖异议主体，如果对驳回管辖异议的裁定不服，可以在法定期限内提出上诉。第一审、第二审人民法院驳回管辖异议的裁定发生法律效力后，原审人民法院应当继续审理；如果当事人对管辖权问题提出再审的，不影响原审人民法院对案件的继续审理。

【案情介绍】

容发停车场等不服广州市公安交警支队禁行决定案

广州市沙太路至太和路段 16 公里，是 105 国道的一部分，也是湖南、江西等外省通往广州市以外的广东各地区的咽喉要道。由于该路段货运交通和物流业极为繁荣，该路段附近聚集了许多大型货运停车场。广州市公安交警支队决定扩大广州市区限制货车行驶的范围，在沙太路至太和路段设置了交通禁行牌，禁止外地大型货车通行。由于该路段上的大型货运停车场均以外地大型货车为主要客源，因此"禁行令"等于完全断掉了他们的生路。沙太路至太和路段上的大型货运停车场的场主们一致认为，广州市公安交警支队的"禁行令"严重侵犯了他们的平等竞争权和合法经营权，遂决定以容发停车场为原告代表向广州市中级人民法院提起行政诉讼。广州市公安交警支队在接到诉状副本后，对原告方的起诉提出了管辖异议，认为本案应由被告所在地的基层人民法院管辖。广州市中级人民法院驳回了交警支队的管辖异议。

在案件审理过程中，作为被告方的广州市公安交警支队没有按法定举证期限提供其设置交通禁行牌的事实根据，仅仅提交了《国务院关于改革道路交通管理体制的通知》和广东省《关于交通监理机构人员移交公安部门几个具体问题的答复》两份规范性文件。因此，广州市中级人民法院以"主要证据不足，适用法律法规错误"为由，判决撤销了被告的"设置交通禁行牌"的行为。

【法律问题】

（1）广州市中级人民法院能否管辖本案？

（2）广州市公安交警支队设置禁行牌的行为是否具有可诉性？

（3）广州市公安交警支队设置交通禁行牌的行为是否合法？

【参考结论】

（1）原告向广州市中级人民法院起诉后，广州市公安交警支队提出了管辖异议。广州市公安交警支队认为其达不到由中级人民法院管辖的级别，且其在交通繁忙地段设置禁行标志，只是普通的交通管理行为，算不上"重大、复杂案件"，因此，该案应由被告所在地的基层人民法院——白云区人民法院审理，广州市中级人民法院不应受理此案。

《行政诉讼法》第十五条规定，中级人民法院管辖下列第一审行政案件：对国务院部门或者县级以上地方人民政府所作的行政行为提起诉讼的案件；海关处理的案件；本辖区内重大、复杂的案件；其他法律规定由中级人民法院管辖的案件。

本案中的被告未达到上述第一项所要求的行政级别，也不属于上述第二项所指案件。因此，本案是否应由广州市中级人民法院管辖，关键取决于本案是否属于"重大、复杂的案件"。

《最高人民法院关于适用〈中华人民共和国行政诉讼法〉的解释》第五条规定，有下列情形之一的，属《行政诉讼法》第十五条第三项所指的重大、复杂案件：社会影响重大的共同诉讼案件；涉外或者涉及香港特别行政区、澳门特别行政区、台湾地区的案件；其他重大、复杂案件。

本案中，广州市公安交警支队设置的交通禁行牌影响了长达 16 公里的国道交通，而该路段是湖南、江西等外省通往广州市以外的广东省其他地区的咽喉要道。因此"禁行令"实际影响到了广东省大部分地区的货运交通，而远不止于广州市一地。而且，"禁行令"对禁行路段的数十家大型货运停车场的平等竞争权和合法经营权造成了严重影响，使他们蒙受了巨大的经济损失。从"禁行令"涉及对象之众、影响范围之广来看，本案的社会影响不可谓不重大，无疑应属《最高人民法院关于适用〈中华人民共和国行政诉讼法〉的解释》第五条第一项所指之"社会影响重大的共同诉讼案件"。因此，广州市中级人民法院管辖本案是合法、合理的。

此外，根据《行政诉讼法》第二十四条的规定，上级人民法院有权审理下级人民法院管辖的第一审行政案件。也就是说，即使本案由白云区人民法院管辖，只要广州市中级人民法院认为有必要，就可以审判本案，这样做也不存在管辖上的问题。所以，广州市公安交警支队提出的管辖异议不能成立。

（2）行政诉讼是解决行政争议的诉讼，但行政诉讼并不解决所有的行政争议，而只解决行政诉讼的受案范围内的行政争议。本案中，广州市公安交警支队设置交通禁行牌的行为究竟是抽象行政行为还是具体行政行为，就成了案件审理的一个关键问题。在此，广州市公安交警支队设置交通禁行牌的行为具有持续性的作用，因而表现出了与一般具体行政行为不同的特点。但是否就可据此断定设置交通禁行牌的行为是一种抽象行政行为呢？回答是否定的。因为判断一个行政行为到底是具体行政行为还是抽象行政行为，不能只看该行为的外部表现，而应从法律关系入手具体分析该行为确立权利义务关系的模式。抽象行政行为之所以"抽象"，原因在于它所针对的行政相对人是不特定的，它只能确定一个抽象的权利义务模式。即抽象行政行为确定的实际是某类行政法律关系中的权利义务分配规划，而不是某个特定相对人的具体权利义务。抽象行政行为只对特定行政相对人的权利义务产生间接影响，它需要借助具体行政行为来具体落实。广州市公安交警支队设置交通禁行牌的行为虽然具有持续性的作用，表面上看具有抽象行政行为的部分特征。但实际上它与派驻交通警察站在路上作出具体的禁止车辆通行的命令效果是一样的，都直接而非间接地影响了特定行政相对人的权利义务。因而，广州市公安交警支队设置交通禁行牌的行为不能认定为抽象行政行为，它属于公安交通管理部门行使交通管理职权作出的具体行政行为，具有可诉性。

（3）在行政诉讼中，人民法院原则上只审查行政行为的合法性，一般不审查行政行为的合理性。这是因为：第一，行政行为的合法性问题属于审判权的范围，而确认行政行为在法律的范围内如何进行更加适当、更为合理，是行政权判断的范围。行政机关无权对行政行为的合法性问题作出终局性评价，法院也无权替代行政机关对行政行为如何实施方为适当作出评价。第二，行政机关相对于法院具有专业知识和经验上的优势，对于行政行为的合理性，行政机关更有条件判断。司法权可以监督行政权，但不能代替行政权，对于行政机关在合法限度内所作的自由裁量，人民法院应该予以尊重。

本案中，广州市公安交警支队设置交通禁行牌的行为是否合法，是案件审理中最为重要的一个实体问题。根据被告提交的《国务院关于改革道路交通管理体制的通知》（1986年由国务院颁布）第二条之规定，公安机关有权管理全国范围内的城乡道路，包括交通安全宣传教育、交通指挥、维护道路秩序、处理交通事故和车辆检查、路障管理以及交通标志、标线等设施的设置与管理等事项。据此规定，被告有权设置和管理路障、交通标志、标线等设施，其管辖范围包括广州市境内的全部城乡道路。如果被告是在上述权限范围内依法行使职权，那么即使存在合理性或适当性问题，法院也不应介入。但在本案中，被告所作出的行政行为超出了上述权限范围，属于越权行政。根据《国务院关于改革道路交通管理体制的通知》，公安交通管理部门的职权范围是管理道路设施和维护交通秩序。而国道是连接省与省之间的道路，其交通规划决定权属于国家交通管理部门的职权范围。被告对国道的管理权以管理道路设施和维护交通秩序为限，被告在 105 国道上设立交通禁行牌改变了广东省与湖南、江西等邻省以及广东省内大部分地区之间的交通态势与常规交通路线，实际上是代替国家交通管理部门行使了交通规划决定权。这属于越权行为，不具有合法性。

根据《行政诉讼法》的规定，被告对其作出的行政行为负有举证责任，应当提供作出该行政行为的事实根据和规范性文件。本案中，作为被告的广州市公安交警支队没有按法定期限提交作出行政行为所依据的事实根据，并且其提交的规范性文件也不能证明其行为的合法性，广州市中级人民法院作出的撤销判决是正确的。

【要点集成】

行政诉讼是指公民、法人或其他组织认为行政机关所作出的行政行为违法，侵犯其合法权益时，依法向人民法院提起诉讼，由人民法院依法进行审理并作出裁决的活动。行政诉讼作为一项独立的诉讼制度，具有以下特征：

（1）解决行政争议的有限性。行政争议是行政机关在行使行政职权的过程中与作为行政相对人的公民、法人或其他组织发生的权利义务纠纷。行政诉讼并不解决所有行政争议，只解决行政诉讼受案范围内的行政争议。

（2）审查行政行为的合法性。行政诉讼之中，直接的审查对象是行政行为，而不是其他行政行为或行政相对人的行为。人民法院对行政行为的审查只限于合法性问题，一般不审查行政行为的合理性或适当性问题。

（3）目的的双重性。行政诉讼具有双重目的，它既监督行政机关依法行政，也保护公民、法人和其他组织的合法权益。后者是行政诉讼的根本目的。

（4）原、被告具有恒定性。在行政诉讼中，能够成为原告的只能是作为行政相对人的公民、法人和其他组织。作出行政行为的行政机关在行政诉讼中既无起诉权，又无反诉权，只能作为被告应诉。行政诉讼中的原、被告身份和地位是恒定的，不可相互变换。

第九章　行政诉讼（三）：行政诉讼参加人

【课前引例】

本案中的王某有无原告资格？

王天（男）与李某（女）结婚，后双方因感情不和离婚。王天因病住院治疗，期间结识张某（女），后王天与张某自愿结婚，镇政府为两人颁发了结婚证，但王天所持结婚证日期与张某的不一致，分别被错填为5月30日、5月10日，且王天的婚姻登记材料被镇政府遗失。没过多久，王天去世，留有房产等财产。王天的父母在清理王天的遗物时发现张某持有的结婚证日期与王天的不一致，便将这信息告诉了王天的表妹刘某。刘某为了防止张某借与王天假结婚的名义分割王天的遗产，保护王天父母对其儿子王天的遗产继承权，便以王天与张某的婚姻登记程序违法为由，向法院提起行政诉讼，要求撤销该结婚证。

【法律问题】

刘某是否具有行政诉讼的原告资格？

【参考结论】

本案中，颁证行为确实存在错误，但法院并非行政机关，其司法程序的启动不是主动进行的，必须有人起诉，起诉者要具有相应资格，并符合起诉的其他条件，法院的司法程序才可启动，才可对这一错误行为予以监督或纠正，而刘某并非颁证行为的直接行政相对人，其权益也不会因为颁证行为存在问题而受到影响。据此，刘某并没有原告资格。

根据以上分析，有原告资格的人不一定能成为原告，但没有原告资格的人即使去起诉，法院也不会为其启动诉讼程序，所以，法院应裁定不予受理。至于颁证错误问题，则属于另一问题，只有依赖于有原告资格的人去起诉，法院予以纠正或行政机关主动去纠正这一错误。

【要点集成】

本案中，涉及起诉人、原告资格、原告三者的关系问题。

起诉人，指向法院提起诉讼的人。理论上，诉权是一种主观性权利，拥有并行使诉权取决于起诉人主观意志，在于行使诉权的当事人认为其合法权益受到损害而求助于国家司法权给予保护。所以，对于起诉人而言，没有什么特殊要求，只要其不服，就可提起诉讼，但提起诉讼后，法院是否会为其启动诉讼程序则取决于法院的态度。只有起诉人的起诉获得法院的认同，法院才会为其启动诉讼程序，而只有诉讼程序启动，原告才会出现，而是否会获得法院认同，首要的条件就是起诉人应有原告资格。

原告资格是指公民、法人或其他组织能够就特定行政行为提起行政诉讼应具备的条件。此条件是指行政行为是否涉及起诉人的利益，具体而言就是看起诉人的权益在行政行为存在前后有无变化，若有变化，该变化是否由行政行为直接引起，是否在行政主体作出行政行为时所应考虑的范围内，如果是，则满足这一条件，也就具备了原告资格。现实中，有些具备原告资格的公民、法人或其他组织可能并不会起诉，那么，法院也不会主动为其启动诉讼程序，这些人也就不可能成为原告。而原告实质上就是有原告资格的起诉人，但原告身份获得的标志在于法院的受理。在法院受理之前，原告身份并不能出现，原告的确认是主观性权利——诉权的行使以请求法律保护和法院对诉权认定并予以支持的过程，但这里要注意，所支持的仅仅是诉权，而非诉讼请求，即法院愿意为具备原告资格的起诉人启动诉讼程序。因此，原告的产生是一个主观与客观双向作用的结果。而只有具备原告资格的人去起诉，并且获得了法院的认同后，这时起诉人才会转化为原告。

第一节　行政诉讼参加人概述

一、行政诉讼参加人与行政诉讼参与人

行政诉讼参加人是指因与行政争议存在直接利害关系而参加行政诉讼的整个过程或主要阶段的人以及其他诉讼地位相类似的人，包括当事人和诉讼代理人。

行政诉讼参与人是指包括参加人在内的，参与到行政诉讼中来的证人、鉴定人、翻译人员。行政诉讼参与人包含了行政诉讼参加人，但行政诉讼参与人中的当事人是行政诉讼权利义务以及审判结果的直接承受者，是最重要的诉讼参加人；而其他行政诉讼参与人则与诉讼结果没有直接利害关系，只起到辅助性作用，不承受审判结果的影响。

二、当事人及其诉讼权利与义务

当事人是指因行政行为发生争议，以自己的名义到人民法院起诉、应诉和参加诉讼，并受法律裁判约束的公民、法人或其他组织。

当事人在不同诉讼程序中的称谓也不同，具体称谓如下：行政诉讼一审程序中称原告、被告、第三人；行政诉讼二审程序中称上诉人、被上诉人、第三人；行政诉讼执行程序中称申请执行人、被申请执行人；行政诉讼再审程序中称原审原告、原审被告、原审第三人或者二审上诉人、二审被上诉人等。

行政诉讼中，当事人的诉讼权利与义务能否行使，关键在于当事人是否具备完全诉讼行为能力，它的法定标准是参照民事诉讼法的相关规定的。

当事人的诉讼权利包括：使用本民族语言、文字进行诉讼的权利；在诉讼中有辩论的权利；当事人有委托诉讼代理人进行诉讼的权利；经法院许可，当事人可以查阅本案的庭审材料（涉及国家秘密和个人隐私的除外）；当事人可以申请证据保全；当事人可以申请财产保全；当事人有权申请有关人员回避，对是否回避决定有权申请复议；经审判长同意，有向证人、鉴定人、翻译人员发问的权利；有查阅并申请补正庭审笔录的权利；当事

人有起诉、上诉、申诉、申请强制执行和放弃、变更、增加诉讼请求的权利等。

当事人的诉讼义务有：必须正确行使诉讼权利，不得滥用权利；必须遵守诉讼秩序，服从法庭指挥，不得妨碍诉讼正常进行；应当自觉履行生效判决。

三、诉讼代理人

根据法律规定或当事人、法定代理人的委托，以被代理人的名义在委托权限范围内进行诉讼活动的人称为诉讼代理人。诉讼结果由委托人承担，代理人不受裁判结果约束。

诉讼代理人分为法定代理人和委托代理人。

【案情介绍】

某县砖厂职工邹某倒汽车时，不慎将已停在该地的出租车司机林某的出租汽车刮了一下。为此林某和邹某夫妇发生口角，以致双方发生扭扯。在扭扯中，林某打了邹某妻子一巴掌，致其轻微伤，后被邻居劝解。当晚，邹某召集同事尤某及其妹夫陈某等人于23时许，持刀闯入林某家，邹某殴打林某及其丈夫。次日1时许，邹某、陈某和尤某再次闯入林某家，捣毁林某部分家具。之后，该三人又闯到林某的胞妹家，捣毁其部分家具。

某县公安局根据《治安管理处罚法》第四十三条之规定，以"故意殴打他人"为由，对邹某、林某作出行政拘留10天，对尤某、陈某分别处以治安警告的处罚。林某认为公安机关给自己行政拘留10天处罚过重，而仅给邹某10天拘留处罚和对尤某、陈某只处以警告处罚过轻，向某市公安局申请行政复议。某市公安局维持了县公安局的处罚决定。林某仍不服，向某县人民法院提出行政诉讼。

【法律问题】

（1）本案的诉讼参加人有哪些？

（2）对被告的治安管理处罚的行政行为应适用《行政诉讼法》规定的何种司法审查标准？被告的治安管理处罚的行政行为是否合法？

【参考结论】

（1）本案的诉讼参加人包括：原告林某；被告某县公安局与某市公安局；第三人尤某、陈某和邹某。

林某是按照《行政诉讼法》提起诉讼的公民。经复议机关决定维持原行政行为的，作出原行政行为的行政机关和复议机关是共同被告。某县公安局是作出原行政行为的行政机关，某市公安局是作出维持决定的复议机关，二者为共同被告。邹某、尤某和陈某和提起诉讼的行政行为有利害关系的其他公民，可以作为第三人申请参加诉讼，或者由人民法院通知参加诉讼。

（2）对被告的治安管理处罚的行政行为应适用《行政诉讼法》规定的行政处罚明显不当的司法审查标准。

在本案中，邹某、尤某、陈某多次进行打砸活动，其行为危害严重，而林某仅仅在扭打中打了邹某妻子一巴掌，被告给予上述行政处罚显然与以上各人的行为所造成的社会危害后果不相适应，构成明显不当。

【要点集成】

人民法院对行政诉讼案件的判决主要有六种：

（1）驳回原告诉讼请求判决。该类判决适用于行政行为证据确凿，适用法律、法规正确，符合法定程序的，或者原告申请被告履行法定职责或者给付义务理由不成立的情形。

（2）撤销判决。主要证据不足的，适用法律、法规错误的，违反法定程序的，超越职权的，滥用职权的，判决撤销或者部分撤销，并可以责令被告重新作出行政行为。

（3）履行判决。人民法院经过审理，查明被告不履行法定职责的，判决被告在一定期限内履行。

（4）确认违法判决。行政行为有下列情形之一的，人民法院判决确认违法，但不撤销行政行为：行政行为依法应当撤销，但撤销会给国家利益、社会公共利益造成重大损害的；行政行为程序轻微违法，但对原告权利不产生实际影响的。行政行为有下列情形之一，不需要撤销或者判决履行的，人民法院判决确认违法：行政行为违法，但不具有可撤销内容的；被告改变原违法行政行为，原告仍要求确认原行政行为违法的；被告不履行或者拖延履行法定职责，判决履行没有意义的。

（5）赔偿判决。人民法院判决确认违法或者无效的，可以同时判决责令被告采取补救措施；给原告造成损失的，依法判决被告承担赔偿责任。

（6）变更判决。行政处罚明显不当，或者其他行政行为涉及对款额的确定、认定确有错误的，人民法院可以判决变更。人民法院判决变更，不得加重原告的义务或者减损原告的权益。但利害关系人同为原告，且诉讼请求相反的除外。

第二节　行政诉讼当事人

一、行政诉讼原告

行政诉讼原告是指认为行政主体的行政行为侵犯其合法权益，而依法以自己名义向人民法院提起行政诉讼的公民、法人或其他组织。

要成为行政诉讼原告，必须具备这些条件：有行政行为存在；主观上认为行政行为侵犯了自己的有关权益：可能是行政行为的直接管理对象，也可能是与行政行为存在法律上利害关系的人；以自己的名义起诉。

有权提起行政诉讼的公民死亡的，其近亲属有权以自己的名义作为原告起诉。"近亲属"包括配偶、父母、子女、祖父母、外祖父母、孙子女、外孙子女、兄弟姐妹和其他具有扶养、赡养关系的亲属。父母、子女等包含了养父母、养子女关系和具有扶养、赡养关系的继父母子女关系。

有权提起行政诉讼的法人或其他组织终止的，承受其权利、义务的法人或其他组织可以继续以自己名义提起或进行行政诉讼。

近亲属或承受权利、义务的法人、其他组织继续诉讼的，原来诉讼活动的效果对他们仍有约束力。

1. 行政机关的行政诉讼原告主体资格

行政机关在行使行政权力时与行政相对人之间形成行政法律关系，此时行政机关为行政主体，若行政相对人不服行政行为提起行政诉讼，行政主体只能为被告，不可能为行政诉讼的原告。但是，当行政机关作为行政相对人被其他行政机关管理而形成行政法律关系时，作为行政相对人的行政机关若不服其他行政机关所作出的行政行为，当然可提起行政诉讼，从而成为行政诉讼的原告。

关于行政机关的行政诉讼原告主体资格问题，我国学界早有研究，也提出了一些理论观点。

行政机关能否成为行政诉讼原告，在某种程度上，关系着我国行政诉讼受案范围，即内部行政行为能否为人民法院所受理的问题。因此，我们必须仔细区分行政机关之间的行政行为与行政机关内部行政行为。随着行政理念的日益更新和社会发展的实际需要，行政机关越来越多地参与社会管理和秩序的各个领域，行政机关开始逐渐作为相对平等的主体参加经济、秩序运行。例如，行政契约等行政行为的出现，为行政机关作为诉讼主体奠定了实践基础。从理论上讲，行政机关虽然具有相对强大的力量，但若其合法权益不能得以有效维护，将直接有损于国家利益。因而我们可以考虑有条件、有步骤地规定行政机关的原告资格，以有利于行政诉讼立法目的的实现。

至于行政诉讼是否仅以"民告官"的面目出现，我们认为，这只是在行政诉讼孕育诞生之初，在宣传教育上的策略，通俗易懂，让人们迅速接纳和了解行政诉讼。但是，随着行政诉讼理论与审判实践的发展，我们对这个制度的认识也产生了飞跃，过去一个阶段的事物在新时期被赋予了更为广泛的含义，是一种正常的生长，这也从一个侧面印证着法律的迁移性。

考虑到是否具备赋予行政机关原告资格的条件不能一概而论，因此，我们主张，有条件、有步骤地规定行政机关的原告地位，意即在谨慎、全面分析的基础之上，确定一些"官告官"案件中行政机关的原告资格而非行政机关的内部行政行为。"民告官"与"官告官"的行政案件在适用法律方面并不存在实质差异，实践中人民法院也处理过不少"官告官"的案件。无论如何，在行政机关的原告资格问题上，不能笼统地作出结论，而在一定限度内承认这种资格则是大势所趋。

2. 近亲属代为起诉

（1）资格转移与委托。《行政诉讼法》第二十五条第二款规定，有权提起诉讼的公民死亡，其近亲属可以提起诉讼。在《最高人民法院关于适用〈中华人民共和国行政诉讼法〉的解释》中对"近亲属"的范围作了进一步的规定。其中特别引人注意的是，将具有扶养、赡养关系的亲属也纳入了近亲属的范围，我们认为，这是比较符合民法和民事诉讼法相关精神的。

从实践的情况看，对于近亲属代替相应公民提起行政诉讼，会产生这样的问题，即在诉讼中，近亲属的权利、义务与一般公民接受委托代为起诉有何不同？首先，有权提起诉讼的公民死亡，其近亲属应当以自己的名义提起行政诉讼，因为其承受了死亡公民的权利与义务。而被委托人接受委托代为起诉的，是以委托人的名义提起行政诉讼，委托人是该行政诉讼的原告。其次，有权提起诉讼的公民死亡，其近亲属代为起诉的，应该由其近亲属承担相应的后果，享有相应的权利。最后，原告败诉，行政机关对死亡公民未执行的人身处罚，不能由其近亲属代为接受处罚。这是由人身权不可分离的特性所决定的。行政行为未执行的财产，应当从该死亡公民的遗产中支付，而需要执行的财产超过死亡公民遗产的，法院也不得执行其近亲属的财产。

（2）公民因被限制人身自由而不能提起诉讼的，其近亲属可以依其口头或者书面委托以该公民的名义提起诉讼。显然，在此种情况下，有权起诉的公民完全有能力享有权利，承担义务，所以，其近亲属的代理行为在实质上构成委托关系，只能以委托人的名义提起诉讼，其通过诉讼所产生的后果也就当然归属于委托人本人。对于公民因被限制人身自由而不能提起诉讼中"不能"的限度问题，认为只要行政机关不能举证证明被限制人身自由的公民可以实施诉讼行为，法院就应当受理该公民近亲属提起的行政诉讼。[①] 从保护行政相对人权益的角度来看，这是具有一定积极意义的。

【案情介绍】

已经卸任的原河南省某市郸城县人大常委会副主任张某和镇政府在镇招待所的土地使用权上产生严重分歧。2005 年 12 月 6 日，县政府下发了一份《关于张某与某镇人民政府对某镇招待所土地权属争议的处理决定》，县政府认为，该宗土地属于国有性质。1979 年农机修造厂将此土地及地上两间房分配给张某，不违反当时的法律及政策。张某离职后，该厂并未收回房屋和土地，此后张某交给该厂房款 2 000 元。根据房地一致的原则，张某通过依法接受地上建筑物的方式取得了土地使用权。2006 年 2 月 6 日，镇政府对该处理决定不服遂向某市政府提出行政复议。2006 年 5 月 23 日，某市政府下发了《行政复议案件终止通知书》，理由是：已经超过 60 日行政复议时效。2006 年 7 月 12 日，某镇政府以某市人民政府为被告提起行政诉讼。某市中级人民依法受理了该案，并于 2006 年 8 月 28 日开庭审理。

【法律问题】

本案中，某镇政府是否具有原告资格？

【参考结论】

该案中某镇政府是否具有原告资格，取决于对行政机关在行政法律关系的地位如何看待的问题。行政法律关系是行政主体与行政相对人之间形成的法律关系。行政机关与行政主体并不是等同的概念。行政机关是一个静态的概念，行政主体是一个动态的概念。当行政机关在代表国家实施行政权时，就是行政主体；当行政机关在参与民事活动时，就是民事主体；当行政机关与作为行政主体的行政机关发生被管理与管理的关系时，就是行政相对人。该案中，镇政府在与市政府的行政法律关系中，镇政府虽然是行政机关，但是在该法律关系中，它处于被管理一方，是行政相对人，因此，在实质意义上，该案和传统的"民告官"行政案件没有任何区别。

具体而言，在该案中，张某与某镇政府发生土地使用权纠纷，县政府下发了《关于张

---

① 甘文：《行政诉讼法司法解释之评论——理由、观点与问题》，北京：中国法制出版社 2000 年版。

某与某镇人民政府对某镇招待所土地权属争议的处理决定》，作出了确权决定。因这个行政确权决定而形成的行政法律关系，张某与某镇政府都是行政相对人，县政府是行政主体。镇政府对该行政确权行为不服，对市政府提起了行政复议，未得到满意答复，进而提起行政诉讼。不管是作为行政复议申请人还是作为原告，镇政府的行政救济方式都并非基于其作为地方政府的职能和地位。也就是说，任何公民、法人和其他组织在相同的法律关系中，也都能够依法提起行政复议和行政诉讼。《行政诉讼法》第二十五条的规定："行政行为的相对人以及其他与行政行为有利害关系的公民、法人或者其他组织，有权提起诉讼。"行政机关是机关法人的一种，满足《行政诉讼法》第二十五条的主体要求。因此，该案中某镇政府具有原告资格。

二、行政诉讼被告

行政诉讼被告是指被原告指控侵犯其行政法上的合法权益，而由人民法院通知应诉的行政主体。

1. 行政诉讼被告的一般情形

（1）原告直接向人民法院提起诉讼的，作出被诉的行政行为的行政主体是被告。

（2）行政案件经复议机关复议，复议机关维持原行政行为的，作出原行政行为的行政机关和复议机关是被告；复议机关改变原行政行为的，复议机关是被告。

（3）法律、法规授权的组织作出行政行为，作出被诉行政行为的组织是被告。

（4）由行政机关委托的组织作出的行政行为，委托的行政机关是被告。

（5）行政机关撤销后，由继续行使其职权的行政机关作为被告。

2. 行政诉讼被告的认定

（1）当事人不服经上级行政机关批准的行政行为的，应当以在对外发生法律效力的文书上署名的行政主体为被告。

（2）行政机关组建不能独立承担法律责任的机构，该机构以自己名义作出行政行为，当事人不服的，应当以组建该机构的行政机关为被告。

（3）行政机关的内设机构或派出机构，并无法律、法规授权，该机构以自己名义作出行政行为，当事人不服的，应当以该行政机关为被告。

（4）法律、法规或规章授权行使行政职权的行政机关内设机构、派出机构或其他组织，超出法定授权范围实施行政行为，当事人不服的，应当以实施该行为的机构或组织为被告。

（5）复议机关在法定期间内不作出复议决定，当事人对原行政行为不服提起诉讼的，应当以作出原行政行为的行政机关为被告；当事人对复议机关不作为不服提起诉讼的，应当以复议机关为被告。

第三节　行政诉讼第三人和共同诉讼人

一、行政诉讼第三人

1. 界定第三人的标准

行政诉讼第三人是指与提起行政诉讼的行政行为有利害关系的其他公民、法人或者其他组织。《行政诉讼法》第二十九条规定："公民、法人或者其他组织同被诉行政行为有利害关系但没有提起诉讼，或者同案件处理结果有利害关系的，可以作为第三人申请参加诉讼，或者由人民法院通知参加诉讼。人民法院判决第三人承担义务或者减损第三人权益的，第三人有权依法提起上诉。"应当明确的是，根据行政诉讼法的规定，仅与案件处理结果有利害关系的人不能作为第三人，必须是与被诉的行政行为存在法律上的直接权利与义务关系的人才可以作为第三人参加诉讼。因而在某种程度上讲，行政诉讼第三人的范围窄于民事诉讼第三人。

2. 第三人的范围

在行政诉讼的实践中，常见的行政诉讼的第三人有以下情形：

（1）行政机关对实施同一违法行为的两个以上行政相对人给予行政处罚，其中一部分人对行政处罚不服，而向人民法院提起行政诉讼，另一部分人不起诉。人民法院应通知没有起诉的其他被处罚的行政相对人作为第三人参加诉讼。

（2）一方当事人对行政机关有关民事争议所作的处理或者裁决不服提起诉讼，争议另一方当事人未起诉。人民法院应通知另一方当事人作为第三人参加诉讼。

（3）行政相对人对行政机关与非行政机关的组织共同署名作出的处理决定不服，而向人民法院提起行政诉讼。在这种情况下，非行政机关的组织因不具备行政主体资格，不能成为被告，故人民法院应通知非行政机关的组织作为第三人参加诉讼。

（4）应当追加被告而被告不同意追加的，人民法院应当通知其以第三人的身份参加诉讼。

（5）在土地、房屋、专利权等确定案件中被授权的人和驳回申请的人以及其他主张权利的人。

（6）征用土地、转让土地、城市房屋拆迁引起的行政诉讼，有关当事人可以互为原告，互为第三人。

（7）因对行政机关给他人颁发许可证不服，提起行政诉讼的，被许可的公民或组织可以作为第三人参加诉讼。

（8）行政机关对单位给予行政处罚时，也对该单位的负责人和直接责任人员进行了处罚。被处罚的单位提起了诉讼，未起诉的被处罚的单位负责人或直接责任人员可以作为第三人。

（9）两个行政机关作出了直接关联的相互冲突的行政行为，不是被告的行政机关可以作为第三人。

（10）没有起诉资格的公民或组织，因与行政行为有直接利害关系而作为第三人参加诉讼。

（11）原告起诉某行政机关违法要求公民履行义务，可以将设立该项义务的行政机关列为第三人。

（12）受委托行使行政职权的组织在诉讼中也应当以第三人的身份参加诉讼，可能承担追偿责任的公务员在行政赔偿诉讼中也可以作为第三人参加诉讼。

3. 行政机关作为行政诉讼第三人的情形

行政机关可以作为行政诉讼第三人的情形：

（1）原告受处罚的行为如果为另一行政机关批准，则处罚原告的行政机关是被告，但批准的行政机关可以作为行政诉讼的第三人。

（2）原告对没有处罚权的行政机关提起诉讼，有处罚权但没有履行职责的行政机关应作为第三人参加诉讼。

（3）两个行政机关作出相互矛盾的行政行为时，其中一个行政机关是被告，另一个行政机关可以作为第三人。

【案情介绍】

有权发放执照的机关（A行政机关）在审批之前，未经其他法定机关（B行政机关）同意，便批准同意，也就是所谓的越权审批。在此种情况下，虽然行政相对人自认为已具备从事某种行为的合法性，然而B行政机关往往认为行政相对人从事许可事项的行为并不合法，而施以行政处罚。

【法律问题】

行政相对人不服B行政机关的行政处罚提起行政诉讼，那么A行政机关能否成为行政诉讼第三人？

【参考结论】

无权审批的机关行使了审批权，而有审批权的机关认定相对人未经批准擅自从事某种行为，则对相对人作出行政处罚。为了能彻底查清事实，解决争议，人民法院应当同意或者通知A行政机关作为第三人参加诉讼。

4. 行政机关作为行政诉讼第三人的法律责任

行政机关作为行政诉讼第三人参加诉讼，那么，他们的法律责任又如何确定呢？

有的学者指出，依照行政诉讼原理，由于其行为与原告受处罚有直接的联系，越位审批的机关和无权审批的机关可以被认为是行政诉讼第三人。然而，因为行政诉讼法以及国家赔偿法都没有相应的规定，所以，诉讼后果并不会使他们承担具体责任，更不会承担行政赔偿责任。造成这种情况的原因是：

第一，法律本身存在矛盾，对于相对人某种行为的审批规定，法律、法规相互交叉，行政职权相互重叠，不同的法律、法规规定了不同的行政主体。

第二，行政机关争利，相对人有求于行政机关的事、能为行政机关带来益处的事，都认为应该由自己管。

第三，法律不完善，对行政机关行使权力的程序规定不明确。

第四，责任不明，越权审批、违法审批、违法不作为等，虽然从理论上讲都是不对的、不允许的，但无法对照具体的法律、法规找出相应的法律责任规定和应受何种处罚或处理的规定。

尽管行政管理存在复杂性，但行政机关行使权力中的相互配合、相互制约、相互把关、相互设卡，其负面影响不能都让相对人去领受。因此，补充、完善行政诉讼制度有关行政机关作为第三人的责任，不仅必要，而且紧迫。

制度建设上，应当从以下几方面来补充、完善行政机关责任：第一，在实体法方面，对涉及两个以上行政机关行使职权的行政事项，对各个行政机关的权利、义务、责任的规定都应当明确。第二，在程序法方面，需要增加诉讼第三人承担法律责任的条款，特别是行政机关作为诉讼第三人的法律责任需要明确。可以采取列项方式，将行政机关越权、越位、不作为等行为的法律责任加以规定，这样即使单项实体法没有相应的规定，在司法审查时，行政机关的错误行为仍将受到法律追究。[①]

上述学者对行政机关作为第三人的责任问题的关注是有价值的。这个问题的关键还在于如何确定这种责任，将哪些责任以及如何将这些责任纳入法律规范范围。

二、共同诉讼人

共同诉讼人是指当事人一方或双方为两个以上主体，因同一行政行为或同样行政行为而发生的行政案件，法院认为可以合并审理的诉讼及诉讼当事人。一般为共同原告或共同被告。它又分普通共同诉讼（人）与必要共同诉讼（人）。

1. 必要共同诉讼

必要共同诉讼指当事人一方或双方为两个以上主体，因同一行政行为发生的行政案件，法院必须合并审理的诉讼。即使原告向多个有管辖权的法院起诉，也只能由一个法院来合并审理。

2. 普通共同诉讼

普通共同诉讼指当事人一方或双方为两个以上主体，因同样的行政行为发生的行政案件，法院认为可以合并审理的诉讼。"同样"，意思是行政行为的性质相同，或事实理由相同，或行政主体相同，或行政相对人相同等。该类诉讼并不是绝对的要合并审理，而是由法院自由裁量需要或不需要合并。

【案情介绍】

张少纪不服南阳市水利局水行政处罚案

张少纪于 1995 年 12 月 18 日与袁庄村委会签订了砂场承包合同。该砂场地处白河右岸，袁庄至泥营交界处，按行政区划属宛城区管理。1995 年 12 月 27 日，张少纪到宛城区水利局领取了豫宛砂字第 0001 号河南省采砂许可证（开采时间自 1996 年 1 月 1 日至 1996 年 12 月 31 日），在该采砂证其他事项记录栏目内注明，该砂场在采挖期间，如遇特殊情

---

① 张仁松：《行政机关作为第三人的法律责任应当明确》，《行政法学研究》1999 年第 4 期。

况（河水上涨、国家、政府占用或其他原因）可以顺延采挖时间，同时，张向区水利局缴纳了河道采砂管理费 9 000 元。张少纪于 1996 年 5 月 1 日因特殊原因停止了采砂。1996 年 4 月 26 日，南阳市人民政府下发了《关于保护饮用水源和供水设施的通告》，1996 年 10 月 15 日，张向区水利局递交了顺延采挖时间的申请，申请向后顺延时间为 7 个月。区水利局于 1996 年 11 月 20 日答复，同意张采砂时间向后顺延。1997 年 5 月 12 日，南阳市水利局认定张少纪所持采砂证是无效的，口头通知张停止采砂，并于 1997 年 5 月 15 日向张送达了豫水罚字〔1997〕第 01 号处罚决定，对张少纪的无证采砂违法行为，没收原告非法所得 3 万元，罚款 2 万元，张少纪不服市水利局的处罚决定，向河南省水利厅申请复议。河南省水利厅经复议维持原处罚决定。张少纪于是向卧龙区人民法院提起诉讼，请求法院撤销南阳市水利局所作的处罚决定。①

【法律问题】

宛城区水利局能否以第三人的身份参与诉讼？

【参考结论】

宛城区水利局能以第三人的身份参加行政诉讼。

在该案中，原告张少纪持有宛城区水利局发放的豫宛砂字第 0001 号河南省采砂许可证。但南阳市水利局认定张少纪所持采砂证是无效的，因此口头通知张少纪停止采砂，并于 1997 年 5 月 15 日向张少纪送达了豫水罚字〔1997〕第 01 号处罚决定。虽然张少纪是对南阳市水利局所作的处罚决定不服而提起行政诉讼的，但争议的焦点却是宛城区水利局给张少纪发放的豫宛砂字第 0001 号河南省采砂许可证是否合法有效。所以，宛城区水利局同被诉的行政行为也有法律上的利害关系。

但是，对宛城区水利局能否作为第三人参加行政诉讼却存在争议。一种观点认为宛城区水利局不能作为行政诉讼第三人，因为《行政诉讼法》第二十九条规定，第三人应当是同被诉行政行为有利害关系或者同案件处理结果有利害关系的其他公民、法人或者其他组织，宛城区水利局是拥有行政管理权的行政机关，不是公民、法人或者其他组织；同时，不将宛城区水利局作为行政诉讼第三人并不会影响本案的审理，因为对于宛城区水利局是否有权发放采砂许可证，可以通过南阳市水利局提供的证据或者其他法律依据来认定；此外，将宛城区水利局作为行政诉讼第三人，该案就要裁判行政机关之间的职权纠纷，这不属于行政诉讼的审查范围，人民法院也无此种裁判权。因此，宛城区水利局不能作为行政诉讼第三人参加诉讼。另一种观点则认为南阳市水利局对张少纪作出行政处罚决定，即是认为宛城区水利局给张少纪发放的采砂许可证是无效的，是对宛城区水利局行政职权行使的否定。所以，宛城区水利局同被诉的行政行为有法律结果上的利害关系，宛城区水利局应该作为第三人参加行政诉讼。

事实上，大多数意见支持将宛城区水利局作为行政诉讼第三人，主要基于以下几点理由：

① 国家法官学院、中国人民大学法学院编：《中国审判案例要览》（1999 年经济审判暨行政审判案例卷），北京：中国人民大学出版社 2002 年版。

第一，根据《行政诉讼法》第二十九条中提到的"公民、法人或者其他组织"，并不能排除行政机关作为行政诉讼第三人的可能性。最高人民法院《关于适用〈中华人民共和国行政诉讼法〉的解释》第三十条规定："行政机关的同一行政行为涉及两个以上利害关系人，其中一部分利害关系人对行政行为不服提起诉讼，人民法院应当通知没有起诉的其他利害关系人作为第三人参加诉讼。"而且，行政机关还可以作为机关法人。可见，行政机关成为行政诉讼第三人有法律依据。这种认为"宛城区水利局是行政机关，不是公民、法人或者其他组织，不能成为行政诉讼第三人"的观点是站不住脚的。

第二，宛城区水利局与被诉的行政行为有法律上的利害关系。行政主体作出的行政行为可能使诸多的利害关系人的合法权益受到影响，也包括行政机关。例如，在本案中，南阳市水利局认定张少纪所持采砂证是无效的，而张少纪所持采砂证是宛城区水利局发放的，张少纪还因此向宛城区水利局缴纳了河道采砂管理费 9 000 元。如果法院判决南阳市水利局胜诉，就意味着宛城区水利局发放的采砂许可证无效。那么，宛城区水利局就要对自己作出的无效行政行为承担一定的责任，甚至对张少纪赔偿部分损失。所以，宛城区水利局虽然没有直接参与被诉的行政行为，但与被诉的行政行为有了法律上的利害关系，符合行政诉讼第三人的构成要件。

第三，认为"宛城区水利局作为第三人，法院就要裁判行政机关之间的职权纠纷，这不属于行政诉讼的审查范围"的理由不成立。假如法院将宛城区水利局作为行政诉讼第三人，人民法院审理的仍是市水利局作出的行政行为是否合法的问题，即市水利局作出的行政处罚决定的证据是否充分，适用法律、法规是否正确，是否违反法定程序，是否滥用职权以及是否超越职权。在审理过程中，涉及宛城区水利局发放的采砂许可证的效力问题，法院审理的则是区水利局发放许可证是否有法律依据，程序是否合法等，这并没有超越行政诉讼的审查范围，反而有利于法院解决纠纷。

第四，宛城区水利局以第三人的身份参加诉讼，一方面在维护自身的合法权益，另一方面也在维护司法的公正和效率。宛城区水利局举出证据证明自己发放采砂许可证的合法性，有利于人民法院听取各方面的意见，作出公正的裁决，也有利于维护原告的合法利益，同时，还可以避免因同一事件而引起的重复诉讼，节约司法成本，提高效率。综上所述，在本案中，宛城区水利局能以第三人的身份参加行政诉讼。

第十章 行政诉讼（四）：行政诉讼程序及其他制度

【课前引例】

高某系 A 省甲县个体工商户，其持有的工商营业执照载明经营范围是林产品加工，经营方式是加工、收购、销售。高某向甲县工商局缴纳了松香运销管理费后，将自己加工的松香运往 A 省乙县出售。当高某进入乙县时，被乙县林业局执法人员拦截。乙县林业局以高某未办理运输证为由，依据 A 省地方性法规《林业行政处罚条例》以及授权省林业厅制定的《林产品目录》（该目录规定松香为林产品，应当办理运输证）的规定，将高某无证运输的松香认定为"非法财物"，予以没收。高某提起行政诉讼要求撤销没收决定，法院予以受理。

《森林法》及行政法规《森林法实施条例》涉及运输证的规定如下：除国家统一调拨的木材外，从林区运出木材，必须持有运输证，否则由林业部门给予没收、罚款等处罚。A 省地方性法规《林业行政处罚条例》规定"对规定林产品无运输证的，予以没收"。

【法律问题】

（1）如何确定本案的管辖法院？如高某经过行政复议再提起诉讼，如何确定管辖法院？

（2）如高某在起诉时一并提出行政赔偿请求，法院应如何立案？对该请求可否进行单独审理？

（3）省林业厅制定的《林产品目录》的性质是什么？可否适用于本案？理由是什么？

（4）法院审理本案时应如何适用法律、法规？理由是什么？

（5）依《行政处罚法》，法律、行政法规对违法行为已经作出行政处罚规定，地方性法规需要作出具体规定的，应当符合什么要求？本案《林业行政处罚条例》关于没收的规定是否符合该要求？

【参考结论】

（1）按照《行政诉讼法》的规定，当事人直接提起行政诉讼，由最初作出具体行政行为所在地的法院管辖。本案的被诉行政行为由乙县林业局作出，故乙县法院具有管辖权。如高某经过行政复议提起行政诉讼，复议机关所在地的基层法院也有管辖权。

（2）根据《最高人民法院关于审理行政赔偿案件若干问题的规定》，法院应当对撤销没收决定请求与赔偿请求分别立案；可以根据具体情况对行政赔偿的请求进行单独审理或对二项请求合并审理。

（3）省林业厅制定的《林产品目录》是根据地方性法规授权制定的规范性文件，在行政诉讼中不属于法院应当依据或者参照适用的规范，但可以作为证明被诉行政行为合法的事实依据之一。

（4）《森林法》及《森林法实施条例》均未将木材以外的林产品的无证运输行为纳入行政处罚的范围，也未规定对无证运输其他林产品的行为给予没收处罚。A 省地方性法规《林业行政处罚条例》的有关规定，扩大了《森林法》及其实施条例关于应受行政处罚行为以及没收行为的范围，不符合上位法。根据行政诉讼法律适用规则，法院应当适用《森林法》及《森林法实施条例》。

（5）按照《行政处罚法》的规定，法律、行政法规对违法行为已经作出行政处罚规定，地方性法规需要作出具体规定的，必须在法律、行政法规规定的给予行政处罚的行为、种类和幅度的范围内规定。本案《林业行政处罚条例》关于没收的规定超出了《森林法》及《森林法实施条例》行政处罚行为、种类和幅度的范围，不符合有关要求。

【法律链接】

《行政诉讼法》

第十八条　行政案件由最初作出行政行为的行政机关所在地人民法院管辖。经复议的案件，也可以由复议机关所在地人民法院管辖。……

第六十三条　人民法院审理行政案件，以法律和行政法规、地方性法规为依据。地方性法规适用于本行政区域内发生的行政案件。

人民法院审理民族自治地方的行政案件，并以该民族自治地方的自治条例和单行条例为依据。

人民法院审理行政案件，参照规章。

《最高人民法院关于审理行政赔偿案件若干问题的规定》

第二十八条　当事人在提起行政诉讼的同时一并提出行政赔偿请求，或者因具体行政行为和与行使行政职权有关的其他行为侵权造成损害一并提出行政赔偿请求的，人民法院应当分别立案，根据具体情况可以合并审理，也可以单独审理。

《行政处罚法》

第十一条　地方性法规可以设定除限制人身自由、吊销企业营业执照以外的行政处罚。法律、行政法规对违法行为已经作出行政处罚规定，地方性法规需要作出具体规定的，必须在法律、行政法规规定的给予行政处罚的行为、种类和幅度的范围内规定。

第一节　行政诉讼的程序

一、起诉与受理

1. 起诉

（1）起诉的定义。

司法具有被动性，实行"不告不理"。起诉就是启动诉讼程序的第一个环节。对于起诉的理解以及其指导下的具体操作将直接关系到整个诉讼程序的进行。关于起诉的定义主要有两种：一种观点认为，起诉是"公民、法人或其他组织认为自己的合法权益受到行政机关行政行为的侵害，而向法院提出诉讼请求，要求法院通过行使审判权，依法保护自己合法权益的诉讼行为"①。另一种观点认为，起诉是"公民、法人或其他组织，认为行政机关的行政行为侵犯其合法权益，向法院提起诉讼，请求法院审查行政行为的合法性并向其提供法律救济的行为"②。这两种观点的基本分歧在于行政诉讼中法院是行使审判权，还是只是审查行政行为的合法性。

我们认为，行政诉讼主要是审查行政行为的合法性，但根据《行政诉讼法》第七十七条的规定，对于行政处罚案件，也要审查其合理性，因此，"法院通过行使审判权"的表述更为全面、准确。

（2）起诉的条件。

为了防止公民、法人或者其他组织滥用诉讼，同时也为便于监督法院的受理工作，起诉必须具备一定的条件。一般认为，根据《行政诉讼法》第四十九条的规定，起诉必须具备四个条件：

第一，原告是行政行为的相对人以及其他与行政行为有利害关系的公民、法人或者其他组织。这里必须注意，原告并不一定是行政行为的直接对象，《行政诉讼法》并没有否定作为行政行为直接对象以外的公民、法人或者其他组织的原告资格，同时，当行政机关以法人身份与另一行政主体的行政机关发生争议时也具有原告资格。

第二，有明确的被告。

第三，有具体的诉讼请求和事实根据。

第四，属于人民法院受案范围和受诉人民法院管辖范围。应该注意的是，当事人因选择管辖上的错误，将诉状递交无管辖权的人民法院并不直接导致诉讼期限延误，当事人并不因此丧失诉权。受诉人民法院应将诉状移送有管辖权的法院或通知（告知）当事人向有管辖权的法院起诉。

这些只是起诉的实体性条件，起诉还必须符合法定程序要求，即法律、法规规定在起诉前必须向行政机关申请复议的，应经过行政复议或者复议机关逾期不作复议决定后才能起诉；必须在法定期限内起诉等。

2. 受理

受理是指人民法院对公民、法人或其他组织的起诉进行审查，认为符合法律规定的起诉条件从而决定立案并予以审理的诉讼行为。根据《行政诉讼法》规定，法院在接到起诉状时对符合法定的起诉条件的，应当登记立案。对当场不能判定是否符合本法规定的起诉条件的，应当接收起诉状，出具注明收到日期的书面凭证，并在七日内决定是否立案。不符合起诉条件的，作出不予立案的裁定。裁定书应当载明不予立案的理由。原告对裁定不服的，可以提起上诉。起诉状内容欠缺或者有其他错误的，应当给予指导和释明，并一次性告知当事人需要补正的内容。不得未经指导和释明即以起诉不符合条件为由不接收起诉状。

起诉行为与受理行为的有效结合使得行政诉讼程序正式开始。

---

① 应松年主编：《行政诉讼法学》，北京：中国政法大学出版社 2015 年版。
② 姜明安主编：《行政法与行政诉讼法》，北京：北京大学出版社、高等教育出版社 1999 年版。

【案情介绍】

经市场监督局核准，甲公司取得企业法人营业执照，经营范围为木材切片加工。甲公司与乙公司签订合同，由乙公司供应加工木材 1 万吨。不久，省林业局致函甲公司，告知按照本省地方性法规的规定，新建木材加工企业必须经省林业局办理木材加工许可证后，方能向市场监督管理部门申请企业登记，违者将受到处罚。1 个月后，省林业局以甲公司无证加工木材为由没收其加工的全部木片，并处以 30 万元罚款。其间，省林业公安局曾传唤甲公司人员李某到公安局询问该公司木材加工情况。甲公司向法院提起行政诉讼，要求撤销省林业局的行政处罚决定。

【法律问题】

（1）甲公司向法院提起行政诉讼，如何确定本案的地域管辖？

（2）对省林业局的处罚决定，乙公司是否有原告资格？

（3）甲公司对省林业局的致函能否提起行政诉讼？

（4）省林业公安局对李某的传唤能否成为本案的审理对象？李某能否成为传唤对象？

（5）省林业局要求甲公司办理的木材加工许可证属于何种性质的许可？该行政许可的设立是否合法？

【参考结论】

（1）由省林业局所在地的基层人民法院管辖。因为本案被诉行为为省林业局直接作出的没收和罚款的行政处罚，且不属于行政诉讼特殊地域管辖的情形，故应由最初作出具体行政行为的行政机关所在地法院管辖。

（2）乙公司不具有原告资格。因为乙公司与省林业局的处罚行为无直接的、实质性的利害关系，对甲公司不履行合同及给乙公司带来的损失，乙公司可以通过对甲公司提起民事诉讼等途径获得救济。

（3）甲公司不能对省林业局的致函提起行政诉讼。因为致函是一种告知、劝告行为，并未确认、改变或消灭甲公司法律上的权利义务，是对甲公司的权利义务不产生实际影响的行为。根据《行政诉讼法》及最高法院的司法解释，致函不属于行政诉讼受案范围。

（4）省林业公安局对李某的传唤不能成为本案的审理对象。因为本案原告的诉讼请求是撤销省林业局的处罚行为，传唤行为由省林业公安局采取，与本案诉求无关，不能作为本案审理对象。

李某不能成为传唤对象。因为根据《治安管理处罚法》的规定，治安传唤适用的对象是违反治安管理行为人，李某并未违反治安管理规定，故省林业公安局不得对李某进行治安传唤。

（5）该木材加工许可证属于企业设立的前置性行政许可。根据《行政许可法》的规定，地方性法规不得设定企业或其他组织的设立登记及其前置性行政许可，该案中的木材加工许可证属于违法设立的许可。

二、第一审程序

1. 审判组织形式和审理方式

行政诉讼一律实行合议制，合议庭由院长或行政审判庭庭长指定合议庭中审判员一人担任审判长。行政诉讼一审一律实行开庭审理，二审才可以根据《行政诉讼法》规定的情形实行书面审理。

开庭审理一般都是公开审理，但涉及国家秘密、个人隐私和法律另有规定的除外，即这一"除外"条款所规定的情形实行不公开审理。涉及商业秘密的案件，当事人申请不公开审理的，可以不公开审理。

2. 审理前的准备事项

（1）向被告发送起诉书副本和应诉通知书，将答辩状副本发送原告。

人民法院应当在立案之日起五日内，将起诉状副本发送被告。被告应当在收到起诉状副本之日起十五日内向人民法院提交作出行政行为的证据和所依据的规范性文件，并提出答辩状。人民法院应当在收到答辩状之日起五日内，将答辩状副本发送原告。被告不提出答辩状的，不影响人民法院审理。

（2）审查决定是否要并案审理或分案审理。

（3）初步审查诉讼文书和证据材料。

（4）决定是否裁定停止行政行为的执行。

（5）决定是否进行财产保全。

（6）决定是否先予执行。

（7）准备并研究审理本案所需要依据的法律文件。

3. 开庭审理的程序

（1）开庭前主要准备事项：召开合议庭准备会议；传唤、通知当事人和其他诉讼参与人；公开审理的案件，应在开庭三日前向社会公告。

（2）出庭情况审查内容：当事人和诉讼参与人是否到庭，核对当事人身份，宣布案由、合议庭组成人员，告知当事人的诉讼权利与义务，当事人是否申请回避等。

（3）法庭调查。

（4）法庭辩论。

（5）合议庭评议。

（6）公开宣判。

4. 诉讼阻却

诉讼阻却指由于某些特定的原因，使行政诉讼过程中断或不能按正常程序进行审理和裁判。行政诉讼阻却主要原因有如下几种情况：

（1）延期审理：指在开庭审理之前或审理过程中，由于特殊情况无法按预定的时间开庭审理，而将开庭审理时间推迟。主要情况有：因必须到庭的当事人和其他诉讼参与人有正当理由没有到庭；当事人临时提出回避申请且无法及时作出决定的；需要通知新的证人到庭，调取新的证据，重新鉴定、勘验或需要补充调查；其他需要延期的情况。

（2）延长审限：行政诉讼一审审结期限一般是 6 个月，从立案之日起计算；二审是 3

个月。出现特殊情况而无法在规定期限内审结的，经高级人民法院或最高人民法院批准，可以适当延长审理期限。

（3）撤诉：指原告在法院宣判前，按照法律规定的程序，放弃其行政诉讼的诉讼行为。

撤诉分为两种情形：申请撤诉，指原告自愿放弃起诉权的行为；视为申请撤诉或推定申请撤诉：经法院合法传票传唤，原告无正当理由拒不到庭的；在开庭审理期间，原告未经法庭许可中途退庭，拒不返回的；原告在法定期间内未预交诉讼费用，又没有申请免交、减交或缓交或者提出申请未获批准的。上述两类撤诉都必须经法院裁定准许。

（4）缺席判决：指合议庭开庭审理时，在当事人缺席的情况下，经过审理作出的判决。它主要适用于以下情形：经法院合法传票传唤，被告无正当理由拒不到庭的；被告虽然到庭，但未经法庭许可中途退庭的。

（5）诉讼中止：指诉讼过程中，由于发生某种无法克服和难以避免的特殊情况，法院裁定暂时中止诉讼程序的进行。诉讼中止主要原因有：原告死亡需要等待其近亲属表明是否要参加诉讼的；原告丧失诉讼行为能力尚未确定法定代理人的；行政机关、法人或其他组织终止尚未确定权利义务承受者的；当事人因不可抗力的事由不能参加诉讼的；案件涉及法律适用问题，需要送请有权机关作出解释或者确认的；案件的审判须以相关民事、刑事或者其他行政案件的审理结果为依据，而相关案件尚未审结的；其他应中止的情况。

中止诉讼的原因消除后，应当恢复诉讼。

（6）诉讼终结：指在诉讼过程中，因出现使诉讼不能继续进行且不能恢复或继续诉讼已没有实际意义的情况，法院裁定结束正在进行的诉讼程序。诉讼终结主要表现为以下情形：原告死亡，没有近亲属或近亲属放弃诉讼权利；作为原告的法人或组织终止，权利义务承受人放弃诉讼权利；因原告死亡需要等待其近亲属表明是否要参加诉讼的、原告丧失诉讼行为能力尚未确定法定代理人的以及行政机关、法人或其他组织终止尚未确定权利义务承受者的而中止诉讼期满 90 日仍无人继续诉讼。

【案情介绍】

2014 年 9 月李某偷渡到韩国打工，2018 年年初被韩国遣返，同年 3 月 25 日入境时在某边防口岸被查获，边防检查机关在履行法定的程序后，对其非法出境的行为进行了行政处罚。李某认为，《行政处罚法》明确规定，违法行为在 2 年内未被发现的，不再给予行政处罚，因此李某向法院提起行政诉讼，请求撤销边防检查机关的行政处罚决定。

【法律问题】

（1）李某的理由能否成立？

（2）法院应当作出何种判决？

【参考结论】

（1）李某的理由不能成立，因为李某的违法行为处于持续状态，对他的追诉时效应当从 2018 年 3 月 25 日开始计算。

（2）法院应当作出驳回李某诉讼请求的判决，因为边防检查机关对李某的行政处罚决定事实清楚，证据确凿充分，有法定依据，程序合法，故应作出驳回李某诉讼请求的判决。

三、第二审程序

第二审程序，又称上诉审程序或终审程序，指上一级法院依照法律的规定，根据当事人在法定期限内提出的上诉，对下级法院作出的尚未生效的行政判决或裁定进行重新审理的程序。

当事人提起行政上诉期限是：当事人对一审判决不服上诉期限是15日；对一审裁定不服上诉期限是10日；自判决书或裁定书送达之日起计算。

当事人提出上诉后也允许申请撤回，是否准予由二审法院裁定。二审仍然应当开庭审理，经过阅卷、调查和询问当事人，对没有提出新的事实、证据或者理由，合议庭认为不需要开庭审理的，也可以不开庭审理。

【案情介绍】

因某市某区花园小区进行旧城改造，区政府作出《关于做好花园小区旧城改造房屋征收补偿安置工作的通知》，王某等205户被征收户对该通知不服，向区政府申请行政复议，要求撤销该通知。区政府作出《行政复议告知书》，告知王某等被征收户向市政府申请复议。市政府作出《行政复议决定书》，认为《通知》是抽象行政行为，裁定不予受理复议申请。王某等205户被征收户不服市政府不予受理复议申请的决定，向法院提起行政诉讼。一审法院认为，在非行政复议前置前提下，当事人对复议机关不予受理决定不服而起诉，要求法院立案受理缺乏法律依据，裁定驳回原告起诉。

【法律问题】

（1）本案是否需要确定诉讼代表人？如何确定？

（2）行政诉讼中以复议机关为被告的情形主要包括哪些？

（3）若本案原告不服一审裁定，提起上诉的主要理由是什么？

（4）如果二审法院认为复议机关不予受理行政复议申请的理由不成立，应当如何判决？

（5）本案一、二审法院审理的对象是什么？为什么？

（6）若本案原告不服一审裁定提起上诉，在二审期间市政府会同区政府调整了补偿标准，上诉人申请撤回上诉，法院是否应予准许？理由是什么？

【参考结论】

（1）本案需要确定诉讼代表人。按照《行政诉讼法》规定，当事人一方人数众多的共同诉讼，可以由当事人推选代表人进行诉讼。此处"人数众多"一般指十人以上，本案有205个原告，满足代表人诉讼的要求。先由当事人推选代表人。当事人推选不出的，可以由人民法院在起诉的当事人中指定代表人。代表人的人数为二至五人，可以委托一至二人作为诉讼代理人。

（2）行政诉讼中以复议机关为被告的情形主要包括：复议机关维持原行政行为，原告不服的；复议机关改变原行政行为，原告不服的；复议机关在复议期限内未作出复议决定，原告起诉复议机关不作为的。

（3）若本案原告不服一审裁定，提起上诉的主要理由是：复议机关不受理复议申请的行为是行政机关的一项具体行为，无论是否属于行政复议前置的情形，只要原告不服该复议决定，均可以起诉，法院应予受理。

（4）如果二审法院认为复议机关不予受理行政复议申请的理由不成立，应当作出撤销"不予受理决定书"，判令复议机关受理复议申请。

（5）本案一、二审法院审理的对象是市政府不予受理复议申请的决定。因为原告起诉要求撤销的就是该决定，故法院应当以该决定作为合法性审查的对象。

（6）若本案原告上诉后市政府会同区政府调整了补偿标准，上诉人可以申请撤回上诉，法院经审查，若认为该市、区政府调整补偿标准的行为不违反法律、法规的禁止性规定，没有超越或放弃职权，不损害公共利益和他人合法权益，申请撤回上诉是上诉人的真实意思表示，第三人无异议的，法院应予准许。

四、审判监督程序

审判监督程序，又称再审程序，指人民法院发现已经发生法律效力的判决、裁定违反法律法规，依法对案件再次进行审理的程序。它是对生效判决、裁定实施监督的程序。

再审程序的提起一般有以下途径：人民法院院长通过审判委员会决定再审；上级人民法院提审或指令再审；人民检察院抗诉；当事人申请再审。

《行政诉讼法》第九十一条规定，当事人的申请符合下列情形之一的，人民法院应当再审：不予立案或者驳回起诉确有错误的；有新的证据，足以推翻原判决、裁定的；原判决、裁定认定事实的主要证据不足、未经质证或者系伪造的；原判决、裁定适用法律、法规确有错误的；违反法律规定的诉讼程序，可能影响公正审判的；原判决、裁定遗漏诉讼请求的；据以作出原判决、裁定的法律文书被撤销或者变更的；审判人员在审理该案件时有贪污受贿、徇私舞弊、枉法裁判行为的。

五、执行程序

1. 行政诉讼执行的含义

行政诉讼执行是指人民法院按照法定程序，对已经生效的法律文书，在负有义务的一方当事人拒不履行义务时，强制其履行义务，保证生效法律文书的内容得到实现的活动。

行政诉讼执行的主体是人民法院，执行的依据是已经生效的法律文书，包括人民法院制作的发生法律效力并具有执行内容的法律文书和行政机关制作的发生法律效力并具有执行内容、依法由法院强制执行的法律文书。

2. 行政诉讼执行的适用范围、管辖与期限

行政诉讼的执行适用于三种情况：相对人拒不履行法院裁判文书确定的义务，行政机关申请强制执行；行政机关拒不履行法院裁判文书确定的义务，行政相对人一方申请强制

执行；行政相对人拒不履行行政机关行政行为确定的义务，又不提起行政诉讼的，行政机关申请法院强制执行。

行政诉讼的执行管辖：对行政判决、裁定和行政赔偿调解书的执行，由一审法院执行；行政机关申请法院执行其所作的行政文书的，由被执行人所在地的基层人民法院受理执行。

申请强制执行的期限为两年，从法律文书规定的履行期限最后一日起计算；法律文书规定分期履行的，从规定的每次履行期限的最后一日起计算；法律文书中没有规定履行期限的，从该法律文书送达当事人之日起计算。

【案情介绍】

1997 年 11 月，某省政府所在地的市政府决定征收含有某村集体土地在内的地块作为旅游区用地，并划定征用土地的四至界线范围。2007 年，市国土局将其中一地块与甲公司签订《国有土地使用权出让合同》。2008 年 12 月 16 日，甲公司获得市政府发放的第 1 号国有土地使用权证。2009 年 3 月 28 日，甲公司将此地块转让给乙公司，市政府向乙公司发放第 2 号国有土地使用权证。后来，乙公司申请在此地块上动工建设。2010 年 9 月 15 日，市政府张贴公告，要求在该土地范围内使用土地的单位和个人，限期自行清理农作物和附着物设施，否则强制清理。2010 年 11 月，某村得知市政府给乙公司颁发第 2 号国有土地使用权证后，认为此证涉及的部分土地仍属该村集体所有，向省政府申请行政复议，要求撤销该土地使用权证。省政府作出维持原行政行为的行政复议决定后，某村不服向法院提起行政诉讼。

法院通知甲公司与乙公司作为第三人参加诉讼。在诉讼过程中，市政府组织有关部门强制拆除了征地范围内的附着物设施。某村为收集证据材料，向市国土局申请公开 1997 年征收时划定的四至界线范围等相关资料，市国土局以涉及商业秘密为由拒绝提供。

【法律问题】

（1）市政府共实施了多少个行政行为？哪些属于行政诉讼受案范围？

（2）如何确定本案的被告、级别管辖、起诉期限？

（3）甲公司能否提出诉讼主张？如乙公司经合法传唤无正当理由不到庭，法院如何处理？

（4）如法院经审理发现市政府发放第 1 号国有土地使用权证的行为明显缺乏事实根据，应如何处理？

（5）市政府强制拆除征地范围内的附着物设施应当遵循的主要法定程序和执行原则是什么？

（6）如某村对市国土局拒绝公开相关资料的决定不服，向法院起诉，法院应采用何种方式审理？如法院经审理认为市国土局应当公开相关资料，应如何判决？

【参考结论】

（1）市政府共实施了 4 个行政行为。

具体为：征收含有某村集体土地在内的地块的行为；向甲公司发放国有土地使用权证

的行为；向乙公司发放国有土地使用权证的行为；发布公告要求使用土地的单位和个人自行清理农作物和附着物设施的行为。上述行为均属于行政诉讼受案范围。

（2）被告为省政府与市政府。

根据《行政诉讼法》第十八条规定，行政案件由最初作出行政行为的行政机关所在地人民法院管辖。经复议的案件，也可以由复议机关所在地人民法院管辖。本案中，省政府为复议机关，省政府与市政府为共同被告。

本案由中级人民法院管辖。根据《行政诉讼法》第十五条规定，对国务院部门或者县级以上地方人民政府所作的行政行为提起诉讼的案件应由中级人民法院管辖。本案的被告为县级以上人民政府，故应当由中级人民法院管辖。

某村应当在收到省政府复议决定书之日15日内向法院起诉。因为本案是经过复议起诉的，应适用复议后起诉期限。同时，《土地管理法》等法律未对此种情形下的起诉期限作出特别规定，故应适用《行政诉讼法》第四十五条规定的一般起诉期限。

（3）作为第三人，甲公司有权提出与本案有关的诉讼主张。乙公司经合法传唤无正当理由不到庭，不影响法院对案件的审理。

（4）法院应不予认可。发放第1号国有土地使用权证的行为不属于本案的审理裁判对象，但构成本案被诉行政行为的基础性、关联性行政行为，根据《关于审理行政许可案件若干问题的规定》第七条规定，法院对此行为不予认可。

（5）按照《行政强制法》第四章规定，市政府采取强制执行措施应当遵循事先催告当事人履行义务，当事人有权陈述申辩，行政机关应当充分听取当事人意见，书面决定强制执行并送达当事人，与当事人可达成执行协议；不得在夜间或法定节假日实施强制执行，不得对居民生活采取停水、停电、停热、停气等方式迫使当事人执行等程序和执行原则。

（6）法院应当视情况采取适当的审理方式，以避免泄露涉及商业秘密的政府信息。法院应当撤销或部分撤销不予公开决定，并判决市国土局在一定期限公开。尚需市国土局调查、裁量的，判决其在一定的期限内重新答复。

六、判决、裁定与决定

1. 判决

判决是指法院根据事实，依据法律、法规，参照规章，对行政行为的合法性作出的实体裁判。判决分一审判决和二审判决，一审判决可以上诉，二审判决可以申诉。一审判决的类型有：驳回诉讼请求判决；撤销判决；限期履行判决；变更判决；确认判决；行政赔偿判决。二审判决的种类有：维持判决；依法改判。除此之外，二审法院还可以裁定发回重审。

2. 裁定

裁定是指在行政诉讼过程中，法院针对程序问题作出的裁决。它与判决具有同等的法律效力。

《最高人民法院关于适用〈中华人民共和国行政诉讼法〉的解释》第一百零一条规定裁定适用于下列范围：不予立案；驳回起诉；管辖异议；终结诉讼；中止诉讼；移送或者

指定管辖；诉讼期间停止行政行为的执行或者驳回停止执行的申请；财产保全；先予执行；准许或者不准许撤诉；补正裁判文书中的笔误；中止或者终结执行；提审、指令再审或者发回重审；准许或者不准许执行行政机关的行政行为；其他需要裁定的事项。

裁定书应当写明裁定结果和作出该裁定的理由。裁定书由审判人员、书记员署名，加盖人民法院印章。口头裁定的，记入笔录。

其中不予立案、驳回起诉和管辖权异议裁定可以提起上诉，其他裁定则不能提起上诉。

3. 决定

决定是指人民法院在诉讼期间，对诉讼中遇到的特殊事项作出的裁决，它是人民法院各种命令的总称。决定一律不准上诉，法律规定可以申请复议一次的除外。

《行政诉讼法》规定行政诉讼决定主要用于以下几种情形：指定管辖；决定管辖权的转移；决定回避；确定第三人；指定法定代理人；许可律师以外的当事人和其他诉讼代理人查阅庭审材料；指定鉴定；确定不公开审理；处理妨碍诉讼行为；决定案件的移送；决定强制执行生效的判决和裁定；确定诉讼费用的承担；对妨碍行政诉讼采取强制措施的决定；有关诉讼期限事项的决定；应当再审的决定；审委会对重大、疑难案件的处理决定；其他次要的程序问题或法院在行政审判过程中发生的内部问题。

【案情介绍】

某国家机关科研处处长赵某利用外出考察的机会，从国外带回若干违禁小物品，受到海关罚款 500 元的行政处罚。其所在单位了解情况后，又给予其撤职的行政处分。赵某不服，认为行政处罚和行政处分太重，分别以海关和所在单位为被告，向法院提起行政诉讼，要求撤销上述行政处罚和行政处分。

【法律问题】

（1）人民法院应否受理赵某的起诉？为什么？

（2）对本案中属于行政诉讼受案范围的行政行为，人民法院审理后可能作出哪几种形式的判决？并说明其适用的条件？

【参考结论】

（1）人民法院应受理赵某不服海关处罚的起诉，而不应受理赵某对其所在机关所作行政处分的起诉。

理由在于：海关的行政处罚属于行政主体对外行使职权的外部行政行为，而行政处分则是行政机关对所属工作人员的内部惩戒，属于内部行政行为。根据我国《行政诉讼法》的有关规定，人民法院受理行政案件，审查行政行为的合法性，但行政处分等内部行政行为不在行政诉讼的受案范围内。

（2）对于赵某不服海关处罚的起诉，法院受理后，可能作出以下三种形式的判决：第一种是驳回赵某诉讼请求的判决，如果法院经审理后认为，原行政处罚行为事实清楚、证据确凿、程序合法、适用法律、法规正确时，人民法院应当判决驳回赵某诉讼请求。第二种是撤销判决，如果法院经审理后认为，行政行为主要证据不足，适用法律、法规错误，违反法定程序，超越职权，滥用职权时，可以判决撤销或部分撤销原行政行为。第三种是判决变更判决，如果人民法院经审理后认为原行政处罚明显不当的，可以判决变更原行政处罚。

第二节　行政诉讼的证据

一、行政诉讼证据的概念

行政诉讼证据是指在行政诉讼中用以证明案件事实情况的一切材料和事实，包含了可定案证据与一般证据。可定案证据具有客观性、相关性和合法性。行政诉讼的证据所要证明的对象是行政行为的合法性以及它是否侵犯行政相对人的合法权益。

二、行政诉讼证据的形式

《行政诉讼法》明确规定了以下形式：书证；物证；视听资料；电子数据；证人证言；当事人陈述；鉴定意见；勘验笔录和现场笔录。现场笔录是行政诉讼特有的证据形式，民事诉讼与刑事诉讼没有这种形式；现场笔录必须是现场制作，不能事后补作，并且必须有双方当事人的签名盖章。

三、行政诉讼证据的规则

第一，行政诉讼当事人均有权向人民法院主动提供证据。

第二，知道案情，掌握案件有关证据材料的非被告的行政机关和非原告的公民、法人或其他组织有作证和提供证据的义务。

第三，法定鉴定部门或由法院指定的鉴定部门，有对专门问题进行鉴定和向法院提供鉴定结论的义务。

第四，被告对自己作出的行政行为负有举证责任。举证责任是指法律规定必须由当事人自己举证用以证明其诉讼主张，若不能举证或举证不能就承担败诉风险和不利后果的诉讼法律责任。

《行政诉讼法》规定行政诉讼的举证责任由被告承担，即由行政主体承担举证责任。行政诉讼中，被告应当遵守以下举证的规则：被告必须履行举证义务，提供行政行为所依据的事实根据和规范性文件根据，证明行政行为的合法；被告必须在收到起诉书副本之日起15日内提供相关证据材料；在行政诉讼中，被告不得自行向原告和证人收集证据；复议机关在复议期间收集和补充的证据，不能作为法院认定原行政行为合法的依据；被告不能完成行政行为是否合法的举证责任，就要承担败诉的法律后果。

第五，原告应当履行的举证义务。行政诉讼中，原告应当履行举证义务，但不是举证责任：证明起诉符合法定条件，但被告认为起诉超过起诉期限的除外；在起诉被告不作为案件中，证明其在行政程序中有提出申请的事实和证据材料，但被告应当依职权主动履行法定职责的和原告因正当理由不能提供证据的除外；在行政赔偿、补偿案件中，证明因受被诉行政行为侵害而造成损失的事实；其他应由原告承担举证责任的事项。

【案情介绍】

原告王某于 2014 年获得律师资格，其后几年内，某省司法厅均按专职律师名义对原告王某的律师工作执照予以注册。2017 年 3 月，某县法律顾问处书面通知王某于 4 月 5 日前将有关材料连同律师工作执照一并交到法律顾问处，以便及时注册。王某按要求将相关文件交给了某县法律顾问处，同年 7 月 1 日，王某从报纸上看到了某市司法局公告，在公告注册律师名单中，并没有王某的名字。因此，王某向某县司法局、某市司法局和省司法厅多方查询，但并未得到确切答复。

2017 年 9 月，王某向人民法院提起行政诉讼，要求某省司法厅对未注册其律师执照一事予以确切答复。由于王某是律师，知道行政诉讼案件应由被告承担举证责任，所以王某在提起行政诉讼时并未提交任何证据材料。

【法律问题】

在行政诉讼案件中，原告是否应当承担举证责任？

【参考结论】

在行政诉讼中，原告不需要承担举证责任，但应承担举证义务或称为初步举证义务。换一句话说，原告即使没有举证，并不因此招致败诉的法律风险，只能导致诉讼不能启动或继续。

《行政诉讼法》第三十四条规定，被告对作出的行政行为负有举证责任，应当提供作出该行政行为的证据和所依据的规范性文件。但这并不等于被告对行政诉讼中的一切事项均承担举证责任，所谓被告承担举证责任，只是指被告承担被诉行政行为的合法性的举证责任。为此，合法性以外的其他事项，意味着原告也有可能承担举证义务，也即原告承担初步举证的义务。

《行政诉讼法》第三十八条规定，在起诉被告不履行法定职责的案件中，原告应当提供其向被告提出申请的证据。但有下列情形之一的除外：被告应当依职权主动履行法定职责的；原告因正当理由不能提供证据的。本案为行政许可案件，原告王某因对司法厅未注册其律师执照不服而起诉，律师执照属于行政许可事项，行政许可是依申请行政行为，不属于被告应当依职权主动履行法定职责事项，且原告也并非因正当理由不能提供证据，所以原告有义务提供其向被告提出申请的证据。此外，原告还应当提供证据材料证明其起诉符合法定条件，这是推动行政诉讼顺利进行的重要环节。

第六，法院依职权收集和保全证据。在行政诉讼中，法院有权向有关行政机关以及其他组织、公民调取证据。但是，不得为证明行政行为的合法性调取被告作出行政行为时未收集的证据。当遇到原告或者第三人无法自行收集的证据，可以申请人民法院调取，但仅限以下三种情形：由国家机关保存而须由人民法院调取的证据；涉及国家秘密、商业秘密和个人隐私的证据；确因客观原因不能自行收集的其他证据。

在行政诉讼中，当证据可能灭失或以后难以取得的情况下，法院可以依职权或依当事人申请对证据进行保全。保全的方法依不同的证据形式而采取不同的方式。

四、行政诉讼证明标准

证明标准即证明要求，是证据理论中的基本问题之一。明确证明标准，有助于证明主体按照既定的要求完成证明的任务，有助于法院正确审理行政案件。由于行政诉讼在诉讼的性质、任务、证明对象以及举证责任的承担等方面具有不同于刑事诉讼、民事诉讼之处，因而在证明标准上不宜采用与刑事诉讼或民事诉讼相同的证明标准。行政诉讼的证明标准应低于刑事诉讼，高于民事诉讼，达到"法律真实"。[①]

从本质上说，我国三大诉讼法的证明标准应该是一样的，即都是指证据必须确实、充分，这一证明标准既包括对证据质的要求，也包括对证据量的要求。只有证据的质和量都符合要求，才能认为证据已达到确实、充分的程度。刑事诉讼、民事诉讼、行政诉讼概莫能外。

第三节　行政公益诉讼制度

2017 年，我国修改了《行政诉讼法》第二十五条，新增了行政公益诉讼制度，作为该条第四款："人民检察院在履行职责中发现生态环境和资源保护、食品药品安全、国有财产保护、国有土地使用权出让等领域负有监督管理职责的行政机关违法行使职权或者不作为，致使国家利益或者社会公共利益受到侵害的，应当向行政机关提出检察建议，督促其依法履行职责。行政机关不依法履行职责的，人民检察院依法向人民法院提起诉讼。"这标志着行政公益诉讼制度在我国的初步建立。

一、行政公益诉讼的概念

行政公益诉讼是指特定的主体，为了维护公共利益，针对侵犯公共利益的行为，以行政主体为被告而向人民法院提起诉讼的制度。

二、行政公益诉讼的具体内容

1. 行政公益诉讼的受案范围

行政公益诉讼的目的是维护公共利益，公共利益包含国家利益与社会公共利益。我国行政公益诉讼的受案范围也包含了这两个方面，具体包括国有财产保护、国有土地使用权出让、生态环境和资源保护、食品药品安全等领域。

2. 行政公益诉讼的启动主体

行政公益诉讼的启动主体具有特殊性，并不局限于具体的合法权利或财产受到损害的特定人，也包括无直接利害关系人。目前我国行政公益诉讼制度的启动主体仅限于各级人

---

① 蔡虹：《略论行政诉讼中的证明标准》，《法学评论》1999 年第 1 期。

民检察院。

3. 行政公益诉讼的诉前程序

人民检察院在履行职责中发现对属于行政公益诉讼受案范围的事项负有管理职责的行政机关违法行使职权或者不作为，导致国家利益或者社会公共利益受损的，应当向行政机关提出检察建议，督促其履行职责。行政机关应当在收到检察建议书之日起两个月内依法履行职责，并书面回复人民检察院。出现国家利益或者社会公共利益损害继续扩大等紧急情形的，行政机关应当在十五日内书面回复。行政机关不履行职责的，检察院才能向法院提起行政公益诉讼。在启动行政公益诉讼之前，检察院应当先通过提出检察建议的方式督促行政机关依法行政，这就是行政公益诉讼制度的诉前程序。

4. 行政公益诉讼的管辖

市级（自治州）人民检察院提起的第一审民事公益诉讼案件，由侵权行为地或者被告住所地中级人民法院管辖。基层人民检察院提起的第一审行政公益诉讼案件，由被诉行政机关所在地基层人民法院管辖。

5. 行政公益诉讼的起诉条件

检察院提起行政公益诉讼应当提交下列材料：行政公益诉讼起诉书，并按照被告人数提出副本；被告违法行使职权或者不作为，致使国家利益或者社会公共利益受到侵害的证明材料；检察机关已经履行诉前程序，行政机关仍不依法履行职责或者纠正违法行为的证明材料。除此之外，检察院提起行政公益诉讼也应当符合《行政诉讼法》第四十九条第二项、第三项、第四项规定的起诉条件：有明确的被告；有具体的诉讼请求和事实根据；属于人民法院受案范围和受诉人民法院管辖。

6. 行政公益诉讼的审理

人民法院审理第一审行政公益诉讼案件，可以适用人民陪审制。人民法院开庭审理的行政公益诉讼案件，应当在开庭三日前向人民检察院送达出庭通知书。人民检察院应当派员出庭，并应当自收到人民法院出庭通知书之日起三日内向人民法院提交派员出庭通知书。派员出庭通知书应当写明出庭人员的姓名、法律职务以及出庭履行的具体职责。

出庭检察人员履行以下职责：宣读公益诉讼起诉书；对人民检察院调查收集的证据予以出示和说明，对相关证据进行质证；参加法庭调查，进行辩论并发表意见等。

在行政公益诉讼案件审理过程中，被告纠正违法行为或者依法履行职责而使人民检察院的诉讼请求全部实现，人民检察院撤回起诉的，人民法院应当裁定准许；人民检察院变更诉讼请求，请求确认原行政行为违法的，人民法院应当判决确认违法。

人民检察院不服人民法院第一审判决、裁定的，可以向上一级人民法院提起上诉。人民法院审理第二审案件，由提起公益诉讼的人民检察院派员出庭，上一级人民检察院也可以派员参加。

7. 行政公益诉讼的判决

法院区分下列情形作出行政公益诉讼判决：

（1）被诉行政行为具有《行政诉讼法》第七十四条、第七十五条规定情形之一的，判决确认违法或者确认无效，并可以同时判决责令行政机关采取补救措施。

《行政诉讼法》第七十四条规定，行政行为有下列情形之一的，人民法院判决确认违法，但不撤销行政行为：行政行为依法应当撤销，但撤销会给国家利益、社会公共利益造成重大损害的；行政行为程序轻微违法，但对原告权利不产生实际影响的。

行政行为有下列情形之一，不需要撤销或者判决履行的，人民法院判决确认违法：行政行为违法，但不具有可撤销内容的；被告改变原违法行政行为，原告仍要求确认原行政行为违法的；被告不履行或者拖延履行法定职责，判决履行没有意义的。

《行政诉讼法》第七十五条规定，行政行为有实施主体不具有行政主体资格或者没有依据等重大且明显违法情形，原告申请确认行政行为无效的，人民法院判决确认无效。

（2）被诉行政行为具有行政诉讼法第七十条规定情形之一的，判决撤销或者部分撤销，并可以判决被诉行政机关重新作出行政行为。

《行政诉讼法》第七十条规定，行政行为有下列情形之一的，人民法院判决撤销或者部分撤销，并可以判决被告重新作出行政行为：主要证据不足的；适用法律、法规错误的；违反法定程序的；超越职权的；滥用职权的；明显不当的。

（3）被诉行政机关不履行法定职责的，判决在一定期限内履行。

（4）被诉行政机关作出的行政处罚明显不当，或者其他行政行为涉及对款额的确定、认定确有错误的，判决予以变更。

（5）被诉行政行为证据确凿，适用法律、法规正确，符合法定程序，未超越职权，未滥用职权，无明显不当，或者人民检察院诉请被诉行政机关履行法定职责理由不成立的，判决驳回诉讼请求。

为了督促判决的履行，人民法院可以将判决结果告知被诉行政机关所属的人民政府或者其他相关的职能部门。

【案情介绍】

辽宁省丹东市振兴区人民检察院诉丹东市国土资源局不依法追缴
国有土地出让金行政公益诉讼案

2005 年 7 月，丹东俊达房地产开发有限公司（以下简称"俊达公司"）以 66 万元竞得北府花园地块，2013 年 8 月，丹东市城乡规划局调整该地块规划设计条件，将总用地面积由 40.48 万平方米调整为 32.24 万平方米，规划容积率由 1.24 调整为 1.96。因调整后实际建筑面积增加，经丹东市国土资源局与俊达公司签订补充协议，约定需补缴土地出让金 2 884.4 万元，2015 年 7 月 16 日，丹东市政府会议纪要明确同意俊达公司缓缴包括土地使用权出让金在内的各项费用。但直至 2018 年 1 月，俊达公司未依法缴纳出让金，丹东市国土资源局也未依法收缴。

丹东市振兴区人民检察院于 2018 年 1 月 17 日向丹东市国土资源局发出检察建议书，建议其向俊达公司追缴土地使用权出让金及违约金。国土资源局收到检察建议书后，仅向俊达公司发出了催缴通知书，并以执行市政府会议纪要为由，没有采取其他有效措施。2018 年 11 月 7 日，振兴区人民检察院提起行政公益诉讼。

【法律问题】

（1）本案振兴区人民检察院能否在发现市国土资源局的不作为行为后直接向法院提起

行政公益诉讼？

（2）本案中法院的审理对象是什么？

（3）法院应当如何处理该案？

【参考结论】

（1）振兴区检察院不能直接起诉。

行政公益诉讼设置了诉前程序，即在提起行政公益诉讼之前，检察院必须先通过检察建议的方式，督促行政机关履行职责。该案为国有土地出让金案件，振兴区检察院必须先向丹东市国土资源局发出检察建议书，建议其向俊达公司追缴土地使用权出让金及违约金，如果国土资源局积极履行职责，向俊达公司追缴出让金，那么检察建议的目的就达到了，无须启动行政公益诉讼。只有当国土资源局不履行追缴出让金的职责，或者未依法履行职责（如履行效果未达到检察建议书的要求），才能向法院提起行政公益诉讼。

（2）法院的审理对象是行政行为的合法性。

行政公益诉讼的本质仍然是行政诉讼，故行政公益诉讼的审理对象仍是行政机关的行政行为的合法性。就本案而言，法院的审理对象就是市国土资源局以执行市政府会议纪要为由，拒不履行追缴俊达公司的土地使用权出让金及违约金行为的合法性。

（3）法院应当支持检察院的请求，判决市国土资源局一定期限内履行职责。

本案中双方争议的焦点主要在于如何理解和适用市政府会议纪要。本案的会议纪要是在补充协议约定的期限届满之后作出，丹东市国土资源局在期限届满前并未依规履职，属于违法。同时，根据国土资源主管部门有关规定，缓缴的最长期限为一年，但本案在补充协议签订后一年内，丹东市国土资源局既没有作出相应的履职行为，也没有另外与俊达公司签订变更、补充协议，针对缓缴问题作进一步约定。因此，市国土资源局不作为的行为是违法的，法院应当判决其在一定期限内履行职责。

此外，法院可以将判决结果告知市国土资源局所属的人民政府即丹东市人民政府或者省国土局，以督促其履行职责。

第四节 行政诉讼附带审查规范性文件制度

2017 年修改的《行政诉讼法》第五十三条新增了行政诉讼附带审查规范性文件制度，赋予了公民、法人或者其他组织对规范性文件附带审查的请求权，也赋予了人民法院就规范性文件是否合法的判断权。规范性文件是行政行为的依据和源头，要纠正违法和不当的行政行为，有必要正本清源，从源头开始审查和纠正。将规范性文件纳入司法审查，有助于推进依法行政，促进规范性文件制定的合法性，保障法制的统一。

一、概念

行政诉讼中的附带审查规范性文件是指公民、法人或者其他组织认为行政行为所依据的国务院部门和地方人民政府及其部门制定的规范性文件不合法，在对行政行为提起诉讼时，一并请求法院对规范性文件进行审查，法院在审查行政行为的合法性时，一并审查行政行为依据的规范性文件。

二、具体内容

1. 启动主体

启动主体只能是受依据该规范性文件作出的行政行为影响的公民、法人或者其他组织，且已对行政行为提起行政诉讼的原告。未对行政行为提起行政诉讼而单独就规范性文件提起行政诉讼的起诉人、行政诉讼中的被告、第三人均不能成为启动审查程序的主体。人民法院可以依职权主动附带审查行政规范性文件。

2. 启动时间

启动主体应当在第一审开庭审理前提出，有正当理由方可在法庭调查阶段提出。

3. 启动方式

启动方式上应作为一个单独的诉讼请求提出，并陈述该诉讼请求所依据的事实及理由。

4. 审查对象

国务院部门和地方人民政府及其部门制定的规范性文件，且是作为行政行为依据的具体条款。党的文件、人大的文件、军事机关的文件，经过立法程序的比如国务院制定的行政法规、国务院部委制定的部门规章和地方人民政府制定的地方政府规章，都不属于人民法院行政诉讼可以审查的规范性文件。

5. 审查原则

规范性文件的制定应以上位法为依据，与上位法相冲突的条款不具有合法性，不能作为认定行政行为合法的依据。

审查对象的附带性，只有直接作为被诉行政行为依据的规范性文件才可能成为人民法院的审查对象。如果规范性文件不是行政机关实施行政行为的依据，那么人民法院将不予审查。

审查模式的附带性，即对规范性文件的审查只能在针对行政行为合法性审查中附带提出，不能单独提出。同时，对规范性文件附带审查可采用征求制定机关意见等审查方式。

审查结果的附带性，人民法院对规范性文件的审查是为了确认诉争行政行为的直接依据是否合法进而确认行政行为的合法性。经审查后，规范性文件不存在违法情形时应当在判决理由中予以认可；确认该规范性文件不合法的，处理方式为不作为认定行政行为合法的依据，但不就规范性文件的合法性做单独判定。

6. 审查结论

规范性文件审查内容相对独立，在判决书的诉辩称、本院查明、本院认为等部分有针对性的表述。如诉称辩称部分，应当对当事人对规范性文件合法与否的书面请求及答辩、庭审中口头辩论内容进行单独归纳。事实查明部分应当对规范性文件出台背景、制定主体、制定程序、具体内容进行单独表述。说理部分应当围绕审查可行性、制定主体审查、制定权限审查、制定程序审查、内容合法性审查等进行全面阐述，并将其作为行政行为合法性审查的前提。

7. 程序结束

根据行政诉讼法及司法解释的规定，人民法院认定规范性文件不合法的，不能直接撤销、修改或废止，但可向制定机关提出处理建议，并视情况抄送制定机关的同级政府或上一级行政机关。审理法院按照规定发送司法建议书后，规范性文件审查程序即告结束。至于有权机关启动规范性文件处理程序则属于立法监督、行政监督内容，不属于司法监督调整范围。

【案情介绍】

袁某的住房属江西省于都县中心城区规划范围。江西省于都县人民政府（以下简称于都县政府）委托于都县自来水公司，根据袁某从2010年2月1日至2015年11月的自来水使用情况，征收了袁某的污水处理费共计1 273.2元。袁某以于都县政府对其征收污水处理费违法为由，诉至法院，请求于都县政府全部退还已征收的污水处理费；依法对《于都县城市污水处理费征收工作实施方案》（以下简称《实施方案》）的合法性进行审查。

【法律问题】

（1）袁某是否有权要求法院对《实施方案》进行审查？应当何时提出？

（2）该《实施方案》是否合法？

（3）法院能否直接判决撤销该《实施方案》？

【参考结论】

（1）袁某有权要求法院对《实施方案》进行审查，并且应当在第一审开庭审理前提出，有正当理由方可在法庭调查阶段提出。

根据行政诉讼法司法解释规定，规范性文件附带审查的启动主体只能是受依据该规范性文件作出的行政行为影响的公民、法人或者其他组织，且已对行政行为提起诉讼的原告。该案中，县政府依据《实施方案》向袁某征收污水处理费，袁某作为行政征收的对象，其权利义务受到了影响，并且其已经提出了返还污水处理费的行政诉讼，因而可以请求法院对《实施方案》进行附带审查。

（2）该《实施方案》不合法。

《水污染防治法》第四十四条第三款、第四款规定，城镇污水集中处理设施的运营单位按照国家规定向排污者提供污水处理的有偿服务，收取污水处理费用，保证污水集中处理设施的正常运行。城镇污水集中处理设施的污水处理收费、管理以及使用的具体办法，由国务院规定。国务院《城镇排水与污水处理条例》第三十二条规定，排水单位和个人应当按照国家有关规定缴纳污水处理费。中华人民共和国财政部、中华人民共和国国家发展和改革委员会《污水处理费征收使用管理办法》第八条规定，向城镇排水与污水处理设施排放污水、废水的单位和个人应当缴纳污水处理费。江西省发改委赣发改收费字〔2010〕135号《关于统一调整全省城市污水处理费征收标准的通知》及赣州市物价局赣市价费字〔2010〕15号《关于核定于都县城市污水处理费征收标准的批复》确定的征收范围均明确是"在城市污水集中处理规划区范围内向城市排污管网和污水集中处理设施排放达标污水的所有用水单位和个人"。但《实施方案》所确定的污水处理费征收范围扩大至"于都县中心城区规划区范围内所有使用城市供水的企业、单位和个人"，违反法律法规规章及上级行政机关规范性文件规定，不能作为于都县政府征收袁某污水处理费的合法性依据。

（3）法院不能直接判决撤销该《实施方案》。

根据行政诉讼法及司法解释的规定，人民法院认定规范性文件不合法的，不能直接撤销、修改或废止，但可向制定机关提出处理建议，并视情况抄送制定机关的同级政府或上一级行政机关。审理法院按照规定发送司法建议书后，规范性文件审查程序即告结束。至于有权机关启动规范性文件处理程序则属于立法监督、行政监督内容，不属于司法监督调整范围。该案中法院可以向于都县政府发送司法建议，建议其对涉案规范性文件的相关条款予以修改。

第五节　行政附带民事诉讼制度

一、行政附带民事诉讼的概念

行政附带民事诉讼是指人民法院在审理行政案件的同时，对与引起该案的行政争议相关的民事纠纷一并审理的诉讼活动和诉讼关系的总称。

二、行政附带民事诉讼的特点

（1）一个或者数个当事人提出了两个不同性质而又具有关联性的诉讼请求，即一个诉讼请求属于行政法律关系范畴，另一个属于民事法律关系范畴。

（2）行政附带民事诉讼以行政诉讼为前提。有关行政争议的解决，是提起民事诉讼请求的基础，而非可有可无，也就是说，可以只提起行政诉讼而不附带民事诉讼，当然，当事人也可以独立提起民事诉讼，而不必附带于行政诉讼中，但在许多情况下，其前提条件就是有关制约或覆盖民事法律关系的行政争议已得到解决。

（3）行政附带民事诉讼是人民法院将两个不同法律性质的诉讼请求进行并案审理，但它不同于共同诉讼中的合并审理。共同诉讼中的合并审理是在同一行政行为或者同样行政行为基础上进行的，具有诉讼请求性质和诉讼程序性质的相同性。附带民事诉讼在性质上是一种民事诉讼，所解决的法律争议属于民事权益争执。

（4）行政附带民事诉讼以行政诉讼的存在为前提条件，有关民事诉讼请求的解决依赖于行政诉讼的裁判结果。民事争议也因行政行为而引起，也就是说，行政机关的行政行为引起了两种不同性质的法律争议，即一方面引起了当事人对行政行为不服的行政争议，另一方面引起了当事人对行政行为不服带来的民事争议。这两种不同性质的诉讼具有关联性，它们因同一行政行为而引起，被诉行政行为决定或者阻滞着当事人民事权益的取得和实现。

（5）行政附带民事诉讼是两种不同性质诉讼的合并，它们也可以分开审理，各自成案。

（6）行政附带民事诉讼的原告亦是行政诉讼的原告，但被告绝对不是行政诉讼中的被告即行政主体，行政附带民事诉讼的被告只能是非行政主体。

三、行政附带民事诉讼的具体内容

1. 适用范围

目前我国的该类诉讼，主要限制在行政许可、登记、征收、征用和行政机关对民事争议所作的裁决，包括民事侵权纠纷和土地及其附着物的所有权与使用权纠纷。

2. 提出时间

当事人申请一并解决相关民事争议的，应当在第一审开庭审理前提出；有正当理由的，也可以在法庭调查中提出。

3. 管辖

法院决定在行政诉讼中一并审理相关民事争议，或者案件当事人一致同意相关民事争议在行政诉讼中一并解决，法院准许的，由受理行政案件的法院管辖。

4. 受理

公民、法人或者其他组织请求一并审理相关民事争议，法院经审查发现行政案件已经超过起诉期限，民事案件尚未立案的，告知当事人另行提起民事诉讼；民事案件已经立案的，由原审判组织继续审理。

法院在审理行政案件中发现民事争议为解决行政争议的基础，当事人没有请求一并审理相关民事争议的，法院应当告知当事人依法申请一并解决民事争议。当事人就民事争议另行提起民事诉讼并已立案的，法院应当中止行政诉讼的审理。民事争议处理期间不计算在行政诉讼审理期限内。

5. 不予准许决定

在下列情形下，法院不支持当事人提出附带民事诉讼的请求，应当作出不予准许一并审理民事争议的决定，并告知当事人可以依法通过其他渠道主张权利：①法律规定应当由行政机关先行处理的；②违反民事诉讼法专属管辖规定或者协议管辖约定的；③约定仲裁或者已经提起民事诉讼的；④其他不宜一并审理民事争议的情形。对不予准许的决定可以申请复议一次。

6. 审理方式

法院在行政诉讼中一并审理相关民事争议的，民事争议应当单独立案，由同一审判组织审理；但是法院审理行政机关对民事争议所作裁决的案件，一并审理民事争议的，不另行立案。

7. 裁判结果

对行政争议和民事争议应当分别裁判。当事人仅对行政裁判或者民事裁判提出上诉的，未上诉的裁判在上诉期满后即发生法律效力。第一审人民法院应当将全部案卷一并移送第二审人民法院，由行政审判庭审理。第二审人民法院发现未上诉的生效裁判确有错误的，应当按照审判监督程序再审。

【案情介绍】

某富翁英年早逝，留下大笔遗产。富翁妻子与富翁母亲张某之间展开遗产争夺大战。富翁妻子提起民事诉讼，以富翁母亲为被告，要求分割富翁遗产。民事诉讼受理后，在审理结束前，富翁母亲张某向法院提起行政诉讼，起诉婚姻登记机关，要求法院确认婚姻登记机关对已故儿子与儿媳的"结婚登记"行政行为无效。

【法律问题】

本案中，法院该如何处理？

【参考结论】

首先，法院应当受理该行政诉讼案件。就原告是否适格而言，因为富翁已经去世，富翁的母亲与婚姻登记机关对已故儿子与儿媳的"结婚登记"行政行为的效力有利害关系：如果"登记"行为无效，则已故儿子的财产只能由自己继承。就被告资格而言，婚姻登记行为是婚姻登记机关作出的，登记机关应成为被告。就婚姻登记行为是否属于行政诉讼受案范围而言，婚姻登记行政行为并没有被排除在行政诉讼受案范围之外，既不属于《行政诉讼法》第十三条否定的事项，也不属于《最高人民法院关于适用〈中华人民共和国行政诉讼法〉的解释》第一条否定的事项。只要具备起诉条件，符合起诉期限，人民法院就应当受理。

其次，法院应当裁定中止民事诉讼的审理。因为，民事诉讼的审理需要以行政诉讼的判决为依据。行政诉讼的判决关系到民事诉讼原告是否为死者的"配偶"的问题，而"配偶"问题关系到该民事诉讼的原告是否具有"原告"资格的问题。

最后，本案可以按照行政诉讼附带民事诉讼的方式审理。因为该案具备行政诉讼附带民事诉讼的条件。关于行政诉讼附带民事诉讼的条件，一般认为要具备如下条件：

其一，行政诉讼与民事诉讼都成立，缺一不可。本案中，民事诉讼已经成立。如果要采用行政诉讼附带民事诉讼的审理方式，必须以行政诉讼的成立为前提。

其二，行政诉讼与其附带的民事诉讼之间具有密切的关联性，表现如下：第一，行政争议与民事争议应当是同一纠纷引起的。本案中，行政诉讼与民事诉讼都是因为争夺死者的遗产。第二，行政诉讼当事人的一部分应当也是民事诉讼当事人。本案中，民事诉讼的被告是行政诉讼的原告，民事诉讼的原告是行政诉讼的第三人。第三，人民法院将不同性质的两个诉讼合并审理，一起解决。法院可以根据当事人请求把两个诉讼合并，这没有法律上和技术上的障碍。有两种性质的诉求之间具有关联性，这种关联性在于不同性质的诉讼请求均发自同一法律事实。本案中，民事诉讼的请求是分割富翁遗产；行政诉讼的请求是确认行政机关对富翁与其妻子的结婚登记行为无效，实质是要否认富翁妻子分割财产的资格。因此，两者的诉讼请求都是基于同一事实：分割死者的遗产。

其三，行政诉讼附带民事诉讼只能在一审中提起。本案是一审，可以提出。当然，本案也可以采取先审理行政诉讼，后审理民事诉讼的方式。只是，成本更高一些。但是绝对不能先审民事案件，后审行政案件。因为，民事诉讼原告的资格需要行政诉讼的判决来确定。

参考文献

一、教材类

1. 应松年主编：《行政诉讼法学》，北京：中国政法大学出版社 2015 年版。

2. 叶必丰：《行政行为原理》，北京：商务印书馆 2014 年版。

3. 马怀德主编：《行政法与行政诉讼法》，北京：中国法制出版社 2015 年版。

4. 马怀德主编：《行政诉讼原理》，北京：法律出版社 2009 年版。

5. 姜明安主编：《行政法与行政诉讼法》（第六版），北京：北京大学出版社、高等教育出版社 2015 年版。

6. 胡建淼：《行政法学》，北京：法律出版社 2015 年版。

7. 白鹏飞编：《行政法总论》，上海：中华学艺社 1927 年版。

8. 陈端：《中国行政法》，北京：法律出版社 1998 年版。

9. 陈新民：《行政法学总论》（修订五版），台北：三民书局 1995 年版。

10. 范扬：《行政法总论》，上海：商务印书馆 1935 年版。

11. 方世荣主编：《行政法与行政诉讼法》，北京：中国政法大学出版社 1999 年版。

12. 高家伟：《国家赔偿法学》，北京：工商出版社 2000 年版。

13. 何海波：《行政诉讼法》，北京：法律出版社 2011 年版。

14. 胡建淼：《行政法学》（第二版），北京：法律出版社 2003 年版。

15. 胡建淼主编：《行政诉讼法教程》，杭州：杭州大学出版社 1990 年版。

16. 姜明安、余凌云主编：《行政法》，北京：科学出版社 2010 年版。

17. 姜明安主编：《法规审查与法规评价研究》，北京：北京大学出版社 2014 年版。

18. 李震山：《行政法导论》（修订四版），台北：三民书局 2002 年版。

19. 林纪东：《行政法论》，台北：三民书局 1985 年版。

20. 罗豪才、应松年主编：《行政诉法学》，北京：中国政法大学出版社 1989 年版。

21. 罗豪才主编：《行政法学》（修订本），北京：中国政法大学出版社 1999 年版。

22. 马怀德主编：《行政法与行政诉讼法》，北京：中国法制出版社 2000 年版。

23. 王连昌主编：《行政法学》，成都：四川人民出版社 1993 年版。

24. 叶必丰：《行政法学》，武汉：武汉大学出版社 1996 年版。

25. 叶必丰主编：《行政法与行政诉讼法》，北京：中国人民大学出版社 2003 年版。

二、著作类

1. 莫于川：《行政指导与建设服务型政府——中国的行政指导理论发展与实践探索》，

北京：中国人民大学出版社 2015 年版。

2. 王名扬：《英国行政法　比较行政法》，北京：北京大学出版社 2016 年版。

3. 王名扬：《法国行政法》，北京：北京大学出版社 2016 年版。

4. 王名扬：《美国行政法》（上、下册），北京：北京大学出版社 2016 年版。

5. 盐野宏著，杨建顺译：《行政法》，北京：法律出版社 1999 年版。

6. 刘恒等：《政府信息公开制度》，北京：中国社会科学出版社 2004 年版。

7. 毕雁英：《宪政权力架构中的行政立法程序》，北京：法律出版社 2010 年版。

8. 蔡虹：《行政诉讼证据问题研究》，武汉：武汉水利电力大学出版社 1998 年版。

9. 黎文斌：《行政诉讼先行程序研究》，北京：中国政法大学出版社 2001 年版。

10. 蔡小雪：《行政复议与行政诉讼的衔接》，北京：中国法制出版社 2003 年版。

11. 蔡小雪：《行政审判中的合法性审查》，北京：人民法院出版社 1999 年版。

12. 蔡震荣：《行政理论与基本人权之保障》（第二版），台北：五南图书出版公司 1900 年版。

13. 蔡志方：《行政救济法论》（修订版），台北：月旦出版社 1995 年版。

14. 陈春生：《行政法之学理与体系——行政行为形式论》，台北：三民书局 1996 年版。

15. 陈慈阳：《行政法总论》（第 2 版），台北：翰芦图书出版公司 2005 年版。

16. 陈贵民：《现代行政法的基本理念》，济南：山东人民出版社 2004 年版。

17. 陈敏：《行政法总论》（第 6 版），台北：新学林出版股份有限公司 2009 年版。

18. 陈泉生：《行政法的基本问题》，北京：中国社会科学出版社 2001 年版。

19. 陈泉生：《宪法与行政法的生态化》，北京：法律出版社 2001 年版。

20. 陈小文：《行政法的哲学基础》，北京：北京大学出版社 2009 年版。

21. 陈新民：《公法学札记》，北京：中国政法大学出版社 2001 年版。

22. 陈新民：《中国行政法学原理》，北京：中国政法大学出版 2002 年版。

23. 城仲模：《行政法之基础理论》，台北：三民书局 1991 年版。

24. 崔卓兰、于立深：《行政规章研究》，长春：吉林人民出版 2002 年版。

25. 方世荣：《论行政相对人》，北京：中国政法大学出版社 2000 年版。

26. 方世荣：《论具体行政行为》，武汉：武汉大学出版社 1996 年版。

27. 冯军：《行政处罚法新论》，北京：中国检察出版社 2003 年版。

28. 傅士成：《行政强制研究》，北京：法律出版社 2001 年版。

29. 甘文：《行政诉讼证据司法解释之评论——理由、观点与问题》，北京：中国法制出版社 2003 年版。

30. 甘文：《行政与法律的一般原理》，北京：法律出版社 2002 年版。

31. 高家伟：《行政诉讼证据的理论与实践》，北京：工商出版社 1998 年版。

32. 高秦伟：《行政法规范解释论》，北京：中国人民大学出版社 2008 年版。

33. 关保英：《行政法的价值定位》，北京：中国政法大学出版社 1997 年版。

34. 关保英：《行政法的私权文化与潜能》，济南：山东人民出版社 2003 年版。

35. 关保英：《行政法模式转换研究》，北京：法律出版社 2000 年版。

36. 关保英：《执法与处罚的行政权重构》，北京：法律出版社 2004 年版。

37. 郭润生、宋功德：《论行政指导》，北京：中国政法大学出版社 1999 年版。

38. 何海波：《实质法治：寻求行政判决的合法性》，北京：法律出版社 2009 年版。

39. 胡建淼主编：《行政强制法研究》，北京：法律出版社 2003 年版。

40. 胡锦光、刘飞宇：《行政处罚听证程序研究》，北京：法律出版社 2004 年版。

41. 胡锦光：《行政处罚研究》，北京：法律出版社 1998 年版。

42. 江必新：《WTO 与行政法治——行政法的世界眼光》，北京：中国人民公安大学出版社 2002 年版。

43. 江必新：《WTO 与司法审查》，北京：人民法院出版社 2002 年版。

44. 江必新、梁凤云：《行政诉讼法理论与实务》，北京：北京大学出版社 2009 年版。

45. 姜明安：《行政法与行政诉讼》，北京：中国卓越出版公司 1990 年版。

46. 姜明安主编：《行政程序研究》，北京：北京大学出版社 2006 年版。

47. 姜明安主编：《行政执法研究》，北京：北京大学出版社 2004 年版。

48. 姜明安主编：《中国行政法治发展进程调查报告》，北京：法律出版社 1998 年版。

49. 罗豪才、宋功德：《软法亦法：公共治理呼唤软法之治》，北京：法律出版社 2009 年版。

50. 罗豪才主编：《软法的理论与实战》，北京：北京大学出版社 2010 年版。

51. 罗豪才主编：《行政法论》，北京：光明日报出版社 1988 年版。

52. 罗豪才主编：《现代行政法的平衡理论》（第 1 版），北京：北京大学出版社 1997 年版。

53. 罗豪才主编：《现代行政法的平衡理论》（第 2 版），北京：北京大学出版社 2003 年版。

54. 罗豪才主编：《现代行政法制的发展趋势》，北京：法律出版社 2004 年版。

55. 罗文燕：《行政许可制度研究》，北京：中国人民公安大学出版社 2003 年版。

56. 吕立秋：《行政诉讼举证责任》，北京：中国政法大学出版社 2001 年版。

57. 马怀德：《行政法制度建构与判例研究》，北京：中国政法大学出版社 2000 年版。

58. 马怀德：《行政许可》，北京：中国政法大学出版社 1994 年版。

59. 马怀德主编：《行政诉讼原理》，北京：法律出版社 2003 年版。

60. 莫于川：《行政指导论纲：非权力行政方式及其法治问题研究》，重庆：重庆大学出版社 1999 年版。

61. 莫于川：《行政指导要论：以行政指导法治化为中心》，北京：人民法院出版社 2002 年版。

62. 沈开举、王钰：《行政责任研究》，郑州：郑州大学出版社 2004 年版。

63. 沈开举：《行政征收研究》，北京：人民出版社 2001 年版。

64. 沈开举：《公法变迁与合法性》，北京：法律出版社 2010 年版。

65. 宋功德：《行政法哲学》，北京：法律出版社 2000 年版。

66. 王克：《经济行政法基本论》，北京：北京大学出版社 2004 年版。

67. 王力华：《行政程序法研究》，北京：中国法制出版社 2000 年版。

68. 王锡锌：《行政程序法理念与制度研究》，北京：中国民主法制出版社 2007 年版。

69. 王旭：《行政法解释学研究：基本原理、实践技术与中国问题》，北京：中国法制出版社 2010 年版。

70. 翁岳生：《法治国家之行政与司法》，台北：月旦出版社 1995 年版。

71. 翁岳生主编：《行政法》（上、下册），北京：中国法制出版社 2002 年版。

72. 肖金明主编：《WTO 与政府法制》，济南：山东大学出版社 2002 年版。

73. 熊范兴编：《行政法总论》（第三册），上海：商务印书馆 1912 年版。

74. 熊文钊：《现代行政法原理》，北京：法律出版社 2000 年版。

75. 薛刚凌：《行政诉权研究》，北京：华文出版社 1999 年版。

76. 薛刚凌：《行政主体的理论与实践：以公共行政改革为视角》，北京：中国方正出版社 2009 年版。

77. 杨海坤、关保英：《行政法服务论的逻辑结构》，北京：中国政法大学出版社 2002 年版。

78. 杨建顺：《行政规制与权利保障》，北京：中国人民大学出版社 2007 年版。

79. 杨解君、孙学玉：《依法行政论纲》，北京：中共中央党校出版社 1998 年版。

80. 杨伟东：《权力结构中的行政诉讼》，北京：北京大学出版社 2008 年版。

81. 杨小君：《行政处罚研究》，北京：法律出版社 2002 年版。

82. 杨小君：《我国行政复议制度研究》，北京：法律出版社 2002 年版。

83. 杨小君：《我国行政诉讼受案范围理论研究》，西安：西安交通大学出 1998 年版。

84. 叶必丰、周佑勇：《行政规范研究》，北京：法律出版社 2006 年版。

85. 叶必丰：《行政法的人文精神》，武汉：湖北人民出版社 1990 年版。

86. 叶必丰：《行政行为的效力研究》，北京：中国人民大学出版社 2002 年版。

87. 应松年、薛刚凌：《行政组织法研究》，北京：法律出版社 2002 年版。

88. 应松年、袁曙宏主编：《走向法治政府：依法行政理论研究与实证调查》，北京：法律出版社 2001 年版。

89. 应松年：《中国走向行政法治探索》，北京：中国方正出版社 1998 年版。

90. 应松年主编：《行政程序法立法研究》，北京：中国法制出版社 2001 年版。

91. 于安：《降低政府规制：经济全球化时代的行政法》，北京：法律出版社 2003 年版。

92. 余凌云：《行政契约论》，北京：中国人民大学出版社 2000 年版。

93. 余凌云：《警察行政权力的规范与救济——警察行政法若干前沿性问题研究》，北京：中国人民公安大学出版社 2002 年版。

94. 湛中乐：《法治国家与行政法治》，北京：中国政法大学出版社 2002 年版。

95. 湛中乐：《权利保障与权力制约》，北京：法律出版社 2003 年版。

96. 湛中乐主编：《高等教育与行政诉讼》，北京：北京大学出版社 2003 年版。

97. 张步洪：《中国行政法学前沿问题报告》，北京：中国检察出版社 2003 年版。

98. 章剑生：《行政程序法基本论》，北京：法律出版社 2003 年版。

99. 章剑生：《现代行政法基本理论》，北京：法律出版社 2008 年版。

100. 张明杰：《开放的政府——政府信息公开法律制度研究》，北京：中国政法大学出版社 2003 年版。

101. 张树义：《变革与重构——改革背景下的中国行政法理念》，北京：中国政法大学出版社 2002 年版。

102. 张树义：《中国社会结构变迁的法学透视》，北京：中国政法大学出版社 2002 年版。

103. 张载宇：《行政法要论》（第六版），台北：汉林出版社 1977 年版。

104. 张正、李元起主编：《部门行政法研究》，北京：中国人民大学出版社 2000 年版。

105. 周汉华主编：《我国政务公开的实践与探索》，北京：中国法制出版社 2003 年版。

106. 周佑勇：《行政裁量治理研究：一种功能主义的立场》，北京：法律出版社 2008 年版。

107. 周佑勇：《行政法原论》，北京：中国方正出版社 2000 年版。